Helmut Dumler

Gipfelziele in den Allgäuer Alpen

zwischen Immenstadt, Oberstdorf und Füssen, mit Nagelfluhkette, Allgäuer Hauptkamm, Hornbachkette, Tannheimer Bergen und westlichem Ammergebirge

50 Touren
Mit 118 Fotos, davon 96 in Farbe,
36 Kartenskizzen zu den Touren
und einer Übersichtskarte

Bruckmann

Umschlag-Vorderseite:
Am Weg von der Rappenseehütte zum Biberkopf, der sich hier mit seiner Nordseite zeigt (Allgäuer Hauptkamm, Tour 17).

Umschlag-Rückseite:
Tiefblick vom Weg zur Schochenspitze auf die »Lache« und die Landsberger Hütte (rechts). Darüber die Lachenspitze und im Hintergrund die Pyramide des Hochvogels (Vilsalpseegruppe, Tour 26).

Umschlag-Klappe:
Die Höfats – Wahrzeichen der Allgäuer Grasberge – vom Himmelecksattel. Links senkt sich der Grat zum Älpelesattel.

Innentitel:
Gimpel und Kellespitze vom Gipfel der Roten Flüh (Tannheimer Berge, Touren 35, 36 und 37).

Bildnachweis
Robert Bechteler, Sonthofen: 9, 13, 16, 25, 33, 127;
Helmut Dumler, Augsburg: 15, 22, 40, 63, 74, 99, 100, 107, 110, 116, 126, 128, 131, 134, 136, 138, 139, 142, 143, 145, 150, 152, 159, 161, 187, U-Rückseite;
Photoredaktion Siegfried Fenn, München (A. Jäkel): 23, 49, 60, 81, 140, 180, 191;
Fotohaus Heimhuber, Sonthofen: 2/3, 31, 36, 37, 39, 45, 50, 65, 73, 76, 79, 84, 129, 135, 146, 155, 156, 189, U-Titel;
Manfred Kittel, Kissing: 11;
Adolf Lindorfer, Schwabmünchen: 106, 122;
Herbert Mayr, Unterthingau: U-Klappe;
Alfons Meier, Augsburg: 88, 91, 113, 115, 118, 132, 149, 160, 166;
Andreas Riedmiller, Martinszell: 27;
Dieter Seibert, Trauchgau: 89;
Rudolf A. Steiger, Germering: 18, 19, 20, 29, 32, 34, 42, 47, 52, 55, 56, 64, 67, 69, 70, 71, 77, 82, 85, 86, 87, 92, 95, 97, 105, 108, 124, 153, 162, 165, 169, 171, 175, 177, 179, 183;
Werner Straßer, Augsburg: 185;
Luftbild Franz Thorbecke, Lindau: 26, 58, 93, 103, 120, 168, 172;
Kurt Wustl, München: 59.

Die Kartenskizzen zu den Touren und in den Umschlag-Klappen zeichnete Bernd Riffler, Bernried.

Gedruckt auf chlorarm gebleichtem Papier

Die Deutsche Bibliothek – CIP-Einheitsaufnahme

Dumler, Helmut:
Gipfelziele in den Allgäuer Alpen zwischen Immenstadt, Oberstdorf und Füssen : mit Nagelfluhkette, Allgäuer Hauptkamm, Hornbachkette, Tannheimer Bergen und westlichem Ammergebirge ; 50 Touren / Helmut Dumler. – München : Bruckmann, 1993
   (Erlebnis Berg)
   ISBN 3-7654-2612-1

Gesamtherstellung: Bruckmann, München
Druck: Gerber + Bruckmann, München
Printed in Germany
ISBN 3-7654-2612-1

Inhaltsverzeichnis

Zur Einstimmung

Die Hervorhebung von Gipfelzielen läßt die Allgäuer Alpen in einem etwas anderen Licht erglänzen, als vielfach ihre Repräsentation erfolgt. Dieses Andere ist gleichzusetzen mit der betonten Hinwendung zum alpinen Revier, einer beachtlichen Anzahl hochkarätiger Gipfel. Es sind durchaus ernstzunehmende Bergfahrten für geübte Wanderer. Somit zeichnet sich ein Schwerpunkt ab. Darüberhinaus handelt es sich selbstredend, getreu dem Thema, um Gipfelziele: mehr als 50 im gesamten Allgäuer Raum zwischen dem »Schlösserwinkel« (Ammergauer) und dem Lechtal im Osten, der vorarlbergischen Grenze (Nagelfluhkette) im Westen sowie der Randzonen des Arlbergs im Süden. Gewissermaßen im Herzen dieses grob umrissener Korpus liegt Oberstdorf, Zentrum seit über einem Jahrhundert, angeschlossen das Kleine Walsertal.

Im reichhaltigen Angebot sind Vorgebirgsregionen ebenso vertreten wie die höchsten Spitzen, Blumenteppiche und nackter, kahler Fels, wodurch auch dem Wandel im Jahresablauf Genüge getan wird und den dadurch bedingten Tourenmöglichkeiten beziehungsweise ihren »Hohen Zeiten«. Jedermann ist angesprochen! Herausgefordert nicht allein im Sinne des Leistungsprinzips, sondern akzentuiert auf den Erlebniswert, denn nur er läßt uns die Empfindungen des Unterwegsseins tiefer und höher auskosten.

Möchte man unter den Besonderheiten der Allgäuer Alpen eine ganz spezielle hervorheben, und zwar im Hinblick auf »Gipfelziele«, erfordert es die Hochachtung – zugleich als Verneigung – Ernst Enzensperger zu zitieren, der auch später im Buch mehrmals zu Wort kommt:

»Ein glückliches Land! Ihm fehlt die überragende Erscheinung *eines* Bergs, die alles Interesse auf sich zieht: Hier bin ich, sieh meinen gewaltigen Leib und du kennst damit alles, was dir mein Land zu bieten vermag? – Ihm fehlt der Berg, der mit seiner Wucht alles tötet, was das Unglück hat, in seiner Nähe zu sein. Gleichmäßig hat die gütige Natur ihre schönsten Gaben nach allen Richtungen verstreut; wo immer der Bergfreund ansetzt, er wird in reicher Fülle seinen Neigungen gemäß finden, was er sucht.«

Bei der Wahl der zu bestimmenden Gipfelziele fühlte sich der Autor konfrontiert mit einer schier unlösbaren Aufgabe. Selbstverständlich kennt er die Wünsche des Publikums. Höchste Gipfel dürfen nicht fehlen, formschön müssen sie sein, Geheimtips sind gewünscht, Außergewöhnliches, Blumenfreunde stellen Forderungen, geologische Betrachtungen sollen Aufschluß geben, Familien mit Kindern suchen geeignete Touren, manch einer will nur brav auf Markierungen achtend dem Endpunkt unter den Wolken zustreben. Ich habe wohlmeinend versucht, all dem gerecht zu werden – was bekanntlicherweise immer beim Versuch bleibt.

Gebotenes erfordert Einschränkungen, deren Ursachen Auslegungssache sind. Ich habe die Seilbahnnähe nicht gescheut, sogar auf die Gefahr hin, als Ketzer wider dem reinen alpinen Gedanken abgestempelt zu werden. Davon abgesehen, sind auch scheinbar völlig unattraktive Gipfel berücksichtigt, die erst bei näherem Kennenlernen gewinnen. Zahlreiche Touren erfahren hier erstmals eine ausführliche Beschreibung. Es war ein langer wunderschöner Sommer, der mir die letzten Erkenntnisse für meine Arbeit schenkte. Zurück liegen über drei Jahrzehnte, seit sich der Schulbub für die Berge am Horizont seiner schwäbischen Heimat begeisterte. In dieser Zeit sind ihm viele höhere Gipfel geglückt, wesentlich schwierigere in Fels und Eis. Doch immer wieder hat es ihn dorthingezogen, wo alles einmal begann: auf überwachsenen Spuren im Gras, über Almwiesen zu Kalkklötzen in grauer Starrheit. Oft war ich alleine, gelegentlich fühlte ich mich von der Masse fast aufgefressen. Hier und dort sind mir die Worte des bayerischen Essayisten Josef Hofmiller (1872–1933) in den Sinn gekommen: »Wandern ist eine Tätigkeit der Beine und ein Zustand der Seele.« Die Beinarbeit erweist sich als unumgänglich, das Schauen mit dem Herzen indes unterliegt einem Lernprozeß ohne Examen.

Jedes Gipfelziel wird auf seinem Normalweg vorgestellt, besser gesagt auf der am wenigsten schwierigen Route. Weist ein Berg mehrere Normalwege auf, sind diese ihrer Bedeutung entsprechend geschildert; wo es die Gegebenheiten erlauben, im Rahmen von Rundtouren beziehungsweise Überschreitungen, um den sklavischen Abstieg auf der schon vertrauten Spur zu vermeiden. Etliche Touren weisen klettertechnische Schwierigkeiten auf, im I., höchstens im II. Grad (stellenweise), denn sonst wären lohnende und überaus reizvolle Gipfelziele einer diesbezüglichen Zensur zum Opfer gefallen. Sofern der Hinweis »Trittsicherheit« oder »Schwindelfreiheit« vermerkt ist, muß dies in der Praxis so gesehen und das Verhalten darauf abgestimmt werden. Vor allem Neulinge in den Allgäuer Alpen haben häufig – was man immer wieder sieht – Probleme mit den vielerorts sehr steilen Grasflanken, schmalen, luftigen Gratschneiden und dem brüchigen Fels. Das Gelände erfordert, verglichen mit den meisten anderen Gebirgen, mehr Einfühlungsvermögen. Sprunghaftes Vorgehen wäre falsch, kann sogar verhängnisvoll werden. Um das Glück auf den Gipfeln voll auszukosten, bedarf es vernünftigerweise einer überlegten, nicht überhastenden Annäherung. Es wäre auch schade, würde man in der Aufzählung dieses Buches eine reine Strichliste zum Abhaken sehen, den Gipfel nur, um letzten Endes wieder hinunterzusteigen – obwohl es scheinbar so aussieht. Bei dermaßen oberflächlichem Verhalten flieht der Berg, und zurück bleiben gehaltlose Zeitangaben nebst Höhenquote.

Die Erschließung der Allgäuer Alpen begann mit den bayerischen Triangulierungsarbeiten 1818/19. Bei diesen Gelegenheiten wurden fast sämtliche Gipfel erstiegen, von Hirten und Jägern als Führer der gebietsunkundigen Vermessungsbeamten. Und schon im Jahrzehnt danach setzte, vorläufig noch zögernd, eine Art Tourismus ein. Geistliche, Wissenschaftler, Gelehrte, das heißt ausnahmslos aufgeschlossene Akademiker, vertrieben den althergebrachten Zauber, der an zahlreichen Hochgipfeln haftete. Daraufhin wagten sich auch Einheimische an die als dämonisch verrufenen Höhen. Es war der Anfang einer systematischen Eroberung und ihrer Publizierung, deren Saat bald aufging. Hütten und ein Wegenetz entstanden für die Gangbarmachung des Gebirges. Nachdem die Gipfel ihrer touristischen Unberührtheit beraubt worden waren, hielt die Elite ausschau nach neuen Routen. Eine Entwicklung, wie sie augenblicklich im Himalaya in etwas anderer Form vonstatten geht.

Das Allgäu ist, abgesehen von diffizilen Felsproblemen, erschlossen. An einigen Punkten übererschlossen durch Seilbahnen, Lifte usw. Sie sorgen neben anderen Annehmlichkeiten für den Fremdenverkehr mit Gästezahlen in Millionenhöhe. Auch die Klettersteigwelle hat deutliche Spuren hinterlassen, hält sich aber im Rahmen, wenn man einen Blick über die Grenzen auf die Dolomiten wirft. Hotelkomplexe, Hallenschwimmbäder usw. gelten als selbstverständlich für die Werbung, eingeschlossen gute Luft und Trimm-Dich-Pfad, Heimatabend und Disco, Milch und Käs'. Apropos Landwirtschaft: Im Landkreis Oberallgäu sind 1600 Bauernhöfe und 600 Almen registriert, die allein von den Kühen leben. Sozusagen als sekundäre Aufgabe weidet das Vieh die Almwiesen ab, wodurch sie offen gehalten werden und nicht zur Erosion neigen. Bergbauern erhalten staatlicherseits Zuschüsse als Lohn für ihre Landschaftspflege. In den letzten Jahren hat die Herstellung von Bergkäse auf den Almen erfreulicherweise zugenommen: Die Milch wird in Kesseln angewärmt und mit Lab (Ferment im Kälbermagen) gestockt. Das Ganze rührt man unter Erhitzen, bis haselnußgroße Klümpchen entstehen. Der Senn lupft den Frischkäse mit einem Holzsieb aus der abgesonderten Molke und gibt ihn in Holzformen, die unter eine Presse geschoben werden. Die fertigen Laibe wässert man einige Tage in starker Salzlauge. Rinde und Festigkeit entwickeln sich, dann

Am Verbindungskamm der westlichen Nagelfluhkette zwischen Hochgrat und Falken.

erfolgt eine mehrwöchige Lagerung, ehe der Großhändler den Käse erhält.

Uralte Tradition besitzt der »Wilde-Männle-Tanz«. Er gelangt alle fünf Jahre (das nächste Mal 1995) in Oberstdorf zur Aufführung, besteht aus 17 Figuren und darf nur von eingesessenen Familien gestaltet werden. Die einzelnen Szenen stellen das Erwachen des Lebens aus der Starre des Winters dar, das Ende aller Not durch die Freiheit des Geistes, den Sieg des Lichtes über die Finsternis.

Seit Februar 1992 stehen die Allgäuer Hochalpen unter Naturschutz: 20 724 Hektar westlich des Hauptkammes, ohne Fellhorn- und Nebelhorngebiet. Ausnahmeregelungen erlauben jedoch weiterhin den Einsatz von Chemie gegen bestimmte Pflanzen und Insekten!

Es wird immer schwierig sein, Vergangenheit und Zukunft als Symbiose unter ein Dach zu bringen, auf den Bergen wie in den Tälern. Fortschritt lautet unüberhörbar die Wahnsinns-Devise allerorten. Vielleicht sollte man sich zwischendurch des deutschen Schriftstellers Friedrich Hebbel erinnern, der bereits Mitte des vorigen Jahrhunderts warnte: »Wer die Menschheit auf ihre Grenzen zurückweist, der erwirbt sich ein größeres Verdienst, als wer sie bei ihrem Streben gegen die Unermeßlichkeit unterstützt.« Hebbel schrieb nicht über die alpine Landschaft – seine Trauerspiele haben den Kampf der beharrenden mit den vorwärtstreibenden Kräften zum Thema. Beharrend, das sind unsere Gipfelziele. Sie überragen in zeitloser Größe den Raum des Wirkens. Vielleicht liegt darin ihre unbeschreibliche Faszination!

Helmut Dumler

Der Säuling, hoch über dem Tal der Bleckenau, von Norden. Rechts des Gipfelaufbaues die Gemswiese, auf der die Normalanstiege münden.

1 Falken, 1564 m – Hochhädrich, 1565 m

Am Falkengrat

Halbtagestour

Angenehme Steigungen. Kein Schatten. Unterwegs zwei Hütten. Rundtour.

Trittsicherheit und Schwindelfreiheit erforderlich. Den Grat bei Nässe und Blitzgefahr meiden. Drahtseile.

Beste Jahreszeit: Mitte Juni bis Ende Oktober.

Mit dem Hochhädrich beginnt im Westen die Nagelfluhkette beziehungsweise der Hochgratkamm. Er setzt sich vom Hochhädrich ostwärts fort über Falken – Einegundkopf – Hohenfluhalpkopf – Seelekopf zum Hochgrat. Dieser Kamm weist bereits in sehr ausgeprägter Art die spezifischen Erscheinungsformen der Nagelfluh auf und auch die dadurch bedingte Flora.

Hochhädrich und Falken – die Gipfelpunkte der vorgeschlagenen Tour – erheben sich als Grenzgrat nebeneinander, südlich der wunderschönen Wiesenterrasse von *Hörmoos,* dem idealen Ausgangspunkt in Deutschland.

Während dem Falken als Einzelziel kaum Bedeutung zukommt, wird der Hochhädrich meist als selbständiger Gipfel erstiegen. Am kürzesten ist der Zugang von Österreich, von *Hittisau* im Vorderen Bregenzerwald: Auffahrt bis Gehren (1354 m); von dort auf breitem Weg über das *Hochhädrichhaus* in 3/4 Stunden. Ebenso unschwierig, nur etwas länger (etwa 1 Stunde) und anstrengender ist der Normalweg auf deutscher Seite vom Alpengasthof *Hörmoos* über das *Hubertushaus,* die Kleine Hädrichalpe und das Hochhädrichhaus zum Kreuz auf luftigem, felsigem Vorsprung unterhalb des höchsten Punktes. Beide Anstiege sind problemlos zu finden und nahezu bei jeder Wetterlage begehbar.

Die anspruchsvollste Hochhädrich-Tour ist jene über den sogenannten *Falkengrat.* Damit ist der Verbindungsgrat vom Falken gemeint, insbesondere der Hochhädrich-Ostgrat. Er schnürt sich stellenweise zu einer scharfen Schneide in berauschender Ausgesetztheit, vom Genuß dem Biancograt am Piz Bernina ähnlich, nur im Fels und natürlich in einer ganz anderen Konstellation. Überall wo es notwendig erschien, sind Drahtseile verankert. Man hat sogar an einigen Abschnitten Sprengungen vorgenommen, um den Grat zu entschärfen. Überdies gibt es zwischendurch Ausweichmöglichkeiten, die an den entsprechenden Passagen in vorbildlicher Weise auf Täfelchen angezeigt werden: »Schwer« ist der unterbrochene Routenverlauf, »leicht« die durchgehende Linie. Manchmal muß auch mit den Händen in den Fels gegriffen werden; von technischen Schwierigkeiten kann man aber nicht sprechen. Und obwohl es sich bei der geschilderten Überschreitung nur um eine Halbtagestour handelt, habe ich sie als die rassigste derartige Wanderung in den Allgäuer Voralpen empfunden.

Über den Falken zum Hochhädrich

Ab *Hörmoos* östlich auf breitem Fahrweg ansteigen in einer 3/4 Stunde zum *Berggasthof Falken* (1438 m). Am Weidezaun nach der Hütte rechts halten zu einer schwach ausgeprägten Einsattelung, hinter der sich ein kleiner, nagelfluhgesäumter Hochalmkessel ausbreitet. Weiter rechts dem Weglein folgen zu einer Gabelung vor einem Aufschwung. Auch hier hält man sich rechts – direkt in Richtung Falken – und erreicht eine felsige Rinne. Kraxelnd zum Grenzkamm oberhalb der Plattentischalpe und dem Leckner See, der durch einen Bergsturz vom Hochhädrich entstanden ist. Rechts, nun am felsigen Grat auf Steigspuren in 10 Minuten hinauf zu dem 1976 aufgestellten Kreuz des *Falken,* das etwas vorgeschoben nahe des höchsten Punktes steht. Sei 1986 ist der Gipfel durch eine Lawinensprengbahn verunziert. Von der »Falkenhütte« 1/2 Stunde.

Auf der Westseite der Kuppe absteigen über Wiesen und durch lichten Wald. Wenige Minuten später ist die erste Schwierig-Leicht-Variante gegeben: Entweder rechts durch eine 8 Meter hohe, felsige Rinne (Drahtseil) hinunter, oder diese Stufe links (mit roten Farbzeichen) umgehen.

Danach geht es wieder gemeinsam über eine Weidewiese, über eine Kuppe hinweg

Blick von Osten auf den Falken (links) und auf den Hochhädrich. Durch die Einsattelungen dazwischen verläuft die Überschreitung. Links im Hang unterhalb die Rohnealp.

in einen Sattel. Hier zweigt rechts (Tafeln) der *Notabstieg* nach Hörmoos ab.

Beim nächsten Sattel erklärt abermals eine Tafel die beiden Routen. Am besten bleibt man auf der Pfadspur. Sie wendet sich halbrechts vom Kamm ab und traversiert seine steile Nordflanke ansteigend zum eigentlichen Ostgrat. Drahtseile erwarten uns. In der Folge rampenähnlich auf der Südseite des Grates. Dann unmittelbar über die schmale, beiderseits steil abbrechende Schneide, ein Stück weit eben, schließlich nochmals aufwärts zum Gipfelpunkt des *Hochhädrich*. Vom Falken 50 Minuten. Über die österreichische Flanke des Berges in wenigen Minuten hinab zum *Hochhädrichhaus* (1540 m).

Auf dem Fahrweg zu einer felsigen Ecke. An dieser Stelle wird der Fahrweg rechts verlassen (rote Farbzeichen). Über den von einzelnen Bäumen besetzten Wiesenhang auf Wegspuren hinunter in 20 Minuten zur *Klein Hädrichalpe*. Rechts über den Weidezaun und weiter zu dem schon bald sichtbar werdenden *Hubertushaus*. Daran links vorbei in 5 Minuten zum *Alpengasthof Hörmoos*.

Touristische Angaben

Talort: Steibis (861 m), siehe Tour 2.
Ausgangspunkt: Alpengasthof Hörmoos (1328 m) in prächtiger Lage unweit des gleichnamigen Sees, geöffnet von Christi Himmelfahrt bis Anfang November; Betten und Pension, Telefon 0 83 86/81 29. Von Steibis regelmäßige Busverbindungen zwischen Mitte Juni bis Mitte September, Abfahrt beim Alpengasthof Goldenes Kreuz und auf dem Festplatz. Zu Fuß von Steibis auf der für den öffentlichen Verkehr gesperrten Alpstraße etwa 2½ Stunden. Von der Bergstation der Imberg-Sesselbahn (Talstation in Steibis,

Betriebszeiten 8.00 bis 12.00 Uhr und 13.00
bis 16.30 Uhr) 1 Stunde.
Höhendifferenz: 350 Meter.
Gehzeiten: Hörmoos – Falken 1¼ Stunden,
Falken – Hochhädrich knapp 1 Stunde,
Hochhädrich – Hörmoos ¾ Stunde. Insgesamt 3 Stunden.
Zwischenstationen: Berggasthof Falken
(auch Übernachtung, Pension), Hochhädrichhaus (37 Schlafplätze), beide ganzjährig
geöffnet.
Karten: Bayerisches Landesvermessungsamt
1:50000, Allgäuer Alpen; Kompass-Wanderkarte 1:25000, Blatt 02 Oberstaufen.

2 Hochgrat, 1834 m

Auf der Nagelfluhkette

Tagestour

Trotz voralpiner Lage streckenweise
ziemlich steil; wenig Schatten. Rundtour.

Am Hochgrat sowie kurz unterhalb der
Brunnenauscharte Trittsicherheit notwendig. Bei Nässe unangenehm.

Beste Jahreszeit: Ende Juni bis Oktober.

Der Hochgrat stellt, wie sich von Steibis und
Oberstaufen aus zeigt, wahrlich einen hohen
Grat dar, einen gestreckten, in der Längsrichtung gewölbten Kamm mit dunklen, zwischen Gratrücken eingebauchten, gebänderten Nordflanken. Der Hochgrat ist der höchste Gipfel im westlichen Allgäu und der
mächtigste der Nagelfluhkette. Nur wenige
wissen, daß der Berg ursprünglich Farnach
hieß – was lange Zeit im Volksmund verwurzelt war –, nach den Farnkrautflächen in den
mittleren Lagen der Nordseite.

Im Amtsblatt vom 4. Oktober 1963 wurde
die Nagelfluhkette auf 5600 Hektar als Landschaftsschutzgebiet ausgewiesen. Ein Jahrzent später entstand eine Seilbahn zum
Hochgrat. Als Prokurist der 1971 im Handelsregister Ravensburg eingetragenen
»Hochgratbahn GmbH« erscheint der CDU-Landtagsabgeordnete Dr. Gerhard Weng, seines Zeichens Generalbevollmächtigter des
Fürsten Waldburg-Zeil. Und der gilt neben
dem Fürsten Thurn und Taxis als Größtgrundbesitzer in der Bundesrepublik.

So stark eine Seilbahn in das ökologische
Gefüge eingreift, weil dadurch meist Pistenschneisen aus dem schon strapazierten Bergwald gerissen werden, so sehr erfahren die
Aufstiegswege eine Entlastung. Das mag im
ersten Augenblick erfreulich erscheinen, gibt
aber im Gesamtbild keinen Grund zum Jubel. Abgesehen von diesen Eingriffen in die
Natur: Die Aussicht vom Hochgrat ist die
wohl umfassendste im Westallgäu. Der Blick
greift raumschweifend über das fächerförmig
ausgebreitete schwäbisch-bayerische Hügelland. Die Silhouetten von Mindelheim, Ulm

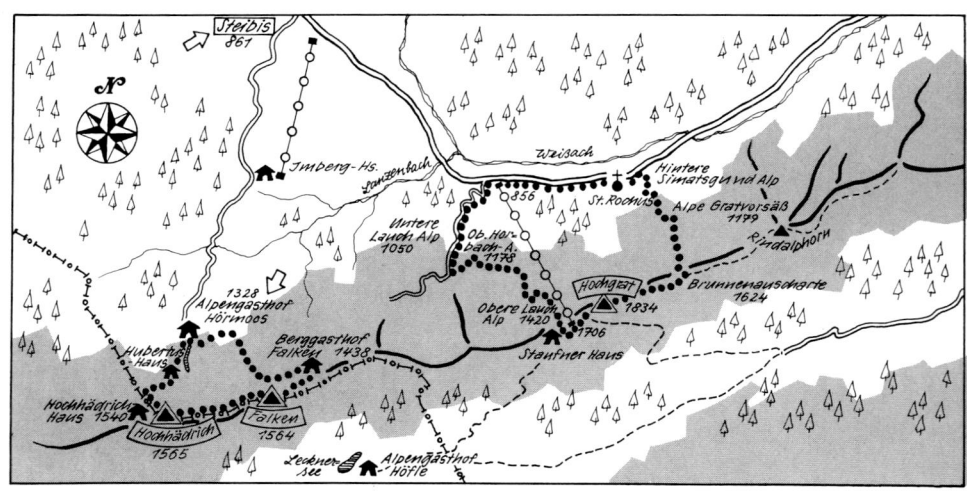

Hochgrat von Südosten (Aufstieg zum Heidenkopf): Wanderweg ab der Scheidwandalp sowie Hochgrat-Überschreitung.

und Augsburg sind auszumachen. Im Westen schimmert der Bodensee. Ferner zeigen sich Teile der Schweizer Alpen, so das spitze Finsteraarhorn und der Dammastock, die Vorarlberger und Lechtaler Alpen, der Allgäuer Hauptkamm; im Südosten die alles überragende Zugspitze.

Der übliche Fußweg beginnt unweit der *Seilbahn-Talstation*, läßt das *Staufner Haus* rechts liegen und erreicht den Kamm der Nagelfluhkette etwa 25 Minuten unterhalb des Gipfels. Weitgehend unbekannt ist der überaus reizvolle Aufstieg aus dem Tal der Weißach über die Alpe Gratvorsäß und die *Brunnenauscharte*. Kurz vor dieser Einsattelung erhält der Wanderer praktischen Anschauungsunterricht des Nagelfluhgesteins in Form von starken Felsbänken. Näher betrachtet erscheinen diese Formationen dem geologischen Laien als eine Art gepreßter Kiesel. Ähnliches ergibt die wissenschaftliche Analyse: Kalk- oder kristallines Geröll, durch Kalk, Ton oder Schlamm verbacken, entstanden vor mehr als einer Million Jahren.

Die zuletzt erwähnte Route kann als Abstieg benützt werden, wenn man den gesamten Hochgrat überschreitet. Meines Erachtens die lohnendste Tour! Sie kann übrigens auch südöstlich des Berges angetreten werden, be der *Alpe Scheidwang* in 1317 Meter Höhe über dem hintersten Aubachtal, der Fortsetzung des Gunzesrieder Tales. Von dort sind es über die sommers einfach bewirtschaftete Obere Gelchenwangalpe zwei Stunden zum Gipfel. In diesem Falle steigt man nur bis in die Brunnenauscharte ab und gelangt über die Südflanke wieder zum Ausgangspunkt.

Ein anderer Zugang muß ebenfalls noch genannt werden! Nämlich der von *Hittisau* im Vorderen Bregenzerwald über den hübsch gelegenen *Lecknersee* und den *Alpengasthof Höfle* (3¾ bis 4 Stunden). Er bildet den Auftakt des Europäischen Fernwanderweges Nr. 5 vom Bodensee nach Verona (siehe Helmut Dumler, Wanderwege vom Bodensee nach Oberitalien) und ist überdies identisch mit einer Etappe des Europäischen Fernwanderweges Nr. 4. Allein diese grenzenüberschreitenden Wanderpfade brachten

Der Hochgrat von Westen mit Seilbahnstation und Staufner Haus, an dem der Weg im Sinne des Aufstiegs links vorbeiführt.

dem Staufner Haus am Hochgrat eine Zunahme der Übernachtungszahlen, denn diesbezüglich schien es nach dem Seilbahnbau düster auszusehen.

Die Überschreitung

Von der *Seilbahn-Talstation* auf der Straße etwa 100 Meter zurück. Vor dem Horbach links und auf einem geteerten, für den öffentlichen Verkehr gesperrten Alpgüterweg in 20 Minuten zur *Unteren Lauchalp* (1050 m). Ungefähr ¼ Stunde später nicht rechts über den Bach, sondern spitzwinkelig links und über freie Wiesenhänge. Der Horbach wird abermals überschritten. Vorbei an der *Oberen Horbachalp* (1178 m), in ¾ Stunden zur *Oberen Lauchalp* (1420 m). Nachdem wir anschließend zweimal die Seilbahn unterschritten haben, zweigt rechts der Stichweg zum *Staufner Haus* ab. Wer auf diesen kurzen Abstecher verzichtet, steigt direkt hinauf zum Kamm. Über ihn links in 5 Minuten zur

Seilbahn-Bergstation (1706 m). Nun entweder auf dem luftigen Gipfelgrat (Drahtseile) oder rechts davon durch die Südflanke in 20 Minuten zum Kreuz auf dem *Hochgrat*, wo man auf einer Bank die verdiente Rast genießt.

In der Fortsetzung des blumenreichen Kammverlaufes absteigen. Ein schmiedeeisernes Kreuz erinnert an den Fliegertod eines Jagdbomber-Piloten. Hier nicht vom ausgetretenen Steiglein sich abwenden! Wir gewinnen Einblick in die Struktur der Nagelfluhbänke. Halbrechts unten liegt in einer Wiesenmulde die Gütlealp. Auf der Nordseite bricht der Grat steil ab in den obersten Kessel der Brunnenaualp.

Etwa 20 Minuten unter dem Gipfel erwartet uns die *Brunnenauscharte* (1624 m). An dieser Stelle verlassen wir den Kamm links (nordwärts). Auf einige Meter sind Stufen aus dem Fels herausgeschlagen. Ein Drahtseil trägt zur moralischen Sicherheit bei. Hernach eine ausgesetzte Traverse zur nächsten drahtseilgesicherten Nagelfluhpassage, worauf uns die weite Mulde der Brunnenaualp umfängt. Sie wird von einer Mischwaldzone abgelöst. Rauschen klingt an unser Ohr. Bald zeigt sich der Wasserfall. Und 1¼ Stunden nach dem Hochgrat sind wir bei der *Alpe Gratvorsäß* (1179 m). Im Sommer verkauft der Senn melkfrische Kuhmilch.

Am Alpgebäude hält man sich rechts, steigt weiter ab zur *Hinteren Simatsgundalp* am Privatsträßchen im Weißachtal. Links sind es noch 350 Meter zu der in einer Wiese stehenden *Rochuskapelle*. Ihr Renaissancealtar stammt aus dem im Jahre 1807 abgebrochenen Schloß von Oberstaufen. Auf dem Asphaltsträßchen dahintippelnd, treffen wir ¼ Stunde später wieder an der *Seilbahn-Talstation* ein.

Touristische Angaben

Talort: Steibis (861 m), 5 Kilometer von Oberstaufen (nächster Bahnhof, Busverbindungen). – *Sehenswert:* Emmentaler Käserei. Jeder original Emmentaler Laib trägt ein Gütesiegel. Es bürgt für die ausschließliche Verwendung von Rohmilch, eine Mindestreifezeit von drei Monaten und für den typischen nußkernartigen Geschmack.
Ausgangspunkt: Hochgratbahn-Talstation (856 m), 4 Kilometer von Steibis (Busverbindungen). Seilbahn-Betriebszeiten: 8.30–12.00 und 13.00–16.30 Uhr.
Höhendifferenz: 1000 Meter.
Gehzeiten: Hochgrat 3 Stunden. Abstieg ½ Stunden. Insgesamt 4½–5 Stunden.
Hütte: Staufner Haus (1600 m), DAV, auf der Nordseite der Nagelfluhkette, etwas unterhalb des Kammes. Ganzjährig bewirtschaftet, 71 Schlafplätze. Von der Seilbahn-Talstation über die Untere und Obere Lauchalp etwa 2 Stunden. Tel. 08386/8255.
Zwischenstationen: Untere und Obere Lauchalp (auch Matratzenlager), Seilbahn-Bergstation, Alpe Gratvorsäß (Milch). Talort und Ausgangspunkt für den südseitigen Aufstieg von der Alpe Scheidwang sind bei Tour 10 beschrieben.
Karten: Bayerisches Landesvermessungsamt 1:50000, Allgäuer Alpen; Kompass-Wanderkarte 1:25000, Blatt 02 Oberstaufen.

3 Stuiben, 1749 m

Auf europäischen Fernwanderwegen

Tagestour
Höhenweg ohne erhebliche Steigungen. Langanhaltender Abstieg. Wenig Schatten. Rundtour.

Zwischen Steineberg und Stuiben, vor allem am Stuiben-Ostgrat, ist Trittsicherheit und Schwindelfreiheit notwendig; Drahtseile. Vorsicht bei Nässe!

Beste Jahreszeit: Ende Juni bis Oktober.

Nicht erst seit Fertigstellung der europäischen Fernwanderwege Nr. 4 und 5 – sie überziehen die gesamte Nagelfluhkette in Längsrichtung – während der siebziger Jahre darf sich der Stuiben touristischer Bedeutung rühmen. Er gilt als ältester deutscher Skigipfel (seit 1897) und hat schon Generationen von Wandersleuten Freude bereitet.

Der Stuiben markiert eine der zahlreichen namentlich benannten Erhebungen der »Rinda pen« in der Nagelfluhkette, die sich zwischen Immenstadt und Hochgrat auf rund 12 Kilometer Luftlinie annähernd in Ost-West-Richtung erstreckt. Abgesehen von Mittag und Hochgrat (Lifte bzw. Kabinenbahn) wird der Stuiben am meisten besucht, zusammen mit dem Steineberg, der sich am Weg erhebt, wenn man die inzwischen schon bald klassische Höhenroute vom Mittag her erwandert. Die Beliebtheit des Stuiben gründet darin, daß die Tour in eine Tagesplanung paßt und der Abstieg einen anderen Verlauf nimmt als der Herweg. Natürlich könnte man auch noch den benachbarten Sedererstuiben im Programm aufnehmen, doch der bringt keine Bereicherung. Und über den Buralpkopf bis zum Rindalphorn, wo man 35 übereinanderruhende Schichtungen der Nagelfluh studieren kann, ist es im vorgegebenen Zeitraum zu weit. Dann lohnt es sich schon, gleich vollends bis zum Hochgrat zu wandern, ausführlich geschildert im Buch »Die schönsten Höhenwege der Allgäuer Alpen« von Adolf Lindorfer.

Auf dem Gipfel des Steinebergs, der das nahe Ende der Nagelfluhüberschreitung signalisiert.

Meine Bergsteigerlaufbahn nennt den Stuiben als ersten Gipfel, mit dreizehn Jahren von Immenstadt über Almagmach. Damals lebten dort Hirsche in einem Gehege. Die Schulklasse trottete hinter dem Lehrer und dem Pfarrer her. Was kümmerte sich das junge Volk um den geologisch so ungewöhnlichen Nagelfluhfels, der an der Bergkette in Erscheinung tritt (siehe Tour 2). Der Weg zum Gipfel ist lang und eintönig. Endlich dann das Ziel. Ausruhen über den Tälern. Weit im Südosten verschwamm der Allgäuer Hauptkamm im Dunst des heißen Sommertages. Der Lehrer zählte jede einzelne Spitze mit Namen auf. Eine geheimnisvolle, abenteuerliche Welt, dachte sich der Bub und aß sein trockenes Butterbrot auf. In dieser Stunde sprang der Funke...

Seit der Sessellift von Immenstadt zum *Mittagberg* besteht, erwandert man den Stuiben gewöhnlich von dort. Als vorzeitiger Notabstieg sei auf die anfangs steile Pfadspur vom Steineberg südlich über die Unterkirchealp und die Winkelwiesen nach Gunzesried aufmerksam gemacht.

Mehr Einsamkeit als der Kammweg vermittelt eine Stuibentour von der hochgelegenen *Gunzesrieder Säge* (950 m, Straße und Busse aus dem Illertal) im Gunzesrieder Tal auf die Südseite der Nagelfluhkette. Allerdings muß dabei auf den anhaltenden Genuß der fünf Kilometer (Luftlinie) langen Gratüberschreitung vom Mittag verzichtet werden. Man erlebt nur ein kurzes Stück am Ostgrat des Stuiben. Und ausgerechnet dort, wo der Gipfel greifbar nahe ist, warten die »schwierigsten«

Stellen. Sie sind jedoch infolge der angebrachten Drahtseile für einen geübten Berggänger und bei trockenem Wetter kein Problem.

Der lange Grat

Beim »Gipfelwirt« auf dem *Mittag* (1450 m) erklären Tafeln den Weg zum Stuiben. Wir queren die Südhänge des Mittag. Bei entsprechendem Wetter werden hier bunte Drachensegler zum Start bereit gemacht. Unser erstes Ziel ist das Kreuz im Sattel nördlich des Bärenkopfes. Nun direkt in Richtung des im Vorblick aufragenden Steineberges. Zunächst kurz abwärts, dann zum Gratkamm und an die Basis der Nagelfluhwände auf der Steineberg-Nordseite. Das Steiglein führt hinauf zu einem Wiesensattel der Nagelfluhkette. Von dort links zum nahen Gipfelkreuz auf dem *Steineberg* (der auf den Karten eingezeichnete Direktaufstieg von Osten ist nicht ratsam!).

Zurück in die Einsattelung und weiter schwach südwestwärts am Gratverlauf ein Stück weit absteigen. Es schließt sich eine drahtseilgesicherte Passage an. Bald folgt ein Gegenanstieg. Streckenweise unmittelbar auf dem Grat, zwischendurch in seiner rechten (nördlichen) Flanke zum Gipfelaufschwung. Das Weglein geht in steile Kehren über. Gestuftes Felsgelände (Drahtseile) bringt uns vollends empor zum Gipfel des *Stuiben*, wo auf einem steinernen Tisch die Aussicht erklärt wird.

Nun entweder nordwärts steil absteigen, links der Nagelfluhwände des Krätzensteins, oder in den Sattel zwischen Stuiben und Sedererstuiben und von dort scharf rechts in die grasigen Nordhänge. Irgendwo hier stand das (abgebrannte) Stuibenhaus. Etwa ½ Stunde unterhalb des Gipfels bleibt die Rechtsabzweigung zur Alpe Gund unbeachtet. Wir vertrauen auf den breiten Weg. An seiner Linkskehre geradeaus über eine Wiese und

Der Stuibengipfel im Aufstieg von Steineberg beziehungsweise auf der Wanderung vom Mittag.

Die abschließenden, drahtseilgesicherten Meter zum Gipfel des Stuiben.

den Telefonleitungsmasten folgen zu einem Fahrweg und zur *Alpe Mittelberg* (1368 m). Und schon 20 Minuten danach sind wir auf dem breiten Weg beim *Erholungsheim Almagmach* (1150 m). Vom Gipfel 1 Stunde.

Weiter in einer ¾ Stunde zu der 1632 erbauten *Hölzernen Kapelle* (rechts am Fahrweg) zum Gedenken an die Schwedenüberfälle im Dreißigjährigen Krieg. Kurz danach wird der Fahrweg rechts verlassen. Etwas später abermals rechts zum rauschenden und wildromantischen *Steigbachtobel*. Unten begrüßt uns die 1619 erbaute »Gottesackerkapelle« St. Georg, von wo der Adolph-Probst-Weg in den Ortskern von *Immenstadt* leitet.

Touristische Angaben

Talort: Immenstadt (729 m), nördliches Tor des Oberallgäus, 21 Kilometer von Kempten, 7 Kilometer von Sonthofen. Gute Bahn- und Busverbindungen. Hotels, Gasthöfe. – *Sehenswert:* Marktplatz mit Mariensäule von

1773 und dem einstigen Schloß der Grafen Montfort-Rothenfels, erbaut 1550, im frühen 17. Jahrhundert umgestaltet und erweitert (Behördensitz). Rathaus aus dem 17. Jahrhundert, 1960 umgebaut. Oberallgäuer Heimatmuseum (Am Klosterplatz 3), geöffnet zwischen Juli und September von Montag bis Freitag von 14.00 bis 16.00 Uhr, am Samstag von 10.00 bis 12.00 Uhr.

Ausgangspunkt: Gipfelwirt (1450 m) auf dem Mittag. Sessellift von Immenstadt; zu Fuß 1¾ Stunden.

Höhendifferenz: etwa 300 Meter.

Gehzeiten: Mittag – Stuiben 2½ Stunden, Abstieg nach Immenstadt 2 Stunden. Insgesamt 4½ Stunden.

Zwischenstation: Naturfreundehaus Alpe Mittelberg, meist nur an Wochenenden bewirtschaftet.

Karten: Bayerisches Landesvermessungsamt 1:50000, Allgäuer Alpen; Kompass-Wanderkarte 1:50000, Blatt 2 Allgäuer Alpen – Kleinwalsertal.

4 Immenstädter Horn, 1489 m

Das Horn, das keines ist

> **Tagestour**
>
> Steil und schattig bis zur »Kanzel«. Danach legt sich das Gelände etwas zurück. Beim Abstieg wenig Schatten.
>
> Unschwierig. Zwischen den Almen Kessel und Rabennest ist bei Nässe Aufmerksamkeit geboten.
>
> Beste Jahreszeit: Ende Mai bis Ende Oktober.

Das Immenstädter Horn verkörpert kein Horn im wörtlichen Sinn. Der Bergname ist eher eine Vortäuschung falscher Tatsachen. Im Allgäu sind offensichtlich andere Kriterien ausschlaggebend für das Prädikat »Horn« als anderswo, was aber nicht geringschätzig aufzufassen ist. Dieser klärende Hinweis vorneweg, um nicht zuviel zu versprechen oder gar falsche Vorstellungen zu erwecken.

Der Berg ist voller Überraschungen: Blumenwiesen in Fülle, entzückende Almkessel, im Frühjahr rauschende Wasserfälle, traumhaft schöne Alpseeblicke sowie geologisch interessante Nagelfluhformationen, denn das Immenstädter Horn markiert den östlichen Eckpfeiler des aus Nagelfluh aufgebauten *Prodelkammes*. Er verläuft parallel – nördlich vorgesetzt – zur Nagelfluhkette der »Rindalpen« (siehe Tour 2 und 3), getrennt durch die lange Furche des Weißachtales, und erstreckt sich vom Immenstädter Horn über rund 12 Kilometer in schwach südwestlicher Richtung. In den Nordhängen, die im Tal der Konstanzer Ach zwischen Oberstaufen und Bühl auslaufen, haben Skilifte und -pisten schmerzlich in die Natur eingegriffen. Davon abgesehen ist der in seinen höheren Lagen überwiegend bewaldete Kamm, um den oft Nebelschwaden brodeln – deshalb der Name – ein stilles Revier. Das gilt auch für das *Immenstädter Horn*, obwohl es sich stadtnah erhebt, indes von der Stadt nicht zu sehen ist. Was man von Immenstadt im Westen sieht, ist lediglich das *Hörnl*, auch Hornköpfle genannt, die »Kanzel« – prächtigster Aussichts-

platz der näheren Umgebung, 400 Meter über dem Alpsee. Das eigentliche Immenstädter Horn versteckt sich hinter seiner östlichen Bergschulter.

Beim Aufstieg entscheidet man sich am besten für den direkten Weg ab *Immenstadt*. Er bietet angenehmen Schatten und ist allein aus diesem Grund anderen Routen vorzuziehen. Kurz nach der »Kanzel« warnt ein Marterl des Jahres 1952 vor übermütigem Verhalten am Berg. Der Wald lockert sich erst am Gipfel auf. In vorgeschobener Position grüßt ein Kreuz weit in die Täler; das Kruzifix schnitzte der Bildhauer Albert Rasch aus Bühl. Auf der stumpfen Gipfelkuppe steht die »Ingolstädter Hütte«, kein Unterkunftshaus, sondern ein zugiges Blockhüttchen als Wetterschutz.

Der Abstieg kann dann variabel gestaltet werden, vorausgesetzt natürlich, eine Rundtour ist erwünscht. Auf der Nordseite des Hüttchens senkt sich Markierung 43 zur *Alpe Kessel* als kürzeste Verbindung zum Alpsee. Etwas länger, aber gemächlicher (in der Folge beschrieben) erweist sich der Umweg über die *Alpe Alp* im Wiesensattel zwischen Immenstädter Horn und Roter Kopf. Von dort kann man bei unzumutbaren Wetterverhältnissen durch das Steigbachtal nach Immenstadt ausweichen. Der Gegenanstieg zum Kemptner Naturfreundehaus kommt kaum in

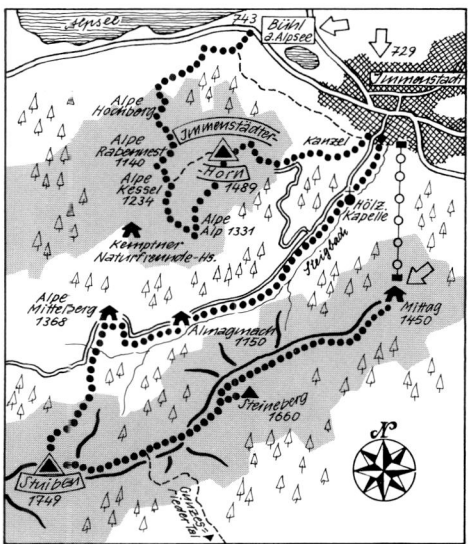

Die Alpe Rabennest am Abstieg vom Immen-
städter Horn nach Bühl am Alpsee.

Tiefblick vom Immenstädter Horn auf den
östlichen Teil des Großen Alpsees.

Frage, weil auch in den Almen am Wanderweg Getränke angeboten werden.

Der Weg nach Bühl am Alpsee dagegen ist
ein erfüllter Spaziergang über Almwiesen,
wo im Sommer das hundertfache Geläute
von Kuhglocken ertönt. Zwischendurch
kommen wir in Waldstücke. Nagelfluhblök-
ke liegen herum, hier und dort ist der Steig
felsig. Das Bächlein schlängelt sich hin zur
nächsten Talstufe, plätschert in dunkle Gum-
pen. Das Vieh sucht phlegmatisch Schutz vor
der Sonne. An der Alpe Rabennest serviert
man uns frisches Quellwasser in Gläsern. Zur
Alpe gehören 80 bis 90 Stück Vieh. Früher
hat der Senn noch Butter und Käse herge-
stellt, heute verkauft er Flaschenbier und Li-
mo. Das Innere der Hütte ist originell eingerichtet, ausgesprochen gemütlich. Noch liegt
ein Stück Wanderung vor uns. Der tiefblaue
Spiegel des Alpsees lockt als Verheißung
kühler Erfrischung.

Als Abschluß ein Bad im Alpsee

An der Südwestseite des *Friedhofs* vorerst auf
der Straße bergan, bis rechts der asphaltierte
Hornweg abzweigt. Etwa 5 Minuten nach
dem Friedhof nehmen wir an der Gabelung
den oberen Weg (Nr. 43). Eine Tafel zeigt
zum »Horn«. Nun kehrenreich bergauf im
Hangwald, der von beachtenswerten Nagel-
fluhbänken durchsetzt ist. An einer Felsecke
vermittelt ein Drahtseil zusätzliche Sicherheit. Ungefähr nach ½ Stunde nimmt die an-
fängliche Steilheit des Weges ab. Die Kehren
werden länger, vereinzelte Lichtungen tun
sich auf und erlauben Blicke hinüber zum
Grünten. Etwa 1 Stunde vergeht, dann rasten
wir auf der »Kanzel«. Weiter zu einem über-
hängenden Nagelfluhfels. Davor rechts und
in wenigen Minuten zu einem Forststräßchen. Mit ihm rechts. Links des Sträßchens
steht eine vom hiesigen Forstamt aufgestellte

Lockstoffalle für Borkenkäfer als Beispiel des biologischen Waldschutzes ohne Gift.

Kurz danach wendet sich unsere Route links ab (Wegweiser). Eine brettergefaßte Quelle sprudelt am Weg, der uns zum Gipfel des *Immenstädter Horns* dirigiert.

Vom Eingang des Blockhüttchens südwärts auf dem schwach gewölbten Rücken zu einem Weidezaun, anschließend halbrechts. Das Kemptner Naturfreundehaus tritt ins Blickfeld. Durch eine Schneise zu einem Querweg, der links zur *Alpe Alp* (1331 m) leitet; im Sommer Getränke.

Vom Kinderspielplatz zum tiefsten Punkt des Wiesensattels. Wo der Gegenanstieg zum Kemptner Naturfreundehaus ansetzt, hält man sich rechts auf Weg 42. Er verläuft durch das Wiesenhochtal in ¼ Stunde zur *Alpe Kessel* (1234 m).

Über eine Talstufe in 20 Minuten zur *Alpe Rabennest* (1140 m) in einem idyllischen Hochalmkessel, der sich nach Norden öffnet. Weiter absteigen mit schönem Blick auf den Alpsee, die *Alpe Hochberg* passieren nach Rieder und auf asphaltierter Straße zum Gasthof Bühlerhöh in *Bühl am Alpsee*.

Touristische Angaben

Talorte: Immenstadt (729 m), siehe Tour 3. Bühl (743 m), an der Bundesstraße 308 am Südostende des Großen Alpsees, 2,5 Kilometer nordwestlich von Immenstadt. Busverbindungen. Haltestelle unweit dem Gasthaus Bühlerhöh. Am Alpsee (725 m) Strandbad, Bushaltestelle.

Ausgangspunkt: Friedhof von Immenstadt, Parkplätze. 5 Minuten südlich des Bahnhofs.

Höhendifferenz: 760 Meter.

Gehzeiten: Immenstädter Horn nicht ganz 2 Stunden. Abstieg nach Bühl 1½ Stunden. Insgesamt 3½ Stunden.

Zwischenstationen: Alpe Alp, Alpe Rabennest.

Rückweg zu Fuß nach Immenstadt: Vom Alpengasthof Bühlerhöh auf der Straße Rieder Steige 200 Meter bergan, dann halblinks in das Sträßchen Unterm Horn (Wegweiser), das sich kurz darauf links wendet. In Höhe des letzten Hauses rechts halten, unter der Hochspannungsleitung hindurch im bewaldeten Hang nach Immenstadt; 1¼ Stunden.

5 Grünten, 1738 m

Wächter am Allgäuer Tor

Tagestour

Anhaltend steiler, schattiger Aufstieg. Rundtour.

Unschwierige Wanderung.

Beste Jahreszeit: Juni bis Ende Oktober.

An der breiten Öffnung des Illertales zwischen Immenstadt und Sonthofen wacht der Grünten in beherrschender Statur. Sein stumpfer Zuckerhutkegel grüßt weit hinaus in die wellige Molasselandschaft des Voralllgäus. Ein ansprechenderes Entrée könnte sich das Oberallgäu nicht wünschen.

Grünten lautet der Name für den gesamten Bergstock. Ihn gliedern wiederum einzelne Gipfelpunkte. »Der Kundige erfreut sich der zahlreichen Versteinerungen ebenso wie der vielfältigen Flora, die Seltenheiten zeigt, denen man in den bayerischen Alpen nur am Grünten begegnet«, unterstreicht Heinz Groth im Alpenvereinsführer. Konkret sind das die Sommer-Fetthenne (Sédum ánnuum), auch Einjährige Fetthenne genannt, die von Juli bis August ihre gelben Trugdolden zeigt, sowie das Kriechende Netzblatt (Goodiéra répens), deren kriechender Wurzelstock vorwiegend in Nadelwäldern wächst.

Der Grünten sei »die Krone der Gegend, und Fürsten und Fremde aus allen Ländern hätten ihn von jeher bereist und bewundert«, schreibt Ludwig Schubart in seiner »Reise auf den Gründen« im frühen 19. Jahrhundert. Er bezieht sich auf eine alte, gedruckte »Landchronik«.

Als das Bergsteigen noch ausschließlich ein Spaß für feine Leute war, ließen sich manche Herrschaften in Sänften durchs Gebirge tragen. Der Augsburger Fürstbischof Clemens Wenzeslaus wagte sich 1774 an den Grünten, begleitet von fünf Höflingen, im »Expeditionsstil«: 56 Bauern mußten den

Der Gipfel des Grünten mit dem Gebirgsjäger-Ehrenmal.

Südwestflanke des Grünten mit dem Wanderweg von der Alpe Weiherle.

Geistlichen dienen und abwechselnd die sechs gepolsterten Tragsessel schleppen. An diese Epoche erinnert der »*Fürstenweg*« (2½ Stunden) vom Rettenberger Brauhaus über die Schwandenwiesen und die Obere Kammeraggalp.

»Kaiser Max habe einst den Gründen besucht«, erfuhr Schubart aus der »Landchronik«. Es war Kaiser Maximilian I. Anfang des

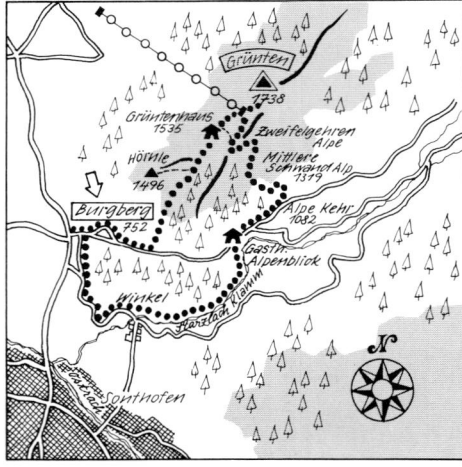

16. Jahrhunderts. Der »letzte Ritter« habe »einer Bergjagd beigewohnt und sei über den Riff geschritten, also daß sich selbst die Hochjäger über solch Wagstück entsetzt hätten…« Zu diesem Zeitpunkt dürfte das märchenhafte Schloß eines Gaugrafen auf dem Gipfel bereits ins Sagenreich eingegangen sein.

Bayernkönig Max II., Vater von Ludwig II., bestieg den Grünten 1858 im Laufe seiner sechswöchigen Fußreise von Lindau nach Berchtesgaden. Zum Reisetroß gehörten Hofkaleschen und 42 Pferde, denn die ganze Strecke wollte der Gekrönte nicht laufen. Am Grünten gedachte man sehr früh aufzubrechen, denn der König litt bei Sonnenlicht unter Kopfschmerzen. Indes vereitelten zahlreiche, aus der Umgebung herbeigeeilte Honoratioren den rechtzeitigen Abgang. Den Gipfel hat Max II. aber dennoch erreicht. Eine Tafel am Weinbergle nördlich von Burgberg bezeugt das historische Ereignis. Damals existierte noch kein Weg. Überall Bergwildnis. 1827 hatte hier ein Jäger den letzten Wolf im Allgäu erlegt. Der Ausbau des Grüntensteiges erfolgte erst 1886. Seitdem hat sich vieles geändert am Berg. Die nordwestseitigen Hänge seines langgestreckten Nordostrückens sind mit Skiliften bepflastert, aus dem Wald häßliche Schneisen gerissen worden. Vom Weiler Altach gondelt eine nicht öffentliche Seilbahn in 10 Minuten zur Höhe. Nicht direkt zum Gipfel, sondern zu der ihm vorgesetzten Hochwarte (Westgipfel, 1730 m). Dort sticht ein 92 Meter hoher Sendeturm des Bayerischen Rundfunks in den Himmel. Fünf Minuten sind es dann nur noch zum höchsten Punkt (Ostgipfel), dem *Übelhorn* mit einem weithin sichtbaren, 1924 eingeweihten Gebirgsjäger-Denkmal. Das Panorama der weiten Runde umfasse 100 Kilometer, hört man.

Der Name Grünten wird vom Dialektausdruck »der Krinnete« abgeleitet, das heißt der Berg mit der großen Rinne, bezogen auf den Wustbacheinschnitt zwischen Burgberger Horn (Kreuzelspitz) und Stuhlwand. Diese Waldschlucht durchzieht der herkömmliche Weg ab *Burgberg*. Durch den Ausbau der *Grüntenstraße* im Starzlachtal zwei Kilometer zum *Gasthof Alpenblick* (990 m) wird der Grünten auch von dort häufig erstiegen, über die Südflanken, was gegenüber Burgberg 350

Höhenmeter weniger erfordert, jedoch keinen Schatten bietet.

Drüben in Kranzegg ist man ebenfalls nicht untätig geblieben, seinen Gästen den Grünten so mühelos wie möglich zu offerieren: Mautsträßchen zum *Berghaus Jörg* (1180 m). Etwa eine ¾ Stunde später ist man auf der im Sommer bewirtschafteten Grüntenalp (1477 m). Zum Schluß hin ist in der felsigen Südflanke des Berges trotz angebrachter Drahtseile Achtsamkeit geboten.

Über den Grünten in die Starzlachklamm

In *Burgberg* vom Gasthof Löwen bergan den roten Wegweisern (Grünten) auf der Straße folgen. Nach 250 Metern links in das Sträßchen An der Halde. Etwa 20 Minuten oberhalb des »Löwen« betreten wir das Landschaftsschutzgebiet. Hier, vor der Alpe Weiherle, ist beschränkter Parkraum vorhanden.

Links von der Straße ab und über eine Wiese in den Wald. Bald mündet von links der direkte Zugang von der Burgberger Turnhalle. Die bewaldete *Wustbachschlucht* nimmt uns auf. Das Weglein geht in Kehren über. Rechts oben – nicht einzusehen – dräut die Stuhlwand, ein beliebter Klettergarten. In ungefähr 1450 Meter Höhe zweigt links in spitzem Winkel eine Steiganlage zum Burgberger Hörnle (1496 m) ab.

Unser Weg tritt gute 5 Minuten später über die Waldgrenze hinaus und durchzieht eine Blumenwiese zum *Grüntenhaus* (1535 m) in der südwestlichen Gipfelmulde. Nun linkshaltend in ½ Stunde hinauf zur *Seilbahnstation*, von der es zum nahen *Gipfel* geht.

Auch beim Abstieg kann nochmals im Grüntenhaus gerastet werden, was aber einen viertelstündigen Gegenanstieg zum Sattel nördich der Stuhlwand mit sich bringt. Um das zu vermeiden, wandert man vom Jä-

In der Starzlachklamm.

gerdenkmal ein kurzes Stück über den Nordostrücken, bis rechts (oberhalb des Gipfelliftes) ein rotbezeichneter Pfad in den steilen Grashang führt. Er hält sich rechts und leitet über die *Zweifelgehrenalpe* hinunter zur *Alpe Kehr* (1082 m), wobei man unterwegs an der *Mittleren Schwandalp* (1319 m) vorbeikommt. Auf der Straße auswärts zur Material-lift-Talstation, von wo es noch ¼ Stunde zum *Gasthof Alpenblick* ist, einem vielbesuchten Ausflugslokal. Jetzt könnte man natürlich auf der Straße in 25 Minuten direkt nach Burgberg marschieren, reizvoller ist es aber, kurz vor dem Gasthof links abzubiegen (Wegweiser). Über Wiesen gelangen wir in die Schlucht, in der die Route etliche Felspartien passiert und sich in die *Starzlachklamm* senkt. Vor dem schwefelhaltigen Wildbach wenden wir uns rechts. Geologen schätzen den Nummulitenkalk wegen seiner Versteinerungen: scheibenförmige Gehäuse tertiärer, einzelliger Meerestiere (Nummuliten). Berühmt geworden ist der Fund des »Cancer sonthofensis«, einer Krabbenart.

Von der *Klammhütte* zu den Häusern von *Winkel* (762 m). Abschließend auf der Straße rechts, erneut über die *Starzlach* und gemütlich in ½ Stunde zurück nach *Burgberg*.

Touristische Angaben

Talort: Burgberg (752 m), nördlich (2,5 km) von Sonthofen, östlich von Blaichach (nächster Bahnhof, 2 km); Busverbindungen. Gasthöfe und Hotels. – *Sehenswert:* Pfarrkirche St. Ulrich aus dem 15. Jahrhundert. Altarbild und Deckengemälde der Augsburger Holbeinschule mit Szenen der Ungarnschlacht 955 auf dem Lechfeld (südlich von Augsburg).
Höhendifferenz: 900 Meter.
Gehzeiten: Grünten 2½ Stunden. Abstieg über die Starzlachklamm 2 bis 2¼ Stunden. Insgesamt nicht ganz 5 Stunden.
Zwischenstationen: Grüntenhaus, Mittlere Schwandalp (Erfrischungen), Alpe Kehr (Erfrischungen), Gasthof Alpenblick, Klammhütte (Erfrischungen).
Karten: Bayerisches Landesvermessungsamt 1:50 000, Allgäuer Alpen; Zumstein-Wanderkarte 1:35 000, Blatt 3 Hindelang – Tannheimer Tal.

6 Kleiner Hirschberg, 1458 m

Der Erdgeschichte auf der Spur

Halbtagestour
Kurzer, aber steiler, schattiger Aufstieg. Rundwanderung, in die der Spieser miteinbezogen werden kann.

Beim Abstieg Trittsicherheit erforderlich. Nach Regenfällen stellenweise rutschig.

Beste Jahreszeit: Ende Mai bis Ende Oktober.

Schloßplatz in Hindelang: Das einstige Jagdschloß der Augsburger Fürstbischöfe aus dem Jahre 1660 diente Clemens Wenzeslaus und seinem Gefolge mehrere Sommer hindurch als Erholungsquartier und Stützpunkt für Bergtouren, unter anderem 1774 auf den Grünten. Legt man hier den Kopf in den Nakken und schaut nordwärts über die Kellerwand hoch, erscheint das Gipfelkreuz auf dem Kleinen Hirschberg, dem »Hausberg« des Kneippkurorts.

Sein Mittelgebirgscharakter erlaubt es, ihn schon früh im Jahr zu ersteigen, wenn die Hochgipfel sich noch mit dem Wintergewande kleiden. Schneefrei sollte das Gelände allerdings schon sein, vor allem auf den steilen Wiesen der Ostflanke sowie im Hirschbachtobel, in dem die Überschreitung des Berges auf einer Steiganlage ausklingt.

Der *Hirschbachtobel* gilt unter Wissenschaftlern als eines der interessantesten geologischen Erscheinungsbilder im Allgäu. 1980 wurde dort ein erdgeschichtlicher Lehrpfad eröffnet. Nun können sich auch Laien einen verständlichen Eindruck des Werdens der Landschaft verschaffen: einmal generell, zum anderen auf den Hirschberg abgestimmt, als greifbares Beispiel. Eine Profilkarte der Gesteinsschichten erklärt, mit welchen Kräften zur Zeit der Gebirgsbildung die Schichten des Jura und der Kreide eine Verschiebung erfuhren. Im Tobel selbst sind 14 Täfelchen angebracht, teilweise am vorgestellten Gestein.

Beim Aufstieg erläutert am *Steinköpfle* eine Tafel in anschaulicher Weise das farbige

Abendstimmung auf dem Hirschberg. In der rechten Bildhälfte im Hintergrund die markante Gestalt des Hochvogels.

Querprofil durch die Meersedimentation während der Jurazeit und belehrt über das Entstehen der Versteinerungen. Dafür sind der Hierlatzkalk am Steinköpfel und die Allgäu-Schichten im Hirschbachtobel bekannt. Mit etwas Glück findet man sogar Versteinerungen, beispielsweise Kopffüßler und Seelilienstielglieder. Der Lehrpfad durch den Tobel beginnt, sofern man direkt vom Tal ausgeht, 50 Meter westlich des Gasthauses »Zum letzten Heller« an der Bundesstraße 308 am östlichen Ortsrand von Hindelang.

Vom Gipfel in den Hirschbachtobel

Ab dem Hindelanger *Schloßplatz* zunächst zum Hotel Sonne; anschließend durch die Marktstraße, nach Haus Nr. 26 biegen wir rechts in die Gailenbergstraße ein; Aufstieg 10 Minuten zur *Zillenbachbrücke*. Unmittel-

bar danach die Straße scharf rechts verlassen. Der Zillenbach wird abermals überschritten. Nun auf dem orographisch linken Ufer bergwärts. Nach insgesamt ¹/₂ Stunde steht links etwas abseits die erste uns erwartende Tafel des geologischen Lehrpfades. Nochmals 10 Minuten, und wir sind bei der Rastbank auf der *Luitpoldhöhe* (1040 m).

Man hält sich an die in Richtung Hirschberg – Spieser zeigende Tafel. Der schmale Weg führt kehrenreich hinauf zum *Steinköpfle* (1077 m). Die folgende Rechtsabzweigung des Kellerwandweges vermittelt zwar von hier den kürzesten Zugang zum unteren Hirschbachtobel, schließt aber den Hirschberggipfel aus. Weiter ansteigen, geleitet von roten Farbzeichen. Im Wald liegen Kalkfelsblöcke herum, in denen die erwähnten Versteinerungen vorkommen.

Schließlich gelangen wir zum Kreuz auf dem *Hirschberg*. Danach geht es noch etliche Meter bergan. Unterhalb des trigonometrischen Punktes rechts und auf einem überaus genußvollen Hangweg dahin. Etwas später senkt sich die Spur zum Hirschbach, den man auf einem Holzsteg überschreitet. Es folgt ein mäßiger Gegenanstieg. Wir queren den Hang zu Füßen der Krähenwand. Hernach zweigt auf einer Wiese links die Route zur Hirschalp und zum Spieser ab (siehe Tour 7). Wir indes steigen hinunter zum Wendeplatz eines Forststräßchens. Hier setzt rechts der Steilabstieg in den *Hirschbachtobel* an. Durch den Tobel rauscht ein Wildbach. Die Ufer werden gewechselt. Holzgeländer geben zusätzlichen Halt. Von rechts mündet der Kellerwandweg. Nicht mehr lange, und der Hirschbachtobel gibt uns frei. Rechtshaltend in Richtung Café Polite zu einer Wiese. Das Café bleibt rechts liegen. Auf einem schwach ausgetretenen Wiesenpfad steuern wir den Hindelanger Kirchturm an. Vorbei an der 1920 von Thomas Wechs erbauten, durch Karl Knappe ausgemalten Kriegergedächtniskapelle in malerischer Hanglage, gelangt man wieder ins Ortszentrum von Hindelang, das übrigens an einer römischen, unter Kaiser Decius in der ersten Hälfte des 3. Jahrhunderts n. Chr. trassierten Straße liegt.

Touristische Angaben

Talort: Hindelang (825 m) im Ostrachtal an der Bundesstraße 308 zwischen Sonthofen (nächster Bahnhof, 9 km) und Oberjoch (7 km); Busverbindungen. Parkraum an der Rückseite des Schlosses (Rathaus). Gasthöfe und Hotels. – *Sehenswert:* In der Richard-Mahn-Straße 500 Jahre alte Waffenschmiede, eine von nur drei noch in Deutschland existierenden Hammerschmieden. Besichtigung nach telefonischer Anmeldung (Nr. 581) bei Meister Leonhard Scholl.
Höhendifferenz: 650 Meter.
Gehzeiten: Hirschberg 1¾ Stunden. Abstieg 1¼ Stunden. Insgesamt 3 Stunden.
Karten: Bayerisches Landesvermessungsamt 1:50000, Allgäuer Alpen; Zumstein-Wanderkarte 1:35000, Blatt 3 Hindelang – Tannheimer Tal.

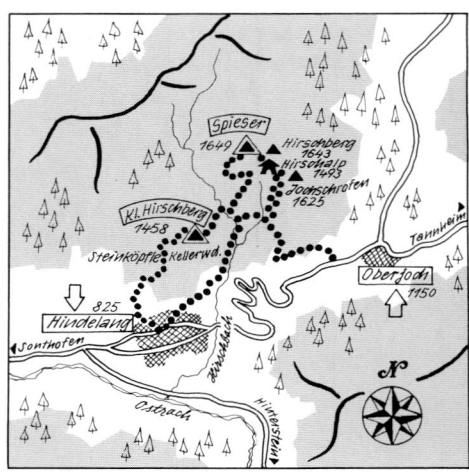

7 Spieser, 1649 m

Zeit lassen!

Halbtagestour

Gemütliche Rundwanderung. Obwohl kaum Schatten vorhanden, auch an heißen Tagen nicht anstrengend.

Unschwierig. Bei Regen auf die Rundtour verzichten und über die Hirschalp direkt zum Gipfel ansteigen.

Beste Jahreszeit: Ende Mai bis Ende Oktober.

Nehmen Sie sich Zeit für den Spieser, vielleicht einen ganzen Tag! Wegen der Blumen bis Mitte Juli und der Aussicht. Abstecher zum Kleinen oder zum Großen Hirschberg oder auf den Jochschrofen sind möglich. Selbstverständlich ist die Einkehr in der Hornalp, wo allerdings die frische Kuhmilch in Plastikbechern verkauft wird, was so gar nicht alpenländischer Tradition entspricht.

Im geologisch interessanten Hirschbachtobel, dem Abstieg der Hirschberg-Überschreitung, erklärt ein erdgeschichtlicher Lehrpfad die Gebirgsbildung.

Am Spieser wird das Bummeln großge-
schrieben. Hier mal sitzenbleiben im fetten
Wiesengras, dort im Schatten einer Fichte,
deren zottige »Bärte« dem Baum ein alters-
graues Aussehen verleihen. Der Gipfel selbst,
die unmittelbare Umgebung des Kreuzes, ist
überlaufen durch Ausflügler, weil der Berg
von jedem gemacht werden kann und die
Rundblicke umfassend sind.

Als einen Schönheitsfehler empfindet man
das breite, glücklicherweise für den öffentlichen Verkehr gesperrte Teersträßchen zur
Hirschalp. Hat das unbedingt sein müssen?
Für die Wirtsleute ja, denn nun kann man mit
Stöckelschuhen zumindest bis zur Einkehr
gelangen, wenn's sein muß auch noch auf
den grasgewölbten *Kreuzbichl* ein Stück
oberhalb der Hütten. Er bietet Tiefblicke in
den Talkessel von Hindelang sowie Einsich-
ten in das Rettenschwangtal und in das Hintersteiner Tal, zwischen denen sich Breitenberg und Rotspitze aufschwingen. Aber erst
vom Gipfel des Spiesers erlebt der Wanderer
das Großpanorama zwischen den Tannheimer Bergen und dem Grünten, zwischen
dem nördlichen Allgäuer Hauptkamm und
den grünen Kuppen um den Spieser.

In der Absicht, dem geteerten Laufsteg we-
nigstens gipfelwärts auszuweichen, habe ich
eine wenig begangene Route gefunden. Sie
meidet die Überfülle, erweist sich als ungewöhnlich beschaulich und wird erst bei der
Rückkehr touristisches Allgemeingut.

Am Oberjoch beginnt der Panoramaweg

Gegenüber dem obersten Parkplatz des *Hauses Ingeburg* vertrauen wir uns dem *Panoramaweg* an. Hinauf zum lichten Hangwald
und in ¼ Stunde mäßig bergan zur luftigen
Aussichtskanzel »*Ifenblick*« (der Ifen zeigt

*Der Jochschrofen vermittelt von Nordosten einen Überblick zu den Hütten der Hirschalp
und auf die Kuppe des Spiesers.*

Am Weg zum Spieser bieten sich Blicke nordöstlich zum doppelgipfeligen Sorgschrofen.

sich im Südwesten als breitgelagerte Felsbastion), von der sich ein schöner Blick zum Kleinen Hirschberg und in den Hirschbachtobel öffnet.

Der stellenweise felsige Weg geht in Serpentinen über. Ein ausgesetzter Streckenabschnitt ist mit einem Drahtseil versehen, als Hinweis auf die Abgründe. Etwa 10 Minuten nach dem »Ifenblick« wird man auf das Teersträßchen gezwungen, dem man nur wenige Minuten folgt: In der Rechtskurve geradeaus mit breitem Weg, durch einen Bachtobel zu einem kleinen Wendeplatz. Hier senkt sich links der Steig in den Hirschbachtobel (Abstieg nach Hindelang). Wir halten uns an die aufwärtsführende Spur noch 5 Minuten. Dann geht es rechts (geradeaus in ½ Stunde zum Kleinen Hirschberg, siehe Tour 6). Ein Wiesenpfad schlängelt sich über den Weiderücken empor zu einem breiten Querweg, einem Teilstück des rund 200 Kilometer langen Oberallgäuer Rundwanderweges (9 Tagesetappen).

Links, das Bächlein überschreiten und hernach rechts weglos über den Wiesenhang hoch zum nächsten Querweg unterhalb einer auffallenden Felsgestalt. Abermals links, 5 Minuten zur Wegeteilung. Halbrechts auf dem oberen Weg an den Südwestrücken des Spiesers. In der Folge im locker bewaldeten Südosthang auf aussichtsreicher Trasse zum *Spiesergipfel*, über den der Europäische Fernwanderweg 4 (Neusiedler See – Pyrenäen) verläuft.

Vom Kreuz über den stumpfen Ostrücken in die grasige Einsattelung vor dem Großen Hirschberg (¼ Stunde weglos über den Westrücken). Rechtshaltend abwärts, nach 10 Mi-

Ausschau vom Spieser östlich zu den »Tannheimern« zwischen Aggenstein (links) und Kellespitze; dazwischen der Einstein. Ungefähr in der Bildmitte das Tannheimer Tal, im Hintergrund die Zugspitze.

nuten links um eine Kuppe herum in den *Steinpaßsattel*, von dem die Aufstiegsspur zum südöstlich stehenden Jochschrofen im unteren Teil einzusehen ist. Aus dem Sattel scharf rechts. Jetzt sind es nur mehr knappe 10 Minuten zu den drei blechgedeckten Hüttchen der *Hirschalp* (1493 m). Vom Gipfel ½ Stunde.

Auf dem Teersträßchen 20 Minuten in Schleifen abwärts, worauf der schon bekannte Weg links abzweigt und nach *Oberjoch* zurückführt. Von der Hirschalp ¾ Stunden.

Touristische Angaben

Talort: Oberjoch (1150 m), Deutschlands höchstgelegenes Dorf, ein Ortsteil von Hindelang (15 km), an der Bundesstraße 308 in Richtung Grenze beziehungsweise an der Deutschen Alpenstraße zwischen Hindelang und Wertach; gute Busverbindungen, Hotels, Gasthöfe, Pensionen. – *Sehenswert:* Ehemaliger Salzstadel (Haus Nummer 16½), 1809 errichtet vom Hindelanger Salzfaktor Johann Baptist Gerum. Nach dem Niedergang des Salzhandels (um 1820) in ein Wohnhaus umgestaltet.

Ausgangspunkt: Hotel Ingeburg am westlichen Ortsrand, nördlich oberhalb der Bundesstraße.

Höhendifferenz: 680 Meter.

Gehzeiten: 1¾ Stunden zum Gipfel, 1¼ Stunden für den Rückweg. Insgesamt 3 Stunden.

Zwischenstation: Hirschalp, ganzjährig bewirtschaftet.

Karten: Bayerisches Landesvermessungsamt 1:50000, Allgäuer Alpen; Zumstein-Wanderkarte 1:35000, Blatt 3 Hindelang – Tannheimer Tal.

8 Imberger Horn, 1656 m

Ideal mit Kindern

Halbtagestour (bei Sessellift-Benützung).
Überwiegend schattiger Aufstieg in angenehmer Steigung, was auch für den Abstieg gilt. Rundtour.

Unschwierige Wanderung.

Beste Jahreszeit: Ende Juni bis Ende Oktober.

Südöstlich von Sonthofen – und von dort gut zu sehen – beziehungsweise südlich von Hindelang entragt das Felsriff des Imberger Hornes einem dichten Waldgürtel. Die Ostflanke fällt steil ins Retterschwangtal ab, einer Domäne der Guts- und Jagdverwaltung Prinz Eugen von Bayern. Zum südlich vorgelagerten Straßberg senkt sich ein gratähnlicher Kamm. Auf der Westseite treten Lichtungen aus den Wäldern hervor. Im Norden fallen fichtendunkle Hänge in das schon im frühen Mittelalter besiedelte Ostrachtal ab.

Kein anderer Gipfel der Umgebung vermittelt prächtigere Blicke auf die steinerne Parade der düsteren Nordabstürze der Daumen- und Nebelhorngruppe, die entlegensten Erdenwinkel der Allgäuer Alpen auf deutschem Boden. Aber auch die Schau über das Illertal, zum Grünten und zu den südlichen Rändern des Großen Waldes gehört zu den Feinheiten, die das Imberger Horn vermittelt.

An diesem Berg kann man auch mal die Kleinen über die Wiesen- und Waldregion hinaus auf eine felsige Spitze führen, wobei der Fels lediglich die letzten Meter zum Kreuz ausmacht.

Wie so oft bei Allgäuer Gipfeln, spürt man auch hier hinsichtlich des Aufstieges die Qual der Wahl. Beide in Frage kommenden Wege können durch einen Sessellift beziehungsweise durch ein Mautsträßchen erheblich verkürzt werden. Bei der Sessellift-Bergstation ab Hindelang trennen uns noch 360 Höhenmeter vom Gipfel, bei der *Michael-Schuster-Hütte* (Naturfreundehaus) über Imberg 460 Meter. Beide Routen sind mit Wegweisern und Markierungszeichen versehen

und können nach menschlichem Ermessen nicht verfehlt werden. Die folgende Beschreibung bietet sowohl die Eindrücke der Nord- wie der Westseite, in diesem Ablauf, denn die der Ortschaft Imberg zugeneigte Flanke des Hornes ist im Abstieg aussichtsreicher als umgekehrt.

Überdies lernen wir ein kulturhistorisches Denkmal kennen: *St. Leonhard* in Liebenstein, dem frühesten Pfarrort des Oberallgäus, eine Dreikonchenanlage mit spätgotischen Schnitzfiguren aus der Memminger Werkstatt von Hans Strigel d. Ä. und Rokokoausstattung. Schon vorher verdient die Filialkirche *St. Katharina* zu Imberg aus der Mitte des 15. Jahrhunderts Beachtung. Über dem Eingang sind Fresken freigelegt worden, auf dem neugotischen Altar drei sehenswerte Skulpturen aus der 2. Hälfte des 15. Jahrhunderts: Muttergottes, Katharina, Sylvester.

Nach dem Gipfel eine Kulturlandschaft

Von der Gaststätte an der Bergstation der *Hornalp-Sesselbahn* (1300 m) wird westwärts mäßig angestiegen in ¼ Stunde zu einer Wegeteilung. Dort hält man sich halblinks. Die Steilheit des Geländes nimmt zu. Durch den Wald geht es hinauf zu einem breiten, gratartigen Rücken, in dessen südlicher Fortsetzung sich der Gipfel des *Imberger Hornes* erhebt.

Wieder zurück zu der erwähnten Wegeteilung (Tafeln). Links ab und auf eine Wiese, über die man zu den nächsten Wegweisern

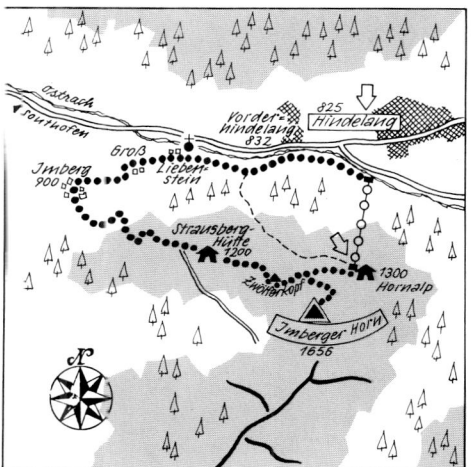

Rast auf dem Imberger Horn. Links des Gipfelaufbaues der Entschenkopf, an dem sich das Nebelhorn und die Wengenköpfe (Hindelanger Klettersteig) zum Großen Daumen anschließen.

ansteigt. Danach wieder abwärts, rechtshaltend am Zwölferkopf vorbei zu einem Teersträßchen. Es folgt die *Strausberg-Hütte* (1200 m). Von dort auf der Mautstraße mit anhaltenden Blicken über das Illertal hinunter nach *Imberg* (900 m), einem Stadtteil von Sonthofen.

In der Ortsmitte zeigen die Wegweiser rechts in Richtung Hindelang. Hinter dem letzten Haus (Nr. 35) geradeaus, das heißt abwärts in 10 Minuten zu den Höfen von *Groß.* Bald erwarten uns die obersten Häuser von *Liebenstein.* Vor Haus Nr. 8 (Kirchenschlüssel) führt links ein Stichpfad zur Kirche St. Leonhard.

Der Weiterweg nach Hindelang zweigt schon vor den Häusern rechts ab, über den Bach. Wo links das Haus der ehemaligen Mühle des Schlosses von Hindelang steht (Informationstafel), hält man sich rechts, bei Haus Nr. 24 geradewegs durch den Hang und hinunter zur Ostrachbrücke bei *Vorderhindelang* (832 m). Vor der Ostrach rechts,

an ihrem Ufer entlang zur Talstation des Sesselliftes südlich von *Hindelang.*

Touristische Angaben

Talort: Hindelang (825 m), siehe Tour 6.
Ausgangspunkt: Horn-Restaurant (1420 m) an der Bergstation der Sesselbahn von Hindelang. Zu Fuß 1½ Stunden.
Höhendifferenz: etwa 350 Meter.
Gehzeiten: Imberger Horn 1 Stunde. Abstieg nach Imberg 1½ Stunden. Rückweg zur Sesselbahn 1¼ Stunden. Insgesamt nicht ganz 4 Stunden.
Zwischenstationen: Horn-Restaurant, Straußberg-Hütte, Imberg.
Karten: Bayerisches Landesvermessungsamt 1:50000, Allgäuer Alpen.

Das breitgelagerte Imberger Horn von Nordosten. Am rechten Bildrand das Illertal, darüber die Nagelfluhkette.

9 Besler, 1680 m

Frühsommertour mit Höhlenbesuch

Tagestour

Aufstieg überwiegend im Schatten. Abstieg auf sonnenreicher Südseite. Kurzer Straßenmarsch. Rundwanderung.

Im Gipfelbereich Trittsicherheit notwendig. Direktaufstieg nur für Personen, die in der Bewältigung von Klettersteigen geübt sind.

Beste Jahreszeit: Juni bis Ende Oktober.

Sobald die Bäche und Flüsse ihr schmutzigbraunes Schmelzwasser ins Voralpenland geschwemmt haben, ist die Zeit für den Besler angebrochen. In den schattigen Winkeln des Königsweges weinen zwar immer noch firnige Altschneereste vor sich hin, aber die Höhen oberhalb der Waldgrenze sind schon weitgehend aper, natürlich auch die südseitigen Hänge ins Gutswiesertal, wo die Blüte bald ihre farbenfrohe Pracht entfalten wird.

Beim Anblick des Besler erwacht geologisches Interesse. Wie ein Atoll, allerdings nicht ringförmig, entragt er den weichen Wellen der Moränenhügel westlich des Dorfes Langenwang im Illertal. Von dort zieht sich ein Riegel aus Helvetischer Kreide, über 100 Millionen Jahre alt, in den Bregenzerwald.

Auf der Kreidebasis wurzelt der gipfelbildende, mit dem Hohen Ifen in erster Linie verwandte Schrattenkalk: festungsähnlich mit drei hervortretenden Spitzen.

Kalkgestein, im besonderen Schrattenkalk, fördert bekanntlich infolge seiner Zerrissenheit und Wasserdurchlässigkeit die Bildung von Höhlen. Daraus erklärt sich das Werden der *Sturmannshöhle* an den östlichen Ausläufern des Schwarzenberges. Diese mit Sagen verbundene Höhle – ein Türkenschatz, reich an Gold und Edelsteinen, soll darin verborgen sein – macht uns am Rückweg vom Besler ihre Aufwartung. Durch einen 130 Meter langen Felsspalt gelangt man ins Bergesinnere, wo 180 eiserne Stufen in die eigentliche Höhle leiten. Das Dunkel des eindrucksvollen Felsdomes erhellen 140 Lampen. Vor einem halben Jahrhundert schlummerte dort noch ein 25 Meter langer See. Er ist versickert. Aber auch ohne dieses geheimnisvolle Gewässer setzt das unterirdische Reich einen attraktiven Schlußpunkt der Wanderung. Für die Besichtigung muß etwa 1 Stunde eingeplant werden.

Als Besler-Aufstieg dient allgemein seit einem Jahrhundert der *Königsweg*, ein Jagdweg des Bayernkönigs Max II., von Obermaiselstein über dem westlichen Ufer der Iller. Er durchmißt die Nordhänge des Schwarzenberges zur Einsattelung am Geißwiedenkopf, senkt sich kurz in die Südflanke des Kammes, um dann wieder in die Nordseite überzuwechseln, von wo der Gipfel erklommen wird. Die Rückkehr auf dieser Route wäre allerdings ein Zeichen von Ideenlosigkeit, denn als Abstieg bietet sich die Blütenwanne des Gutswieser Tales an.

Nach dem Ausbau der Straße Obermaiselstein – Tiefenbach hat sich der Zugang von dieser Straße wohl eingebürgert. Er läßt aber an »Dramaturgie« zu wünschen übrig, das heißt, er entbehrt der durch die Natur vorgebenen Gestaltung einer Bergfahrt auf den Besler.

Nur-Gipfelsammler nutzen die Höhenlage der Riedbergpaßstraße am Ränkertobelparkplatz (ca. 1400 m) und hetzen von dort auf den Gipfel. Abgesehen vom anfänglichen Höhenverlust zur Schönbergalp (1345 m) erweist sich dieser Aufstieg als kurzatmig, verläuft teilweise weglos und wird in den begrasten Geröllschrofen des Gipfelhanges auch recht mühsam.

Über den Königsweg ins Gutswieser Tal

Da sich der Abgang aus *Obermaiselstein* etwas kompliziert gestaltet und nicht zweckmäßig bezeichnet ist, wird er hier genau beschrieben: Vom Gasthaus Hirsch zum Gemeindeamt und in die Kirchgasse einschwenken. Aufwärts, an der gotischen Pfarrkirche St. Katharina rechts vorbei, über die

Auf dem Besler-Steig, der »extremen« Gipfelvariante des Normalweges von Obermaiselstein über den Königsweg.

Straßenkreuzung geradeaus hinweg und nun auf dem Sträßchen Am Herrenberg; in der Rechtskurve biegt unsere Route links ab (Tafel: Besler): bergan über etliche Steinstufen, vor dem Holzzaun rechts und hinauf zu einem asphaltierten Fahrweg, den wir vor einer Scheune erreichen. Auf ihm links zu seinem Ende nach 600 Metern beim zweiten Bauernhof. Vom »Hirsch« 20 Minuten.

Eine Tafel (Besler) verweist auf den anschließenden Wiesenweg, dem man schwach rechtshaltend zum Wald folgt. Wir befinden uns auf dem *Königsweg*, dem ehemaligen Reit- und Jagdweg des Bayernregenten. Etwas später mündet links ein Pfad von der Sturmannshöhle. Rechts unten in der Tiefe rauscht die Schönberger Ach. Die kommode Trasse bringt uns zu den drei *Schwarzenberg-Jagdhütten*. Nach den Blockhütten kreuzen wir einen Querweg und werden vom Wald im Nordhang des Geißwiedenkopfes aufgenommen. Die Spur verschmälert sich auf steinigem Boden. Mit Kehren durch Strauchwerk und niederes Gehölz empor zur Kammhöhe westlich des Geißwiedenkopfes. Wetterfichten stehen herum. Der Blick öffnet sich nach Süden.

Jetzt geht es nahezu eben in der Südflanke dahin. Vor der *Oberen Gundalp* (1550 m) teilen sich die Pfade. Wir nehmen den rechten, steil über einen grasigen Rücken zur Höhe vor dem Gipfelaufbau des Besler. Rechts der Ostkante zieht sich eine drahtseilgesicherte Rinne über 30 Meter schräg hoch, etwas gestuft, zum Grasboden unter dem Ostgipfel. Das Drahtseil ist nicht immer in bestem Zustand!

Wer auf diesen Mini-Klettersteig verzichtet, nimmt den Steig auf der Nordseite des Gipfelblockes. Er ist wohl um 1/2 Stunde länger, aber problemloser. Die zwischen 30 und 60 Meter hohen Felsabstürze zur Linken dienen den Einheimischen als Klettergarten — eisenfester Schrattenkalk, mehrere hundert Meter in der Breite.

Im Sattel vor dem Aufschwung des Beslerkopfes schwenkt man links in die Südseite ein. Die Tafel »Rohrmoos« hat für uns erst auf dem Rückweg Bedeutung. Kurz abwärts, erneut linkshaltend zu Füßen von Felswänden und auf einem Graspfad vollends hoch zu dem mit Tannen bestandenen Gipfelrücken des *Besler*.

Wieder beim Sattel vor dem Beslerkopf, heißt die Richtung zunächst »Rohrmoos«. Es geht in einer Abwärtstraverse durch die Südflanke des Beslerkopfes bis zu den felsbesetzten Aufschwüngen des Schafkopfes. Dort links und steil hinunter zu einem Fahrweg, dessen Schleifen uns ins *Gutswieser Tal* leiten. Nun nicht rechts (nach Rohrmoos), sondern links talauswärts. Das Almgüter- und Forstdiensträßchen ist Ende der siebziger Jahre mit einer Teerdecke versehen worden, wodurch das Tal fraglos ein wenig an Atmosphäre verlor. Die Freyburger Alp und die Simonsalp bleiben zurück. Ungefähr sieben Kilometer mißt das Talsträßchen. Dann mündet es in die Straße Tiefenbach — Obermaiselstein.

Linksgehend müssen wir nochmals 10 Minuten Asphalt hinnehmen, im prähistorischen Trockental der Breitach, die einst hier ihren Lauf nahm. Sie hat auch das Felstor des *Hirschsprungs* geformt, über den der Sage nach ein Hirsch — von einem Luchs verfolgt — gesprungen sein soll.

Gleich nach dem Felsen wird die Straße links verlassen. Ein schattiger Pfad leitet in 10 Minuten zur *Berg-Gaststätte Sturmannshöh-*

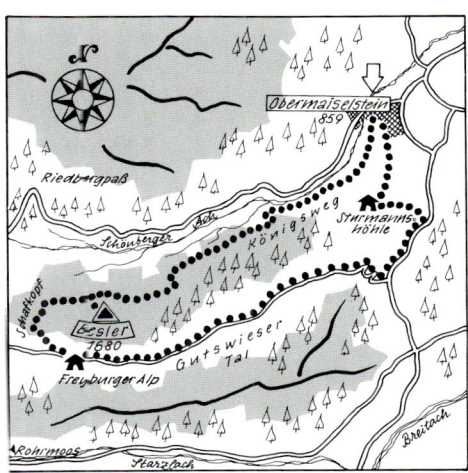

Der Besler von Nordwesten (Riedbergstraße) mit der Schönbergalp, an der der kürzeste Aufstieg vorbeiführt.

Auf dem Gratweg vom Heidenkopf zum Siplingerkopf. Die schmalen Gratstellen zwischen dem Siplinger Almkessel und dem Hochtal von Balderschwang liegen hier schon zurück.

le. Über Stufen hinauf zum Eingang der *Sturmannshöhle.* Führungen Mai bis Oktober 9.30 bis 16.00 Uhr. Wir können uns beliebig Zeit lassen, denn bis Obermaiselstein ist es nur mehr ¼ Stunde.

Touristische Angaben

Talort: Obermaiselstein (859 m), nordwestlich von Oberstdorf, südwestlich von Fischen (nächster Bahnhof, 3,5 km); Busverbindungen. Gasthöfe, Hotels. – *Sehenswert:* Pfarrkirche St. Katharina aus dem 15. Jahrhundert mit gotischer Sakramentsnische, barocke Maria mit Kind. Neue Pfarrkirche St. Ulrich von 1974.
Höhendifferenz: 900 Meter.
Gehzeiten: Besler 2½ bis 3 Stunden. Rückweg 3 Stunden. Insgesamt 5½ bis 6 Stunden.
Zwischenstationen: Freyburger Alp, Berg-Gaststätte Sturmannshöhle (Dienstag geschlossen).
Karten: Bayerisches Landesvermessungsamt 1:50000, Allgäuer Alpen; Zumstein-Wanderkarte 1:30000, Blatt 4 Oberstdorf.

10 Siplingerkopf, 1746 m

Nagelfluh abstrakt

Halbtages- oder Tagestour

An sich mühelose Zugänge auf Almwegen. In den Gipfelregionen schmale, stellenweise ausgesetzte Pfade. Abgesehen vom Weg aus dem Aubachtal wenig Schatten.

Trittsicherheit und Schwindelfreiheit notwendig; definitiv am Verbindungsgrat Heidenkopf–Siplingerkopf. Bei Nässe gefährlich.

Beste Jahreszeit: Anfang Juni bis Oktober.

Abstrakter als am Siplingerkopf, eigentlich in seiner ganzen Umgebung bis hin zu dem westlich aufragenden, 1,6 Kilometer Luftlinie entfernten Girenkopf, tritt die Nagelfluh nirgendwo anders in Erscheinung, verbunden mit einer dafür typischen Flora, die sich hinter den bekannten »Blumenparadiesen« der Allgäuer Alpen nicht verstecken muß.

Im allgemeinen ist die Nagelfluh verfestigter Schotter und vor mehr als einer Million Jahren entstanden, ursprünglich waagrecht geschichtet, hier jedoch während der Gebirgsbildung senkrecht aufgestellt, was zu ungewöhnlichen Formen führte. Ihre ausgefallensten Erscheinungen sind die berühmten *Siplingernadeln* am Nordrücken des Berges über dem Siplinger Almkessel: für mich der ansprechendste Platz in diesem Gebiet. Diesbezüglich vermittelt der Zugang aus dem Aubachtal (bzw. der Abstieg dorthin) die stärksten Eindrücke. Zum Auftakt eine fantastische, 100 Meter tiefe Nagelfluhklamm – die größte im Alpenraum. In der dunklen Waldschlucht dräuen senkrechte Nagelfluhwände. Dann die lichte Weite des Siplingerkessels. Unter einem gewaltigen Felsblock duckt sich die kleine Hirtenhütte. Kuhglockengebimmel läutet das Erlebnis Siplingernadeln ein: kreuzgeschmückte Filigranspitzen; mindestens IV. Schwierigkeitsgrat. Schließlich die Pfadspur über den felsbesetzten Nordrücken zum »Siplinger«.

Noch abwechslungsreicher wird die Tour ab der *Scheidwangalp* an der Wasserscheide von Donau und Rhein. Seit mehr als einem Jahrhundert thront das stattliche Gebäude im Wiesensattel zwischen Hochgrat und Siplingergruppe. Aus dem Aubachtal, der südwestlichen Fortsetzung des Gunzesrieder Tales, führt ein mautpflichtiges Asphaltsträßchen hoch. Von der sommers bewirtschafteten Alp geht es zunächst auf den *Heidenkopf* als Nagelfluh-Vorgeschmack. Kurz vor dem Gipfelfels sind einige Meter des Wegleins sehr ausgesetzt. Wer hier schon Schwindelgefühle verspürt, sollte auf den Übergang zum Siplingerkopf wohlweislich verzichten. Es handelt sich um einen teilweise schmalen Grat in luftiger Höhe über dem Siplinger Almkessel und dem Hochtal von Balderschwang.

Balderschwang! Von dort erfolgen beobachtungsgemäß die meisten Besteigungen, obwohl es 300 Meter tiefer liegt als die Scheidwangalp und der Weg durch die Sonnenflanken verläuft. Es ist aber der günstigste Talort für die Masse der Urlauber im Oberstdorfer Raum. Feinschmecker schätzen die Allgäuer Schmankerl im Gasthof Hubertus.

Seine Besitzer, die Gebrüder Traubel, stellen eine schmackhafte Hirschsalami nach großväterlichem Rezept her, in einem Naturverfahren: zubereitet aus Wildbret der hiesigen Jagdreviere, gewürzt nach altem Hausrezept, anschließend 48 Stunden bei 28 Grad geschwitzt, dann rund vier Wochen über Buchensägemehl geräuchert und letztendlich luftgetrocknet.

Infolge des verhältnismäßig geringen Verkehrs und des Fehlens jeglicher Industrie lobt Balderschwang seinen hohen Erholungswert. Schon lange hat der Wintersport Einzug gehalten im »Sibirien Bayerns«. Leiden Sie an Halskrankheiten oder befürchten Sie welche, lassen Sie sich am Blasiustag (3. Februar) beziehungsweise am Sonntag danach in der Kirche bei der Abendmesse den Blasiussegen verabreichen. Als einer der 14 Nothelfer wird Blasius bei Halsleiden angerufen!

Gratwanderung über den Heidenkopf

Auf der Südseite der *Scheidwangalp*, neben dem Brunnentrog zum Wald und über eine Geländestufe durch Wald hinauf in einen Hochalmkessel. Nach 20 Minuten an einem aufgelassenen Stall vorbei. Kurz danach wendet sich der rotmarkierte Wiesenweg links (der Wegverlauf ist in den Karten falsch eingezeichnet!) schräg im Hang bergauf zu uralten, knorrigen Tannen. Es dauert nicht mehr lange, bis der Siplingerkopf im Blickfeld erscheint. An seinem Nordrücken sind die bizarren Nadeln zu erkennen; in der Tie-

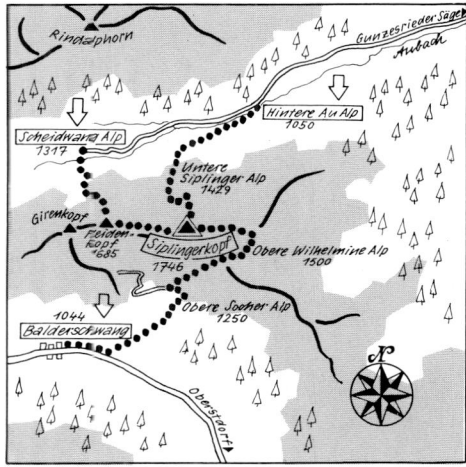

fe träumt die Siplingeralp. Unser Steig windet sich hoch zu einem nagelfluhbesetzten Wiesenrücken. Rechts drüben erhebt sich der Girenkopf. Es folgt die schon erwähnte ausgesetzte Passage. Sie bringt uns zum Gipfelgrat. Durch eine rutschige Rinne (feines Geröll) zum engen Nagelfluhspalt, hinter dem uns das Kreuz auf dem *Heidenkopf* (1685 m) erwartet. Von der Scheidwangalp 1 Stunde.

Vom Gipfel abwärts, kurzer Gegenanstieg und nun am Verbindungsgrat entlang, oftmals direkt auf seiner Schneide, über eine Kuppe hinweg und abwärts – heikle felsige Stelle – zum tiefsten Punkt vor dem Aufschwung des Siplingerkopfes. Den Pfadspuren folgend in 25 Minuten empor zum weithin sichtbaren Gipfelkreuz auf dem *Siplingerkopf.*

Aus dem Aubachtal

Südlich der *Hinteren Aualp* (1050 m), die etwas abseits des Talsträßchens steht, gehen wir zunächst zur Aubachbrücke. Unmittelbar danach rechts über Wiesen talein zum Holzsteg über einen Bach. Der Aufstieg beginnt. In langen Schleifen (Viehtrieb) durch die imposante Talschlucht in 1 Stunde – die Untere Siplingeralp (1429 m) rechts liegenlassend – in den *Siplingerkessel.* Vor der Hirtenhütte links, auf Pfadspuren mit roten Farbzeichen im ostseitigen Hang des Kessels aufwärts. Der Weg wird ausgeprägt und führt in fast greifbarer Nähe vor den Siplingernadeln hinauf zum Nordrücken. Auf ihm rechts kehrenreich zum Gipfel.

Von Balderschwang

Ab der *Kirche* mit der Straße 500 Meter Richtung Fischen, dann links in den asphaltierten Alpgüterweg einschwenken (für Kfz gesperrt). Wenige Minuten später steht links als Naturdenkmal eine vielhundertjährige Eiche. Das Asphaltband zieht sich rechts an der Oberen Socheralp (1250 m) vorbei. Wir laufen nicht bis zur Unteren Balderschwanger Alp, sondern wenden uns in Sichtweite rechts (Tafeln). Erlöst vom Asphalt, geht es auf breitem Weg durch ein Waldstück und durch die Wiesenmulde »Im Kessel« zur Oberen Wilhelminealpe (1500 m).

Anschließend noch knappe 10 Minuten ansteigen zur Wegeteilung. Hier links halten

(rechts zum Bleicherhorn) zum Ostrücken des Siplingerkopfes. Über ihn verläuft der restliche Aufstieg, teilweise steil und felsig, rot markiert und in Kehren zum Gipfelkreuz.

Touristische Angaben

Talorte: Gunzesrieder Säge (950 m) im hinteren Gunzesrieder Tal. Abzweigung der Zufahrtsstraße (7 km) im Illertal südlich von Blaichach, in Biehlerdorf; Busverbindungen. Gasthöfe, Pensionen. – *Sehenswert:* Viehscheid (Viehabtrieb) alljährlich im September. Treffpunkt ist der Scheidplatz in Gunzesried.

Balderschwang (1044 m), höchstgelegene Gemeinde Bayerns, 439 Einwohner. Zufahrtstraße (17 km) von Fischen im Illertal über den Riedbergpaß; Busverbindungen. Hotels, Gasthöfe, Pensionen.

Ausgangspunkt (nordseitig): Scheidwangalp (1317 m) am Ende der asphaltierten Mautstraße, 7 Kilometer von der Gunzesrieder Säge; Maut (DM 5,–) an der Schranke bei der Alp Gerstenbrändle 500 Meter von der »Säge« taleinwärts. Scheidwangalp (bewirtschaftet von Mitte Juni bis Mitte September). Parkplätze bei der Alp und 400 Meter vorher. Wer nordseitig direkt zum Siplingerkopf ansteigt, parkt im hinteren Aubachtal in Höhe der Unteren Aualp (1050 m), von der Gunzesrieder Säge 4,5 Kilometer.

Zwischenstation (südseitig): Obere Wilhelminealp, im Sommer zeitweise einfach bewirtschaftet.

Höhendifferenzen: Scheidwangalp – Siplingerkopf 500 Meter. Untere Aualp – Siplingerkopf 700 Meter. Balderschwang – Siplingerkopf 700 Meter.

Gehzeiten: Scheidwangalp – Heidenkopf 1 Stunde; Heidenkopf – Siplingerkopf 1 Stunde. Insgesamt 2 Stunden. Für die beiden anderen beschriebenen Aufstiege etwa 2¹/₂ Stunden.

Karten: Bayerisches Landesvermessungsamt 1:50000, Allgäuer Alpen; Zumstein-Wanderkarte 1:30000, Blatt 4 Oberstdorf.

Bei den Siplingernadeln. Links davon das Aubachtal und ein Teil der Negelfluhkette.

11 Rubihorn, 1957 m

Oberstdorfer Hausberg

Tagestour

Rundwanderung, die trotz Benützung der Nebelhorn-Seilbahn Anforderungen an die Ausdauer stellt. Teilweise schattiger Aufstieg, mehrmals schmale Wege.

Unschwierig. Einzelne Stellen am Gipfelgrat sowie unterhalb des Geißalpsees verlangen Trittsicherheit. Bei Nässe nicht zu empfehlen.

Beste Jahreszeit: Juli bis Oktober.

Östlich des Illerursprungs, der Mündung von Breitach und Trettach, zwischen Oberstdorf und dem Ortsteil Reichenbach, wo sich in grauer Vorzeit ein See ausbreitete, entwächst einem dichten Waldmantel das felsige Rubihorn – das Horn von Rubi, der Ortschaft zu seinen Füßen. Es gipfelt 1000 Meter über der Talwanne als mächtigste Berggestalt in der unmittelbaren Umgebung von Oberstdorf. Eine alpine Augenweide wuchtiger Formen, schon von Fischen bei der Einfahrt in die Allgäuer Herzkammer die Blicke auf sich ziehend.

Der wohl bekannteste Bergsteiger, dessen Taten die an sich unbedeutende Erschließungsgeschichte des Rubihorns rühmt, heißt Emil Solleder (1899–1931), ein Münchner, von seinen Freunden »Zacke« gerufen. Solleder prägte in den Dolomiten mit aufsehenerregenden Neufahrten die Epoche des VI. Schwierigkeitsgrades. Dieser Teufelskerl meisterte 1926 die Rubihorn-Nordwand erstmals im Winter.

Das soll aber nicht den Eindruck erwecken, beim Rubihorn handle es sich ausschließlich um einen Kletterberg. Im Gegenteil, die Wege sind allesamt Wanderpfade, jedoch nicht für Spaziergänger mit unbekümmerter Hans-Guckindieluft-Mentalität, wovor ein Marterl am Gipfelrücken eindeutig warnt.

Als Talorte kommen Oberstdorf und Reichenbach in Frage. Meist wird die Tour zu einer Überschreitung gestaltet. Dabei spielt

unter anderem der genußvolle Wallrafweg (hat nichts mit dem Enthüllungsschriftsteller unserer Tage zu tun) eine gewisse Rolle, nämlich als Hin- oder als Rückweg.

Beim Zugang von *Oberstdorf* beziehungsweise mit Hilfe der Nebelhorn-Seilbahn (bis Station Seealpe) verkürzt sich der Aufstieg gegenüber dem von Reichenbach um etwa 1 Stunde, die man an heißen Tagen zu schätzen weiß. Überdies läßt sich der südseitige Weg schon früher im Jahr begehen als der nördliche über die Gaisalpe und den Unteren Geißalpsee. Sie haben richtig gelesen: einmal »Gais«, dann »Geiß«. Selbst die Karte des Bayerischen Landesvermessungsamtes bedient sich einer unterschiedlichen Schreibweise. Geiß dürfte jedoch zutreffend sein, bezogen auf die Geißen, die dort einst weideten, als die Bauern noch Bauern waren. Heutzutage muß der alte Spruch »Zscherst d'Küah, no d'Gäscht« in umgekehrter Reihenfolge ausgelegt werden, weil so viele ihren Stall abgerissen und statt dessen eine Pension gebaut haben.

Um das Rubihorn absteigend zu »ersteigen«, bricht man beim *Nebelhorngipfel* auf, traversiert die steilschrofigen, bei Nässe unangenehmen Flanken unter dem Gundkopf und folgt vorerst dem Alpenvereinsweg in Richtung Gaisalpe. Bis zur Einsattelung vor dem Geißfuß. Hier links über den *Geißfuß* (1980 m), hinunter in eine Scharte (1924 m) und aufwärts zum Kreuz des *Geißalphorns* (1953 m). Der folgende, etwa 10 Meter hohe Steilabsturz – das Hintertürchen zum Niederecksattel – wird mit Hilfe einer Leiter abgeklettert. Wenig später mündet am Niedereck links der Weg von Oberstdorf.

Auf dem Gipfel sind Rastplätze zuweilen Mangelware, denn der Schauwert des *Rubihornes* genießt seit alters einen vorzüglichen Ruf. Nur runde zwei Stunden von der Seealpe entfernt, fühlt man sich wie auf einer Hochwarte der Allgäuer Hauptkette. Die Talorte erscheinen wie Spielzeugdörfer. In der weiteren Umgebung reiht sich Spitze an Spitze, namhafte und unbekannte. Erinnerungen werden wach, Wünsche geweckt!

Den ausgedehnten Stufenkessel nordöstlich des Berges schmücken die beiden Geißalpseen in stimmungsvoller Lage. Den unteren See berührt man beim Abstieg zur Gaisal-

Der Rubihorngipfel hoch über dem Illertal.

pe. Somit sind wir bei der schon angedeuteten *Rubihorn-Überschreitung* Seealpe – Gipfel – Gaisalpe – Wallrafweg. Dieser Rundkurs dauert etwa 5 Stunden. Wem das zu kurz ist, der kann die Seealpe auch erwandern. Aber nicht unbedingt auf der für den öffentlichen Verkehr gesperrten Teerstraße, sondern besser wie in der Folge skizziert:

Von der Nebelhorn-Talstation mit einem Durchgang zum Trettachsteg. Jenseits links am Eisstadion vorbei. Am Faltenbachsteg rechts, neben dem Bach her, eine Straße kreuzen und hinauf zum Schattenberg-Skistadion (Sprungschanze). Daran links vorüber. Anschließend rechts vom Sträßchen herunter. Weg 13 leitet durch den Faltenbachtobel mit seinen Wasserfällen und ausgespülten Klammlöchern. Nach dem Verlassen des Tobels und dem Überschreiten des Teersträßchens (Wegweiser) nicht vollends bis zur Seealpe. Vorher zeigt eine Tafel links zum Rubihorn.

Über das Rubihorn zur Gaisalpe

Der *Seilbahnstation Seealpe* den Rücken kehrend, hält man sich schwach rechts und folgt dem Pfad einige Minuten in Richtung Oberstdorf zu der vorher erwähnten Wegetafel. Hier rechts an einem grasigen Rücken aufwärts. Nach etwa 10 Minuten links über einen Zulauf des Faltenbaches und auf der folgenden Hangwiese schräg bergan. Oberhalb eines Heuhüttchens. Einige Kehren bringen zum kleinen Wiesenfleck an der Rückfallkuppe des *Roßbichls* (1486 m). Hier haben wir fast schon die Hälfte des Aufstieges geschafft.

Im Zickzack durch eine breite Latschengasse über die Waldgrenze hinaus. Etwa $1/2$ Stunde später verliert sich stellenweise die Spur. In schrofigem Gelände, wo sich manch einer an Latschenbüscheln hochzieht, kommen wir in die Senke zwischen Niedereck und Geißalphorn beziehungsweise zwischen dem Oberstdorfer Tal und den Geißalpseen.

Links, nordwärts, das Latschensteiglein suchend und uns durchzwängend, über das *Niedereck*. Etliche schrofige Felshindernisse bleiben zurück. In einem Schärtchen stößt man auf den markierten Pfad aus dem Geißalptal. Nun gemeinsam am Grat, dem zwischendurch links und rechts in die Flanke ausgewichen wird. Schließlich im Rechtsbogen um den Gipfelaufbau herum und von Nordwesten zum Kreuz auf dem *Rubihorn*. Wieder zurück in die Einschartung südlich des Gipfels. Aufpassen: nicht durch die rechts (westlich) eingerissene Schlucht zum Direktabstieg in Richtung Wallrafweg verführen lassen, wenn auch andeutungsweise Trittspuren in die Tiefe weisen! Gefährlich!

Wir wenden uns in der Einschartung links (östlich) vom Grat ab. Der Pfad senkt sich in zunächst steilem, hernach flacher werdendem Gelände in den Geißalpkessel. Die Geröllhalden werden von Wiesen abgelöst. Schwach linkshaltend gelangen wir ans östliche Ufer des *Unteren Geißalpsees* (1509 m).

Zusammen mit dem Nebelhornweg steigen wir weiter ab. Das Tosen von Wasserfällen dringt ans Ohr. Daran vorbei führt der rotmarkierte, stellenweise drahtseilgesicherte Weg. Wohltuender Wandschatten umfängt uns. In der Folge über Wiesen zur *Gaisalpe* (1183 m), einem Berggasthof in eindrucksvoller Szenerie. Neben dem Brunnen erklärt eine Tafel die Wanderziele.

In mäßigem Gefälle auf breitem Weg zur *Gaisalpkapelle*, wobei man den rechts abzweigenden Tobelsteig unberücksichtigt läßt, ebenso wie die anderen Wege nach Reichenbach und Rubi. Wir werfen von der Kapelle einen letzten Blick zurück auf die Geißalp-Umrahmung und vertrauen uns linkshaltend dem *Wallrafweg* an. Noch ein kurzer

Aufstieg, dann geht es anhaltend leicht abwärts. Wegnummer 12 markiert die Hangpromenade. Nach einer Weile steht rechts des Weges das *Café Breitenberg* (960 m) in hübscher Hanglage. Parallel zu einer Skipiste laufend, stößt man auf das Fahrsträßchen (im Winter Rodelbahn). Es führt zurück nach *Oberstdorf*.

Touristische Angaben

Talort: Oberstdorf (815 m), siehe Tour 12.
Ausgangspunkt: Seealpe (1274 m), Mittelstation der Nebelhorn-Seilbahn, Berggasthof. Zu Fuß von Oberstdorf 1¼ Stunden.
Höhendifferenz: 800 Meter.
Gehzeit: Seealpe – Gipfel 2¼ Stunden.
Zwischenstationen: Gaisalpe, Berggasthof, ganzjährig bewirtschaftet, Dienstag geschlossen, Übernachtungsmöglichkeit. Café Breitenberg.
Karten: Bayerisches Landesvermessungsamt 1:50 000, Allgäuer Alpen; Zumstein-Wanderkarte 1:30 000, Blatt 4 Oberstdorf.

Die Nordostabstürze des Rubihorns mit dem Unteren Geißalpsee.

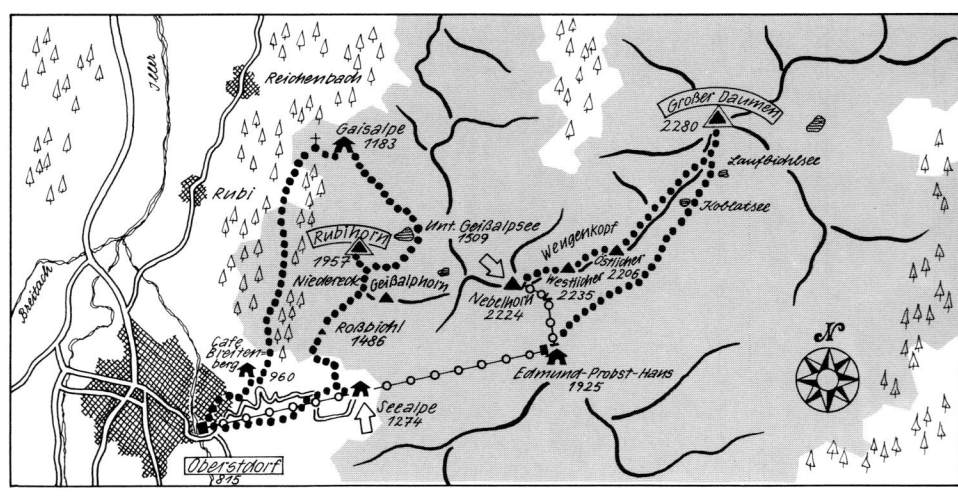

12 Großer Daumen, 2280 m

Vom Spazierweg zum Klettersteig

Tagestour

Häufig begangene, überwiegend ausgesetzte Grattour in hochalpiner Region. Rundweg.

Nur für absolut trittsichere und schwindelfreie Bergsteiger mit Erfahrung auf »Eisenwegen«. Lebensgefahr bei Blitzeinschlag! Notabstiege (steiler Firn) zum Kobaltweg. Letzte Talfahrt der Nebelhornbahn um 17.00 Uhr.

Beste Jahreszeit: Mitte Juli bis Ende September.

Kein anderer Gipfel der Allgäuer Alpen weist eine kontrastreichere Vielfalt an Tourenmöglichkeiten auf als der Große Daumen. Die Spanne reicht vom Normalweg aus dem seilbahn-verwilderten Nebelhornkessel über die Karrenböden des Koblat zu den anstrengenden, streckenweise nicht ganz ungefährlichen und bei Nebel auch orientierungsmäßig problematischen »Hatschern« aus dem Hinterstein- und Retterschwangtal bis hin zum luftigen Gratgang über die Wengenköpfe. Bergsteigerherz, was willst du mehr!

Der erste Touristenweg auf das Nebelhorn (von Sonthofen) entstand 1883 durch die Alpenvereinssektion Immenstadt. Knapp ein Jahrhundert später, 1978, wurde der *Hindelanger Klettersteig* nach fünfjähriger Bauzeit seiner Bestimmung übergeben. Auch diesmal hatten die Immenstädter mitgemischt. 900 Meter Stahlseil, 300 Haken, 110 Meter Eisenleitern. Kostenaufwand: 30 000 Mark. Dafür kam die Nebelhornbahn AG auf, offenbar nicht zuletzt in Erwartung einer stärkeren Auslastung ihrer Kabinen von Oberstdorf,

An den sogenannten »Zwiebelsträngen« des Hindelanger Klettersteiges.

denn die meisten Begeher brechen am Nebelhorn auf und beenden das Unternehmen nach 4 Stunden am Großen Daumen, während die Gesamtbegehung bis Hinterstein mindestens das Doppelte an zeitlichem Aufwand erfordert.

»Ungeübte sollen diesen Steig nicht ohne Bergführer oder einen im Klettern geübten Begleiter gehen und sich durch diesen sichern lassen«, heißt es nachdrücklich in einem Informationsblatt. Dem ist eigentlich nichts mehr hinzuzufügen. Vielleicht aber doch noch meine persönlichen Eindrücke bei einem schweren Wettersturz mit Donner, Blitz, Hagelschlag und Schneefall: infernalisch.

Mancherorts bricht der Fels senkrecht unter den Füßen ab – 1000 Meter. Wohl entschärfen Sicherungen die hauptsächlichen technischen Gefahrenpunkte, dürfen aber kein Anlaß für bedenkenloses Steigen sein. Nicht zu vergessen das Drängeln an den Wochenenden. Manch einer ist den Anforderungen nicht gewachsen, blockiert die Drahtseile. Stau! Davon einmal abgesehen, vermittelt der Hindelanger Klettersteig den subtilsten Zugang auf den Großen Daumen.

Daumen? Den »Daumen« des Großen Daumens, wegen seiner Verwandtschaft mit dem lateinischen »Tumer« – schwellen – als »der Geschwollene, starke« (vgl. »Tumor«) gedeutet, erkennt man nur von Norden, wie Heinz Groth aufklärt, von wo der Gipfel einem im Profil betrachteten, leicht gekrümmten Daumen der rechten Hand ähnelt. Das ist die wildeste Ansicht des Berges, ungeheuer eindrucksvoll von der Haseneckalp über dem hinteren Retterschwangtal oder vom Rotspitz aus.

Der Daumen stellt nicht nur den höchsten Punkt der gleichnamigen, stark verzweigten Gruppe dar, die sich am Großen Wilden vom Allgäuer Hauptkamm abwendet und dem Norden zustrebt, sondern ist – man höre und staune! – der höchste, vollkommen auf deutschem Boden befindliche Gipfel der gesamten Allgäuer Alpen. Und das dürfte schon Grund genug sein, ihn einmal zu ersteigen, wobei Aufstiegshilfen die Tour verkürzen: der Koblatlift den Koblatweg, der Nebelhorn-Gipfellift den Hindelanger Klettersteig. Er wird in der Folge ausführlich beschrieben;

Aussicht vom Großen Seekopf nördlich über dem Nebelhornkessel zum Nebelhorn (links der Bildmitte). Rechts des weiten Sattels die Spitzen (Wengenköpfe) des Hindelanger Klettersteiges zum Großen Daumen.

den Koblatweg findet man auch ohne diesbezügliche Hinweise.

Hindelanger Klettersteig

Von der Gipfelhütte am *Nebelhorn* (2224 m) kurz absteigen, danach aufwärts über eine felsige Graterhebung und zum Beginn des Klettersteiges. An einem Drahtseil zur ersten, 10 Meter hohen Leiter. So und ähnlich geht es weiter zum *Westlichen Wengenkopf* (2235 m), der zweithöchsten Erhebung der Tour; vom Nebelhorn 1¼ Stunden.

Von hier können wir fast den gesamten Gratverlauf überschauen. Etwas später hilft uns eine Leiter in die Tiefe, in eine Scharte. Nun in der Nordwestseite des Grates drahtseilgesichert über plattigen Fels zum tiefsten Punkt zwischen den Wengenköpfen (Notabstieg auf die Südseite zum Koblatweg). Es folgt eine 16 Meter hohe Eisenleiter. Dann wieder Schrofengelände, Gratstücke, Rinnen. Überall, wo es notwendig erscheint, sind Drahtseile angebracht. Überdies leiten uns rote Farbzeichen. Der *Östliche Wengenkopf* (2206 m) wird überschritten. Ungefähr

1 Stunde später bietet sich der zweite Notabstieg (rot markiert, bis in den Sommer steiles Firnfeld) zur Koblatroute an.

Uns erwartet der Grat der sogenannten »Zwiebelstränge«. Am abschüssigen Fels sind vereinzelte Eisenschienen als Trittersatz vorhanden. Ein Gratkopf löst den anderen ab.

Runde 3½ bis 3¾ Stunden nach dem Nebelhorn gelangen wir, über eine Leiter absteigend, in einen Sattel. Hier, wie am Beginn des Klettersteiges, erinnert eine Tafel an seinen Bau. Über gestuften Fels (Drahtseil) noch einige Minuten abwärts. Wir befinden uns jetzt oberhalb des Laufbichlsees. Von dort kommt der Koblatweg hoch. Gemeinsam überwinden wir einen letzten Felsaufschwung. Dahinter mühelos zum *Großen Daumen*. Vom Gipfelkreuz auf dem Herweg ¼ Stunde zurück zur erwähnten Einsattelung. Südwärts in guten 5 Minuten hinunter zum rotmarkierten Weg, dem wir rechts folgen. Am *Koblatsee* links vorbei und weiterhin auf stellenweise felsigem Weg durch Alpenrosenfelder, zwischendurch leichte Gegenanstiege bewältigend. Unterhalb der Scharte zwischen den Wengenköpfen hält man sich schwach links. Eine letzte Steigung, dann sind wir an einem Rücken. Jenseits schlängelt sich der Pfad hinunter zum Sessellift und führt zur nahen *Seilbahn-Bergstation.*

Touristische Angaben

Talort: Oberstdorf (815 m), am südlichen Ende der Bundesstraße 19, von Sonthofen 14 Kilometer, von Ulm 122 Kilometer (Autobahn bis Kempten). Gute Bahn- und Busverbindungen. Gasthöfe, Hotels. Jugendherberge (im Ortsteil Kornau). Parkplätze am Ortsrand, von wo Elektrobusse im 15-Minuten-Takt verkehren. Die Nebelhornstraße ist Fußgängerzone (nur Taxis zwischen 7.00 und 10.00 Uhr); ansonsten Tempo 30. Unerlaubtes Parken: 75 Mark.
Sehenswert: Pfarrkirche St. Johann Baptist am Marktplatz, ursprünglich aus dem 15. Jahrhundert, nach dem verheerenden Ortsbrand am 6. Mai 1865 erneuert, hölzerne Kassettendecke, neugotischer Flügelaltar, am südlichen Seitenaltar eine Muttergottes aus der Memminger Strigel-Werkstätte (um 1430). Heimatmuseum (Oststraße 13), geöffnet am Dienstag und Donnerstag von 14.00 bis 17.00 Uhr. Öffnungszeiten an Regentagen in der Kurverwaltung erfragen. Typische alte Oberstdorfer Bauernhäuser: Oststraße 9, Blumengasse 2, Bachgasse 11.
Ausgangspunkt: Gipfelhütte am Nebelhorn (2224 m). Sessellift von der Nebelhornbahn-Bergstation. Von dort zu Fuß 35 Minuten.
Höhendifferenz: etwa 400 Meter.
Gehzeiten: Großer Daumen 4 Stunden. Abstieg bzw. Rückweg 2 Stunden. Insgesamt 6 Stunden.
Hütten: Edmund-Probst-Haus (1925 m), DAV, neben der Bergstation der Nebelhorn-Seilbahn. Ganzjährig bewirtschaftet, Better und Lager; Tel. 08322/4795. – In der Nebelhornbahn-Bergstation das Berghotel Höfatsblick (1932 m), ganzjährig bewirtschaftet; Tel. 08322/3086.
Karten: Bayerisches Landesvermessungsamt 1:50000, Allgäuer Alpen; Zumstein-Wanderkarte 1:30000, Blatt 4 Oberstdorf.

13 Fellhorn, 2038 m

Über den höchsten Flyschkamm des Allgäus

Halbtagestour

Bis zum Söllereck größtenteils schattiger Weg, hernach freier Kammrücken. Vielbegangen.

Ab dem Söllereck Trittsicherheit und Schwindelfreiheit notwendig. Vorsicht bei Nässe!

Beste Jahreszeit: Ende Juni bis Oktober

Flysch besteht aus tonig-sandigen, mergeligen Ablagerungen. Sie sind während der Ausbildung des Faltengebirges im Vorland zurückgeblieben, schwerpunktmäßig im Raume der heutigen Schweiz, woher der Begriff stammt. Im Bereich des Allgäus tritt tertiärer Flysch unter anderem an den Sonnenköpfen, am Tiefenbachereck, an den Hörnern und am Fellhornkamm fundamental auf. Merkmale: weiche Geländeformen, über den Waldgürtel bis oben hin grasbewachsene Berge, saftige Weidewiesen, vereinzelte Feuchtflecke und kleine Hochmoore.

Diesen Charakteristiken entspricht der grüne Fellhorn-Söllereck-Kamm. Er senkt sich in sanft geschwungenem Lauf über den Schlappoltkopf und das Söllereck zum tiefblauen Juwel Freibergsee. Auf den Höhen entfaltet sich von Anfang Juni bis Juli ein Blumenreichtum von seltener Pracht, ähnlich wie zum Beispiel an der Höfats oder am Linkerskopf, dem höchsten Grasberg des Allgäus. Allerdings sind die dort strahlenden Reichtümer nicht so rasch und mühelos zu erwandern, wie die Flora am Fellhornkamm. Vor allem die Hänge des Schlappoltkopfes verwandeln sich in ein zauberhaftes Blumenparadies. Man findet die grau-blauen Köpfchen der Herzblättrigen Kugelblume (*Globulária cordifólia*), die weißen und hell-lilafarbenen Blüten des Berg-Baldrian (*Valeriána elongáta*), duftende Aurikel, die dottergelbe »Arnica montána«, eine altbekannte Heilpflanze – deshalb auch Wohlverleih genannt –, aus deren Wurzeln früher (heute geschützt)

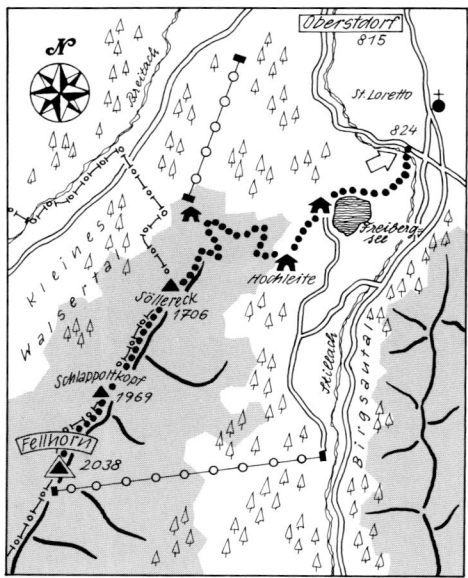

Schnupftabak gemacht wurde. Die Aufzählung botanischer Kostbarkeiten auf den kalk-
armen Humusböden ließe sich über eine Seite fortsetzen. Man muß es selbst erleben –
das europäische Blumenwunder 1000 Meter
über dem Stillachtal.

Am Berg ist aber leider nicht alles Gold
was glänzt. »Allenfalls nach 20 bis 50 Jahren
wird die Vegetation am Fellhorn bei Oberstdorf wieder in einem der Ursprünglichkeit
vergleichbaren Zustand sein«, sorgte sich die
»Süddeutsche Zeitung« in ihrer Ausgabe vom
23. Januar 1978 und verwies auf die »Gelän-
deveränderungen durch die Fellhorn-Bahn-
Gesellschaft, die... auf einer Fläche von
40000 Quadratmetern Skiabfahrten begra-
digt und Abflüsse in Rohre verlegt hatte« –
ohne die dafür vorgeschriebenen Genehmi-
gungen, wie der bayerische Umweltminister
betonte. Es hagelte Geldstrafen, was aber
an den vorgenommenen Eingriffen nichts änderte.

Die Seilbahn garantiert das schnellstmögli-
che Erreichen des Fellhorns. Nachhaltigere
Eindrücke vermittelt jedoch der Fußweg über
den Freibergsee. Nicht nur die Flora rechtfer-
tigt wiederholte Verschnaufpausen, auch die
andauernden Ausblicke regen dazu an.
Schließlich bewegen wir uns auf einem
freien Kammrücken und haben eine allseits

ungehinderte Schau; ostwärts über das Stillachtal zur Gipfelkette des Allgäuer Hauptkammes, westwärts über das Kleine Walsertal zum Gottesackerplateau und zum Hohen
Ifen.

Eine Erleichterung des Aufstiegs kann die
Söllereckbahn bringen: runde 500 Höhenmeter weniger. Dafür jedoch Verzicht auf
den Freibergsee, einen der Glanzpunkte um
Oberstdorf. Wer mehr Zeit hat an diesem
Tag, als effektiv vorgegeben, sollte vom Fellhorn in ½ Stunde zur Seilbahn-Mittelstation
(1780 m) absteigen und von dort am Schlap-
poltsee vorüber zur *Schlappoltalp* (1720 m)
spazieren. Auf 240 Hektar Almwiesen grasen
rund 80 Kühe einer Weidegenossenschaft,
die pro Sommer bis zu 70000 Liter Milch lie-
fern. Hier können die Produkte der Almwirt-
schaft vor Ort gekostet werden, in der
höchstgelegenen Käserei Bayerns. Mehr als
160 Zentner Bergkäse in Laiben zu 40 Kilo-
gramm stellen die drei Sennen in jeder Saison her, im Juli und August hier, im Frühsommer und Herbst auf der Niederalp, die ebenfalls als Käserei eingerichtet ist.

Grat der tausend Blumen

Vom Hintergrund des *Parkplatzes Renksteg*
auf dem hölzernen, überdachten Renksteg
über die Stillach. Am anderen Ufer rechts, etwa 20 Meter, zu Wegweisern, die bereits die
Entfernungen zu den verschiedenen Wander-
zielen verraten. Links und spürbar steil im
Bergwald aufwärts. Etwa 20 Minuten später
teilen sich die Wege. Wir halten uns rechts
(Weg Nr. 22) beziehungsweise nehmen den
mittleren Weg zum *Strandcafé* oberhalb des
60 Meter langen Badestrands am Freibergsee. Unsere Route zieht sich über den Ufern
des waldgesäumten Bergsees dahin. Auf der
Westseite verlassen wir den breiten Weg
rechts. Hinter dem *Restaurant Freibergsee*
entwickelt sich die Route zu einer Zickzackspur im gelichteten Waldhang und führt zum
Gasthof Hochleite in schöner Hanglage.

*Der Söllerkopf kann durch einen kurzen
Abstecher vom Fellhorn-Söllereck-Kamm
»mitgenommen« werden.
Kinder gehören hier ans Seil!*

Auf dem blumenreichen Schlappoltkamm, am Schlappoltkopf nördlich des Fellhorns.

Tafeln zeigen in Richtung Söllereckbahn. Am Sattelkopf vorbei gehen wir bis kurz vor die Söllereck-Bergstation und biegen dann links in spitzem Winkel in Südrichtung ein. Etwa eine ¾ Stunde später erreichen wir am *Söllereck* (1706 m) den freien Kamm entlang der Landesgrenze.

Nun beginnt die unvergleichliche botanische Entdeckungsreise. Steil schwingt sich der Kamm auf. Das Weglein ist streckenweise tief ausgetreten und kann nicht mehr verfehlt werden. Etwa 250 Höhenmeter sind es zum *Schlappoltkopf* (1969 m). Hier und dort verschmälert sich der Grat zur Schneide. Unsere Spur nützt geschickt die Gegebenheiten des Geländes – bis zum Gipfelkreuz auf dem *Fellhorn*, ein Stück oberhalb der Seilbahn.

Touristische Angaben

Talort: Oberstdorf (815 m), siehe Tour 12.
Ausgangspunkt: Parkplatz Renksteg, 2,5 Kilometer südlich von Oberstdorf-Ortsmitte (zu Fuß durch Prinzenstraße – Lorettostraße – Birgsauer Straße); Busverbindungen.
Höhendifferenz: 1200 Meter.
Gehzeit: 3½ Stunden.
Zwischenstationen: Strandcafé, Restaurant Freibergsee, Gasthof Hochleite.
Karten: Bayerisches Landesvermessungsamt 1:50000, Allgäuer Alpen; Freytag & Berndt Wanderkarte 1:50000, Blatt 363 Oberstdorf; Kompass-Wanderkarte 1:30000, K 03 Oberstdorf, Kleinwalsertal; Zumstein-Wanderkarte 1:30000, Blatt 4 Oberstdorf.

14 Hoher Ifen, 2230 m

Eine Laune der Natur

Halbtagestour

Schattenlose, bei Benützung des Liftes zur Ifenhütte verhältnismäßig kurze Tour; streckenweise Geröllpfad.

Beim Zugang zur Gipfelwiese Trittsicherheit notwendig (Drahtseil); rutschiger Fels bei Regen.

Beste Jahreszeit: Juli bis Oktober.

Eigenwilliger geformt und aufgebaut kann ein Berg nicht mehr sein! Dem wird jeder beipflichten, der den Hohen Ifen vom Walmendinger Horn oder von der Kanzelwand oder vom Fellhorn bewundert. Man muß ihn von erhöhtem Standort taxieren, um das Ungewöhnliche seiner Gesamtheit erfassen zu können.

Wie eine überdimensionale Letter hebt sich der Gipfelaufbau von seinem Umland ab, mehr als 50 Meter überragt die Schratterkalkplatte den Bergsockel. Vom höchsten Punkt der Kalkbastion neigt sich eine rund 1500 Meter lange, an ihrer Einschnürung 300 Meter breite, von Rasenpelzen und Felsschutt überzogene Riesenplatte ins Schwarzwassertal, einen Seitenast des Kleinen Walsertales. Die steilwandigen, kantenreichen Ifenränder scheinen willkürlich ausgeschnitten worden zu sein. Zu ihren Füßen beweisen von Felsblöcken übersäte Hänge, daß es sich um typische Abbruchränder handelt. Vor Menschengedenken donnerte ein Bergsturz der Ifenmauer ins Schwarzwassertal und blockierte – noch zu erkennen – den Eingang zur Melköde. Die Felsbarriere führte zur Bildung eines Sees, der aber längst schon verlandet ist. Zum Unikum der Berggestalt gesellt sich nördlich davon ein neun Quadratkilometer umfassendes, aufgerissenes Karrenplateau in einer durchschnittlichen Höhenlage von 1900 Meter. Dort herrscht Totenstille wie auf einem Friedhof: Gottesacker. An sonnendurchglühten Tagen wirken die Schrattenkalkfelder wie ein Meer ausgebleichter Knochen. Weiß-hellgrauer Karst –

Ödland der Erosion. Das grelle Hell tut dem ungeschützten Auge weh. Grasinseln wuchern zwischen metertiefen Schründen, die vielfach von Humus und Gras bedeckt beziehungsweise bis in die Sommermonate von trügerischem Firn überbrückt werden. Hier und dort Krummholz, Legföhren, Latschen; auch Alpenrosengestrüpp und Blumen von Ende Juli bis Anfang August, Steinröserl, Enziane Aurikel. Wer hätte diese Farben in der Steinwüste vermutet? Und wieder gähnende, scharfkantige dunkle Spalten und Trichter, manche geradezu furchterregend, Rillen und Risse – kreuz und quer –, denen Kühle entströmt. Das *Gottesackerplateau* hat viele Tücken. Wie leicht ist ein Knöchel übertreten, ein Band gedehnt oder gar gerissen. Hereinbrechende Nebel verwandeln die Höhen in eine undurchsichtige »Waschküche«. Dann helfen selbst die aufgestellten Holzstangen und die gelben Markierungszeichen nicht mehr viel. Die unzähligen kleinen Erhebungen verschwimmen im wallenden Grau.

Vergleiche mit dem »Steinernen Meer« in den Berchtesgadener Alpen drängen sich auf und mit ähnlichen Landschaften am Hochkönig sowie am Krippenstein im Dachsteingebirge. Ich kenne jedoch keine Konstellation, die auf einprägsamere Weise eine Zusammengehörigkeit darstellt, eine Symbiose im übertragenen Sinne, wie dies über dem Schwarzwassertal zutage tritt.

Schätzungsweise 90 Prozent aller Ifen-Aspiranten starten bei der *Auenhütte*. Sie set-

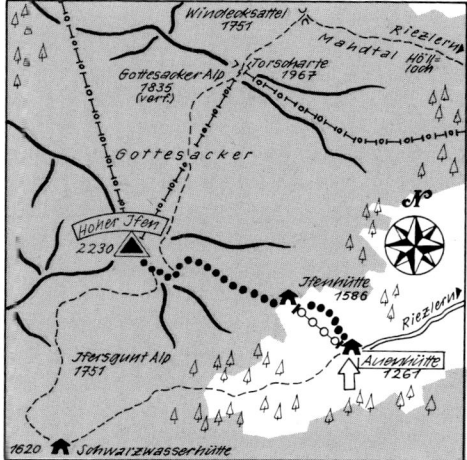

zen sich in die Sessel des Liftes zur *Ifenhütte*. Die restlichen 1½ Stunden zum Gipfel sind dann nur noch ein Kaffeeausflug. Man tut gut daran, erst nach Mittag aufzubrechen. Bis dahin sind nämlich die Prozessionen wieder abgezogen.

Anders verhält es sich auf dem stillen, fast doppelt so langen *Eugen-Köhler-Weg* von der Schwarzwasserhütte über die Ifersguntalp hoch über dem Roten Loch zur Bresche in der Südabdachung des Ifen. Einschließlich dem Zugang von der Auenhütte zur

Beim Kreuz des Hohen Ifen.
Links ein Teil des Gottesackerplateaus.

Schwarzwasserhütte (2 Stunden) ist mit dieser Wanderung ein Tag gut und gerne ausgefüllt. Diese Tour in umgekehrter Richtung empfiehlt sich weniger, weil (nach persönlichem Augenschein) beim Abstieg vom Gipfel die etwas tiefer rechts abzweigenden Spuren

Ifenhütte (unten) mit dem Normalweg durch die Ifenmulde.

Der Hohe Ifen von Süden mit der Schwarzwasserhütte. Hier beginnt der Eugen-Köhler-Weg zum Ifengipfel.

zum Ausstieg in der Südmauer schlecht zu finden sind, während der Zugang in die Kluft der Nordmauer (zur Ifenhütte) ausgetreten und so nicht zu übersehen ist.

Gipfelstürmer, die sich anschließend noch das *Gottesackerplateau* zutrauen, müssen neben dem schon Gesagten wissen, daß etwa 3,5 Kilometer Luftlinie vor ihnen liegen: 2 bis 2½ Stunden Höhenmarsch plus 2 Stunden Abstieg nach Riezlern. Die Plateau-Überschreitung führt von der Höhe des Ifengipfels in nördlicher Richtung zum Platz der ehemaligen Gottesackeralp (1835 m). Hernach Aufstieg zur Markierungsstange in der in den oberen Gottesackerwänden eingekerbten *Torscharte* (1967 m). Abstieg durch flache Kesselmulden und schrofiger Gegenanstieg zum Felstor links neben dem Toreck. Jenseits senkt sich der Pfad zum *Windecksattel* (1752 m). Hier erwartet uns das höchstgelegene Hochmoor Deutschlands. Rechts (östlich) ist das Mahdtal eingelagert. Es vermittelt den Abstieg ins Kleine Walsertal. Kurz nach

der verfallenen Mahdtalalpe warnt links des Weges ein Schild vor dem unergründlichen, mehr als 70 Meter tiefen Schlund des *Hölloches*, einer von annähernd 80 Dolinen und ähnlicher Erscheinungen im Gottesackergebiet. Der Einstieg in die senkrechte, weitverzweigte und noch nicht vollständig erforschte Höhle ist von der Bergwacht abgedeckt worden. In der Vergangenheit geschah es aber wiederholt, daß sich Unbelehrbare zu einer »Befahrung« hinreißen ließen. Die Bergrettung von Riezlern kann davon ein trauriges Lied singen!

Der kürzeste Weg

Ab der *Auenhütte* rechts des Sesselliftes zunächst auf breitem Fahrweg, anschließend auf steiler werdendem Waldweg in knapp 1 Stunde hinauf zur *Ifenhütte* (1586 m) neben der Lift-Bergstation.

Hinter der Hütte gewinnen wir über ein ausgeprägtes Weglein weiter an Höhe. Zur Linken erstreckt sich die Ifenmauer. An ihrer Basis senken sich von Grasflächen durchsetzte Geröllhänge in eine langgestreckte Mulde, an deren rechten Rand wir uns halten. Etwa eine ¾ Stunde oberhalb der Ifenhütte erwartet uns eine Hochmulde. Hier erfolgt die Linksquerung durch die Mulde in Richtung eines gut erkennbaren, V-förmigen Einschnittes der Ifenmauer. Am südlichen Rand der Mulde geht es dann auf einem kehrenreichen Geröllsteig in ¼ Stunde hoch zu gestuftem Fels (Drahtseil) und durch die Lücke des Einschnittes zur geneigten Gipfelwiese. Kurz nach der schmalen Felslücke hält man sich rechts und folgt den Wegspuren in 20 Minuten zum Kreuz auf dem *Hohen Ifen*, bei dem ein Stein die Grenze zwischen Deutschland und Österreich markiert.

Touristische Angaben

Talort: Riezlern (1086 m) im Kleinen Walsertal, 11,5 Kilometer von Oberstdorf (nächste Bahnhof); halbstündige Busverbindungen. Gasthöfe, Hotels. – *Sehenswert:* Walsermuseum im Gebäude des Verkehrsamtes. Öffnungszeiten täglich (außer Sonntag) von 14.00 bis 17.00 Uhr.
Pfarrkirche, 1894 geweiht, neuromanischer Innenraum, beachtenswerte Malereien (ikonographisches Programm) des Elsässers Martin Feuerstein.
Das *Kleine Walsertal* ist österreichisches Hoheitsgebiet im deutschen Wirtschaftsraum (seit 1891). Keine Zollkontrollen, Zahlungsmittel ist die DM. Im 15 Kilometer langen Tal leben rund 4500 Menschen, deren Vorfahren vor 700 Jahren aus der Schweiz einwanderten.
Ausgangspunkt: Auenhütte (1261 m), Restaurant und Liftstation im Schwarzwassertal, 4 Kilometer von Riezlern; Busverbindungen (»Ifen-Bus«).
Höhendifferenz: 970 Meter (ab Auenhütte).
Gehzeiten: ab Auenhütte 2½ Stunden, ab Ifenhütte 1½ Stunden.
Zwischenstation: Ifenhütte (1586 m). privat, an der Bergstation des Liftes von der Auenhütte; ganzjährig bewirtschaftet. Übernachtungsmöglichkeit.
Karten: Bayerisches Landesvermessungsamt 1:50000, Allgäuer Alpen; Zumstein-Wanderkarte 1:30000, Blatt 4 Oberstdorf.

15 Großer Widderstein, 2533 m

Riese über dem Kleinen Walsertal

Tagestour
Aus dem Kleinen Walsertal lange, anstrengende Tour; wenig Schatten.
Kürzester Zugang von Hochkrumbach/ Hochtannbergpaß auf der sonnigen Südseite.
Am Gipfelaufbau Trittsicherheit und Schwindelfreiheit unbedingt erforderlich; kurze Stellen I, nicht gesichert. In der Gipfelschlucht Steinschlaggefahr. Nur bei sicherem Wetter unternehmen.
Beste Jahreszeit: Anfang Juli bis Ende September.

Von den Bergen, die das Kleine Walsertal im langen Halbrund umschließen, gebührt dem Großen Widderstein in seiner unübersehbaren Dominanz die Krone – obwohl er in der Allgäuer Höhenrangliste als 24. steht. Im Kleinen Walsertal indes nimmt er den ersten Platz ein.
Rund 1300 Meter über dem Talschluß bei Baad ruht sein Dolomithaupt auf den Grundlagen eines Fleckenmergel- und Flyschsockels. Der Widderstein bildet einen Bergstock für sich, isoliert, abgetrennt vom Allgäuer Hauptkamm durch die Einsattelung am Haldenwanger Eck, zwischen den Quellbächen von Stillach und Breitach.
Neben den einzelnen Gipfeln des »Großen« – Hauptgipfel, Südgipfel, Südwestgipfel, Südwestschulterkuppe – birgt der Stock auch noch den nordwestlich vorgelagerten, durch das sogenannte »Karlstor« (Scharte) abgetrennten, doppelgipfeligen Kleinen Widderstein, sowie den ins Kleine Walsertal hinausragenden Bärenkopf, an dem einst Bären gehaust haben sollen.
Betrachtet man den Großen Widderstein rundherum, wird verständlich, weshalb er von Süden erstmals erstiegen wurde. Dort weist der Gipfelstock nämlich eine Schwachstelle auf: die zwischen Südgipfel und Südwestschulter eingekerbte Schlucht, von der man im Kleinen Walsertal offenbar nichts

ahnte. In dieser Schlucht sah Pfarrer Bickel
aus Schröcken die Chance, den Berg zu ent-
zaubern, Anno 1669, im Todesjahr Rem-
brandts. Erwähnung fand der »Widerostein«
allerdings schon im 11. Jahrhundert.

Ob Herr Hochwürden seinerzeit klares
Wetter hatte, ist nicht überliefert. Der Gipfel
bietet nämlich eine unvorstellbare Rundschau: bis zum Bodensee, zum Schwarz-
wald, auf die Schwäbische Alb, bis zum
Großvenediger, auf Teile der Großglockner-
gruppe, zur höchsten Spitze des alten Tirol,
dem Ortler, auf die Silvretta, in die Ferwall-
gruppe; in den Ötztalern sind Wildspitze und
Weißkugel auszumachen, in den Lechtalern
die Parseierspitze als höchster Berg der
Nördlichen Kalkalpen, in den Stubaiern der
Lisener Fernerkogel und, und, und... Gelegentlich sieht man in der Luft einen Steinad-
ler. Drei Horste sind im Oberallgäu vorhanden. Drunten, im oberen Gemstel, östlich
des Gipfels, hat man 1964 drei Steinböcke
ausgesetzt. Sie haben sich mittlerweile tüch-
tig vermehrt, erzählt ein Förster. Ihre bevor-
zugten Tummelplätze sind die Schrofenflan-
ken am Geißhorn und Liechelkopf nordöstlich des Großen Widdersteins; gelegentlich
tauchen sie auch am Mindelheimer Klettersteig auf, sofern dort nicht gerade Massen-
drang herrscht, was an schönen Wochenenden häufig der Fall ist. Am Widderstein be-
kommt man die Tiere eigenartigerweise nur
ganz selten zu Gesicht.

Wer im *Kleinen Walsertal* Quartier macht
beziehungsweise dort zum Großen Widderstein aufbricht, muß sich mit einem langen
Marsch abfinden: Von *Baad* oder von *Böd-
men* etwa 4 Stunden. In diesem Falle ist es zu
überlegen, ob man die Gipfelbesteigung zu
einer Rundtour erweitert: von *Baad* Aufstieg
im ursprünglich gebliebenen, blumenreichen
Tal des Bärguntbaches zum *Hochalppaß* und
zum Gipfel; Rückweg über die bewirtschaftete *Obere Widdersteinhütte* und durch das
Gemsteltal hinaus nach Innerbödmen. Das
macht zusammengerechnet geschlagene 7
bis 8 Stunden.

Ist die Basis wählbar, fällt die Entscheidung
auf den *Hochtannbergpaß* zwischen Warth
und Schröcken in Vorarlberg. Dort sind wir
schon mal gute 400 Meter höher als das wal-
sertalische Baad, sind näher am Berg und

brauchen zum Gipfel über die Obere Widdersteinhütte lediglich 2½ Stunden.

Der Gipfelgang als solcher – 1¼ Stunden –
ist für alle Zugänge gleich. Er sollte erst nach
weitgehender Ausaperung der Schlucht ge-
wagt werden. Der Fels an sich ist zwar eisen-
fest; auf den Stufen lagert aber Geröll. Steinschlaggefahr! Diesbezüglich ist am Widderstein Vorsicht die Mutter der Porzellankiste,
um es im übertragenen Sinne auszudrücken.

Durch die Gipfelschlucht

Hinter der *Oberen Widdersteinhütte* auf
schmalem Weg in westlicher Richtung. Nach
10 Minuten bei der Wegteilung halbrechts
und in ¼ Stunde zum eigentlichen Einstieg,
wo am Fels etliche Gedenktafeln angebracht
sind, die zur Einsicht mahnen.

In der Schlucht, hauptsächlich aber links
von ihr mittels Pfadspuren in Kehren ansteigen. Wenn man sich an den Verlauf der roten
Farbkleckse hält, gibt es keinerlei Schwierigkeiten. Der Fels ist angenehm gestuft, obwohl es von unten betrachtet nicht so
scheint. An der Querung in eine felsige Rinne
sind Eisenstifte einer früher vorhandenen
Drahtseilsicherung angebracht.

Nach etwas mehr als 1 Stunde oberhalb
der Hütte öffnet sich die Schlucht zu einem
breiten Kessel. Und schon 10 Minuten später
zeigt sich halbrechts das Gipfelkreuz. Die
Steigspuren leiten hinauf zum Westgrat, von
dem uns ergreifende Tiefblicke in das Kleine
Walsertal überraschen. Rechtshaltend kurz
auf dem Grat, dann über gestuften Fels in seiner Südflanke in ein Schärtchen, über dem
sich der Gipfelblock des *Großen Widdersteins* aufbaut. Wenige Minuten später sitzen
wir neben dem Kreuz und tragen uns ins
Buch ein.

Touristische Angaben

Talort: Hochkrumbach bzw. Hochtannbergpaß (1675 m) an der österreichischen Bundesstraße 200 zwischen Warth (3 km) und

*Bester Stützpunkt für den Großen Widderstein
ist die Obere Widdersteinhütte auf
der Südostseite des Berges.*

Großer Widderstein von Süden mit der tief eingekerbten Schlucht, in der der Normalweg verläuft. Der Gipfel befindet sich im Hintergrund oberhalb der Schlucht.

Schröcken (5,5 km); von Reutte 63 Kilometer durch das Lechtal. Busverbindungen mit Warth und Dornbirn. An der Paßhöhe Parkplätze beim Gasthof Adler.
Ausgangspunkt: *Obere Widdersteinhütte* (2015 m), privat, südöstlich unter dem Widderstein nahe des Gemstelpasses in hervorragender landschaftlicher Lage. 30 Schlafplätze, bewirtschaftet von Pfingsten bis Mitte Oktober.

Auf dem Normalweg zum Großen Widderstein in der Schlucht des Gipfelaufbaues.

Vom *Hochtannbergpaß:* Ab den Parkplätzen beim Gasthof Adler auf der Straße etwa 50 Meter in Richtung Warth, dann links ab, vorbei an der Unteren Widdersteinalp. Etwas später links über den Bach, den Gegenhang hoch, dann rechts auf einem Weglein (gelbe Farbzeichen) den Hang hinauf zu der schon bald sichtbar werdenden Hütte; nicht ganz 1 Stunde.
Höhendifferenz: Hütte – Gipfel 520 Meter.
Gehzeit: 1 1/2 bis 1 3/4 Stunden.
Karten: Bayerisches Landesvermessungsamt 1:50000, Allgäuer Alpen; Freytag & Berndt Wanderkarte 1:50000, Blatt 363 Oberstdorf, Kleines Walsertal, Sonthofen.

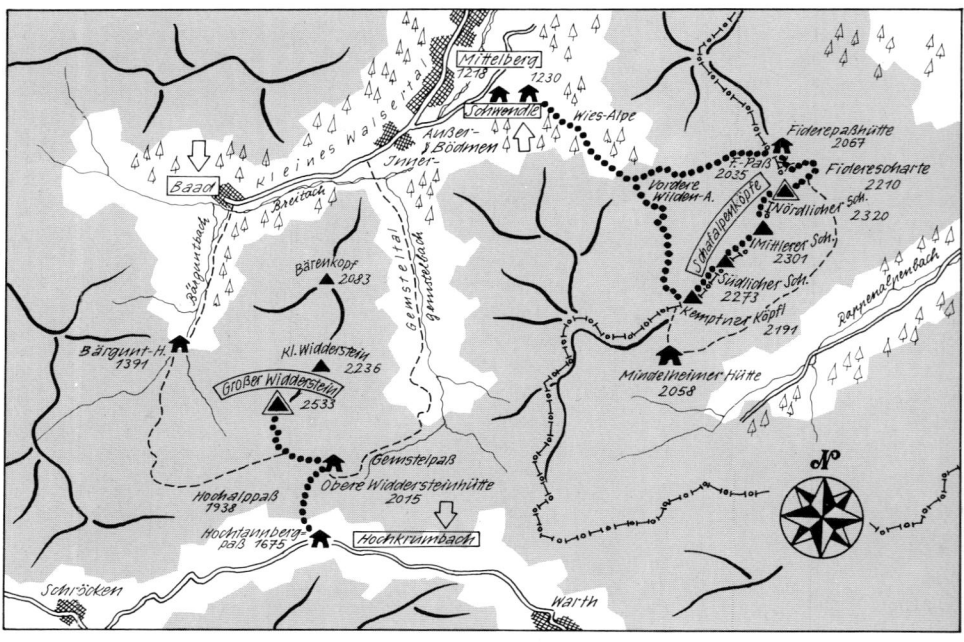

16 Schafalpenköpfe, 2320 m

Mindelheimer Klettersteig

Tages- oder Eineinhalbtagetour

Als Tagestour lang und anstrengend.
Hochgebirgs-Unternehmung. Kein
Schatten. Viel begangen, hauptsächlich
an Wochenenden.

Trittsicherheit und Schwindelfreiheit Voraussetzung, ebenso Erfahrung (Selbst-
sicherung etc.) auf Klettersteigen. Einzelne Stellen im Schwierigkeitsgrad I und II-.
Kein Notabstieg möglich. Bei Nässe und
Wetterstürzen (Blitz) sehr gefährlich. – Da
der Klettersteig schon mehrmals durch
Saboteure erheblich beschädigt wurde,
empfiehlt sich vorherige Anfrage beim
Alpenverein Oberstdorf; Telefon 0 83 22/
31 16.

Beste Jahreszeit: Anfang Juli bis Ende
September

Der Autor erinnert sich noch lebhaft der
hochwinterlichen Skitourentage im War-

matsgundtal, von der alten Wankalp aus,
einst in Pacht des Alpenvereins Augsburg.
Mein Gott, wie still war es damals auf den
Höhen, verhältnismäßig auch im Sommer.
Auf den Schafalpenköpfen, der »Brenta des
Allgäus« – infolge ihrer breitflächigen Formen –, ließ sich nur selten mal ein Kletterer
blicken, häufiger an den Hammerspitzen
über dem Fiderepaß. Von der Mindelheimer
Hütte wurde meist das aussichtsreiche
Kemptner Köpfl erwandert, als »Hausberg«.
An manchen Wochentagen hatten die Wirtsleute sogar Zeit zum Däumchendrehen. Das
hat sich umwerfend geändert. Ob zum Positi-
ven oder Negativen sei hier dahingestellt.
1975 weihte die Alpenvereinssektion Mindelheim den nach ihr benannten *Klettersteig*
über die grenzbestimmenden Schafalpenköpfe zur Fiderescharte ein. Hunderttausend
Mark verschlang der drei Jahre dauernde Bau
des Eisenweges über dem hintersten Rappenalpental und dem walserseitigen Tal des Wil-

Die Leiterbrücke unweit des Fiderepasses,
dem nördlichen Zugang
des Mindelheimer Klettersteiges.

denbaches. Rund 400 Meter Drahtseile, 350 Tritt- beziehungsweise Haltebügel, drei Metallbrücken und etliche Leitern mußten angebracht werden, um den 2,5 Kilometer messenden Hauptdolomitkamm in Ketten zu legen. Gegen die vormalige Einsamkeit ist Stimmung gemacht worden. Oftmals tummeln sich Hunderte auf den Schafalpenköpfen. Schlangestehen wie in der Nachkriegszeit vor den Geschäften! Herrscht dann gar noch von der entgegengesetzten Seite Andrang, kann es hektisch werden.

Die Mindelheimer Anlage wetteifert als Klettersteig mit der Hindelanger Trasse. Vergleicht man sie in ihren Ansprüchen, rangiert der Hindelanger Klettersteig (Nebelhorn – Daumen) an zweiter Stelle, allein schon der mühelosen Erreichbarkeit wegen. Indes übertrifft seine gesamte Begehung den Mindelheimer Steig an Länge und damit an zeitlichem Aufwand.

Den *Mindelheimer Klettersteig* als »übergesichert« zu bewerten, hieße seinen Schwierigkeiten nicht gerecht zu werden: stellenweise immerhin II–. Die Länge der Route beläuft sich auf ungefähr 5 Kilometer. Wie bei allen anderen Steiganlagen dieses Ausmaßes sind auch im Allgäu rigorose Eingriffe in die bis dahin natürlichen Felslandschaften vorgenommen worden. Am Hindelanger Klettersteig ist dies weniger schmerzhaft als an den Schafalpenköpfen, weil das Nebelhorn sowieso schon seit einem halben Jahrhundert seilbahngeschädigt war. Der weise Heinz Groth findet in seinem Alpenvereinsführer versöhnliche Worte, bezogen auf den Mindelheimer Klettersteig: »Wir müssen diese Naturzerstörung wohl als Geschenk an all jene Bergbegeisterten hinnehmen, die den Schwierigkeiten dieser großartigen Gratbegehung (ohne die eingebauten Sicherungen im Bereich von III und IV) ohne künstliche Hilfsmittel mit Sicherheit nicht gewachsen wären.«

Eine Empfehlung, von welcher Hütte aus die Tour angegangen werden soll, ist nicht so ohne weiteres zu geben. Für die Fiderepaßhütte spricht die Tatsache, daß man die steilen und kräfteraubenden Passagen am Anfang überwindet, wenn Kondition und Konzentration besser sind als nach 3 oder 4 Stunden. So lange muß man für den eigentlichen Klettersteig rechnen. Sitzen wir dann auf dem Mittleren Schafalpenkopf, liegen die größten Schwierigkeiten hinter uns. Aufmerksamkeit erfordern aber auch noch die Bänder zum Südwestlichen Schafalpenkopf sowie der Abstieg in den Sattel beim Kemptner Köpfl. Es ist ein stetes Auf und Ab mit Höhenverlusten bis zu 150 Metern.

Beim Aufbruch im Kleinen Walsertal kann man von *Mittelberg* bis *Schwendle* zum Bergheim Moser (1230 m) mit dem Auto fahren. Von dort sind es bei flottem Ausschreiten 2½ Stunden zum *Fiderepaß*, vorbei an den sommers einfach bewirtschafteten Alpen Wies und Flucht und an der Jagdhütte Vordere Wildenalpe. Steigt man nach der Schafalpenköpfe-Überschreitung nicht links zur Mindelheimer Hütte ab (¼ Stunde), sondern rechts über die dem Verfall preisgegebene *Hintere Wildenalpe*, wo die Hirtenbuben im Zelt hausen, schließt sich der Kreis wieder im gemütlichen Bergheim des Moser-Luggi in Schwendle – nach 8 bis 9 Stunden.

Zwar sind es von der Kanzelwandbahn-Bergstation zum Fiderepaß nur 2 Stunden. Dabei sind aber der Rückweg und sein Gegenanstieg zu bedenken, sofern nicht direkt ins Kleine Walsertal nach Schwendle abgestiegen wird.

Sind Sie von der Hektik unserer Zeit noch nicht angesteckt? Dann übernachten Sie auf einer der beiden Hütten, beispielsweise in der *Mindelheimer Hütte*. Anderntags ein Spaziergang auf dem Krumbacher Höhenweg über die »Saubuckel« in die *Fiderescharte*. Dort trifft man auf die Route von der Fiderepaßhütte. Gegen Mittag löst sich erfahrungsgemäß die Drängelei am Nördlichen Schafalpenkopf, dem ersten »Prüfstein«, langsam auf. Jetzt besteht genügend Zeit, den Gefährten an der glatten »Krampenplatte« – das attraktivste Motiv – zu fotografieren. Man wird nicht mehr vorwärts geschoben. Schließlich sollte auch eine stärkende Brotzeit noch drin sein. Ganz zu schweigen von den Genüssen der Aussicht. Sie hält permanent an: 1000 Meter über den Böden der Täler. Allgäufreunden sind natürlich viele Gipfel bestens vertraut: Biberkopf im Süden, Hohes Licht und Mädelegabel im Südosten, wo gelegentlich das Dach der Rappenseehütte in der Sonne aufblinkt. Im Westen domi-

Mindelheimer Klettersteig. Auf dem Grat zum Mittleren Schafalpenkopf.

niert der Große Widderstein, im Nordwesten fasziniert die ungewöhnliche Berggestalt des Hohen Ifen mit dem sich anschließenden Gottesackerplateau. Und der Steig selbst? Er »vermag auch verwöhnte Dolomitenkenner zu begeistern«, schwärmt Paul Werner in seinem Klettersteigführer zu Recht.

Drahtseile, Eisenklammern und Leitern

Aus dem *Fiderepaß* (2035 m) in steilen Kehren über Geröll und Platten in ½ Stunde bergan in die *Fiderescharte* (2210 m), an der einige luftige Meter über dem Rappenalpental drahtseilgesichert sind. Kurz darauf teilen sich die Pfade. Eine Tafel zeigt den Klettersteig an. Hinauf zum »Einstieg« des *Nördlichen Schafalpenkopfes*. Leitern und Drahtseile führen zum Vorgipfel (Tiefblick zur Fiderepaßhütte), von dem es 10 Minuten zum *Hauptgipfel* sind, dem höchsten (2320 m) der

»Drei Kerle«, wie die Schafalpenköpfe bei den Einheimischen genannt werden. Auf der Südseite des Nördlichen Schafalpenkopfes mittels Drahtseilen und einer Leiter hinunter zum Verbindungsgrat, auf dem eine Eisenbrücke eine Scharte überwindet. Etwas später an einer 20 Meter hohen Steilwand an Eisenbügen abklettern. Daraufhin übernimmt uns ein kurzer Kamin. Alles ist hier bestens abgesichert zum Gipfel des *Mittleren Schafalpenkopfes* (2301 m). Und wieder verlieren wir etwa 150 Höhenmeter, ehe der Aufstieg zum nächsten Schafalpenkopf ansetzt. In dessen steiler Nordwestflanke rechts des scharfen Nordostgrates. Die Flanke wird über ein — mit großen Rucksäcken unangenehmes — drahtseilgesichertes Kriechband verlassen. Auch das folgende grasige Schuttband am Rand der senkrechten Südostabstürze muß mit Vorsicht angegangen werden. Mittlerweile hat man sich an die Ausgesetztheit gewöhnt. Wir kommen direkt zum Kreuz auf dem *Südlichen Schafalpenkopf* (2273 m).

Vom grasüberzogenen Gipfeldach entweder auf ausgetretenem Pfad oder rechts davon durch eine kaminartige Felsrinne (Eisenbügel und -stifte) steil abwärts zu den Schrofen am Sockel des Berges und weiter zu den Wiesen des Nordostsattels des *Kemptner Köpfls* (2191 m), das praktisch den letzten Gipfelpunkt der Höhentour darstellt.

Danach, in der Kemptner Scharte, muß man sich hinsichtlich der Ausgangsposition entscheiden: Entweder links fast eben zu der 1990 mit einem Kostenaufwand von 650 000 Mark erneuerten *Mindelheimer Hütte* (¹/₄ Stunde), wo Jochen Krupinski seit 1978 beispielhaft ökologisch verantwortungsvoll, unterstützt durch Solarenergie, wirtschaftet, oder rechts auf Steig 441 kehrenreich, stellenweise drahtseilgesichert abwärts, über die Hintere Wildenalpe (1777 m), einen Wasserfall passieren und zum Almgüterfahrweg. Etwa 2 Stunden nach der Kemptner Scharte trifft man wieder in *Schwendle* ein.

Touristische Angaben

Talorte: Mittelberg (1218 m) im Kleinen Walsertal, 16 Kilometer von Oberstdorf, 5 Kilometer von Riezlern; Busverbindungen. Oberstes Pfarrdorf des Tales. Hotels, Gasthöfe, Pensionen. – *Sehenswert:* Pfarrkirche St. Jodok, eine der ältesten Pfarrkirchen im Kleinen Walsertal, heutige Gestalt aus der Zeit um 1463, im flachgedeckten Schiff spätbarocker Stuck, spätgotischer Taufstein (1495). Oberstdorf (815 m), siehe Tour 12.

Ausgangspunkte: Schwendle auf der östlichen Seite des Kleinen Walsertales, gegenüber von Mittelberg. Von dort Asphaltsträßchen (2,5 km) zum Restaurant Schwendle; Parkplätze. Anschließend auf nichtasphaltiertem Fahrweg 400 Meter zum Berggasthaus Bergheim Moser (1230 m); Parkplätze (an schönen Wochenenden oft überfüllt, dann beim Restaurant Schwendle parken). Einödsbach (1114 m), s. Talort bei Tour 18.

Höhendifferenzen: Schwendle – Fiderepaß 800 Meter. Fiderepaß – Nördlicher Schafalpenkopf 290 Meter.

Blick von der Fiderepaßhütte zum Fiderepaß.

Vom Gipfel des Biberkopfes reicht der Blick weit über die Lechtaler Alpen.

Einödsbach – Mindelheimer Hütte 950 Meter. Mindelheimer Hütte – Nördlicher Schafalpenkopf 270 Meter.
Gehzeit: Mindelheimer Klettersteig vom Fiderepaß zum Kemptner Köpfl etwa 3½ Stunden.
Hütten: Fiderepaßhütte (2067 m), DAV, am gleichnamigen Paß, geöffnet von Pfingsten bis Mitte Oktober, 120 Schlafplätze. Von Schwendle etwa 3 Stunden, von der Kanzelwandbahn-Bergstation 2 Stunden, von der Fellhornbahn-Mittelstation 2½ Stunden, von der Mindelheimer Hütte 2¾ Stunden. Mindelheimer Hütte (2058 m), DAV, auf einem Wiesenabsatz über dem hintersten Rappenalpental, geöffnet von Mitte Juni bis Anfang Oktober, 136 Lager. Von Schwendle 3¼ Stunden, von Einödsbach 3½ Stunden.
Karten: Bayerisches Landesvermessungsamt 1:50000, Allgäuer Alpen; Kompass Wanderkarte 1:30000, K03 Oberstdorf, Kleinwalsertal; Zumstein-Wanderkarte 1:30000, Blatt 4 Oberstdorf.

17 Biberkopf, 2599 m

Südlichster Punkt Deutschlands

Tages- oder Zweitagetour

In den höheren Lagen alpines Felsgelände. Kein Wasser, kein Schatten. Aus dem Lechtal der Sonne ausgesetzt.

Trittsicherheit und Schwindelfreiheit notwendig. An den luftigen Passagen sind Drahtseile angebracht. Infolge der nordwestseitigen Lage der Gipfelrinnen ist dort bis Ende Juli mit gefährlichen Altschneeresten zu rechnen. Steinschlaggefahr!

Beste Jahreszeit: Mitte Juli bis Ende September.

Wie zahlreiche andere Gipfel im 24 Kilometer langen Allgäuer Hauptkamm zwischen den Stillachgründen und dem Oberjoch, müssen sich Bayern und Tirol auch den Biberkopf teilen. Er übt seinen kühnsten Reiz durch die mit steilen Schichtplatten gepanzerte Südwestwand zum oberen Lechtal hin aus, besonders von Warth betrachtet, während die Masse des Berges – Hauptdolomit – von der Mindelheimer Hütte und noch eindrucksvoller vom Kemptner Köpfl oberhalb der Hütte in Erscheinung tritt.

Auf Tiroler Seite ist der südwestliche Teil des Allgäuer Hauptkammes verkehrsmäßig am besten erschlossen, durch die Bundesstraße 198 von Steeg im Lechtal nach Warth.

Wenn auch der Allgäuer Biberkopf-Stützpunkt, die *Rappenseehütte*, eine Höhenlage von bereits 2091 Meter einnimmt, muß bedacht werden, daß man zu ihr schon von Einödsbach 3 Stunden aufsteigt.

Als günstigster Ausgangsplatz ist *Lechleiten* (1539 m) nordöstlich von Warth zu empfehlen, was aber für Urlauber im Oberstdorfer Tal durch die Verkehrssituation nicht in Frage kommt. Die Gehzeiten von Lechleiten (3 Stunden) und von der Rappenseehütte (2½ Stunden) reichen sich fast die Waage, und auch hinsichtlich der technischen Anforderungen – drahtseilgesicherte Stellen – gibt es keine erheblichen Unterschiede; ein klein wenig schwieriger (stellenweise I) ist der Steig von Lechleiten.

Im Jahre 1485 hören wir erstmals vom »Biberhorn«, dem Berg südlich der Biberalmen, deren Name möglicherweise von einer dort lebenden Biberkolonie herrührt. Die Tiroler nannten den Berg hingegen Hundskopf, nach der Hundskopfalp oberhalb von Lechleiten. Demnach hat die Gestalt des Biberkopfes nichts mit der Namensgebung zu tun, über die man sich später einig geworden ist: Hundskopf ging auf die grasige Erhebung am Aufstieg von Lechleiten über. Von dort erfolgte 1853 anläßlich von Vermessungsarbeiten die erste nachweisbare Ersteigung. 1857 gewannen Thaddäus Blattner und sein Begleiter Holle den Gipfel über die Nordflanke aus dem Oberstdorfer Bereich. Die West-Ost-Überschreitung gelang W. Herz und Gefährten erst im Sommer 1905.

Eine Überschreitung des Berges als Rundtour aus dem Lechtal vermittelt ohne Zweifel das großzügigste Unternehmen am Biberkopf. Sie sprengt aber normalerweise die Grenzen einer Tagestour, denn von Lechleiten zur *Rappenseehütte* ist mit 5 bis 6 Stunden zu rechnen, für den Rückweg mit etwa 3 Stunden. Entscheidet man sich dahingehend, muß man von der Rappenseehütte zunächst 200 Höhenmeter absteigen in Richtung Einödsbach, bis sich vor dem Mußkopf ein Steig links wendet. Auf ihm traversieren wir die blumenreichen Hänge über dem Rappenpental. »Bei dem See« heißt die Örtlichkeit (1867 m), an der wir den Seebach als Abfluß des Großen Rappensees überschreiten. Das kundige Auge entdeckt im Westen die Mindelheimer Hütte. Die verlassene Schafalpe bleibt etwas rechts unterhalb des Wegleins liegen. In mäßiger Steigung erreichen wir den stark verwitterten *Mutzentobel* (Drahtseile), wo der Pfad nach längeren Regenfällen abgeschwemmt sein kann. Aus dieser Erosionsschlucht hinauf zu den flachen Böden der Oberen Biberalpe (1878 m) unter den Biberkopf-Nordabstürzen in herrlicher Lage. In der Folge nahezu eben ins *Salzbücheljoch* an der Landesgrenze, das den Übergang nach Lechleiten vermittelt.

Von der Rappenseehütte können zwei Gipfel »mitgenommen« werden

Am Westufer des *Kleinen Rappensees* ansteigen in südwestliche Richtung, oberhalb des Großen Rappensees über Wiesen, hernach auf kehrenreichem Geröllpfad in ¾ Stunden zum breiten Sattel (2324 m) zwischen Rappenseekopf (links) und Hochrappenkopf, die übrigens als Skitourengipfel bekannt sind und ohne Schwierigkeiten in die Tour miteinbezogen werden können. Zeitlicher Mehraufwand jeweils ½ Stunde. Der doppelgipfelige *Hochrappenkopf* (2425 m) bietet sich geradezu an: Aus dem Sattel auf einem Serpentinenpfad in ¼ Stunde zum höchsten Punkt. Anschließend in der Ostflanke des Südwestrückens hinunter zum üblichen Weg.

Der Weiler Lechleiten als bester Ausgangspunkt für den Biberkopf auf österreichischer Seite.

Biberkopf mit üblicher (und kürzester) Route von Lechleiten.

Die kürzeste Route führt aus dem Sattel südwestwärts durch den Südosthang des Hochrappenkopfes in leichtem Gefälle zum tiefsten Punkt (2294 m) des Verbindungskammes. Anschließend durch eine sich verengende Geröllrinne 60 Meter steil abwärts und zu den Geröllfeldern, die sich in Richtung Biberalpe senken (unten Steilabbrüche!). Linkshaltend um einen Felssporn herum. Kehren führen hinauf zum obersten, breiten, die Biberkopf-Nordflanke durchziehenden Schuttband, das in den Nordwestgrat des Berges mündet. Dort, bei einer kleinen Gufel (Höhle), stößt man auf den Steig von Lechleiten. Links und abschließend nördlich beziehungsweise unterhalb der Gratschneide an

Drahtseilen durch eine steile, geschichtete Felsrinne (Steinschlag vermeiden!). Vollends empor zum Kreuz auf dem Biberkopf.

Etwas schwieriger von Lechleiten

Auf der Westseite des *Berggasthofes Alpenrose* (Parkraum) über Wiesen rechtshaltend ansteigen zu einem ausgeprägten Weg. Er geht in Kehren über, mit denen wir uns am steilen Grashang, dem sogenannten »Gang« hochmühen zu einigen Heuhüttchen. Dort rechtshaltend ein Stück durch Latschen und zur *Hundskopfalp* (1913 m), von Lechleiten 1 Stunde. Weiter bergan, im Zickzack zur grasigen Schneide am Auslauf des Biberkopf-Nordwestgrates, an den sich die Route nun links hält, das heißt überwiegend auf seiner Nordseite verläuft. Als erstes geht es über drahtseilgesicherte Platten, später über ein ebenes Felsband zu einer scharf eingerissenen Gratscharte (Drahtseile). Die roten Farbtupfen erklären den Aufstieg. Eine Steilstufe wird mit Hilfe einer Leiter bewältigt. Schließlich stoßen wir auf den Steig von der Rappenseehütte. Gemeinsam durch eine steile, geschichtete Felsrinne (Drahtseile) zum höchsten Punkt.

Touristische Angaben

Talort und Ausgangspunkt auf deutscher Seite (Rappenseehütte) siehe Tour 18. Lechleiten (1539 m) auf österreichischer Seite, kleiner Bergweiler der Gemeinde Steeg oberhalb der Bundesstraße 198, Abzweigung der Zufahrtsstraße (1,2 km) bei der Pension Waldheim (Postbus-Haltestelle) 2 Kilometer von Warth, 9 Kilometer von Steeg. Von Reutte 60 Kilometer.
Höhendifferenzen: ab Rappenseehütte 600 Meter. Ab Lechleiten 1060 Meter.
Gehzeiten: ab Rappenseehütte 2½ Stunden. Ab Lechleiten 3 Stunden.
Karte: Bayerisches Landesvermessungsamt 1:50000, Allgäuer Alpen.

18 Hohes Licht, 2651 m

Es muß nicht immer der Heilbronner Weg sein

Tages- bis Zweitagetour

Schattenloses, zum Schluß hin hochalpines Felsgelände. Langer, teilweise anstrengender Hüttenweg mit zwei bewirtschafteten Zwischenstationen (Petersalpe, Enzianhütte).

Im obersten Wieslekar Vorsicht bei Altschneeresten. Dort und am Gipfelaufbau Trittsicherheit notwendig.

Beste Jahreszeit: Juli bis Ende September.

Keine Frage: der »Heilbronner Weech«, wie unsere norddeutschen Bergfreunde, die ihn haufenweise erwandern, sich ausdrücken, genießt absoluten Vorrang bei den Gästen der *Rappenseehütte*, sofern es sich nicht um Tagesausflügler handelt. In guten Sommern pilgern mehr als 15000 Menschen aus dem Stillachtal zur Rappenseehütte. Einmal — am 19. September 1970 — haben genau 681 Personen übernachtet, obwohl die Kapazität bei

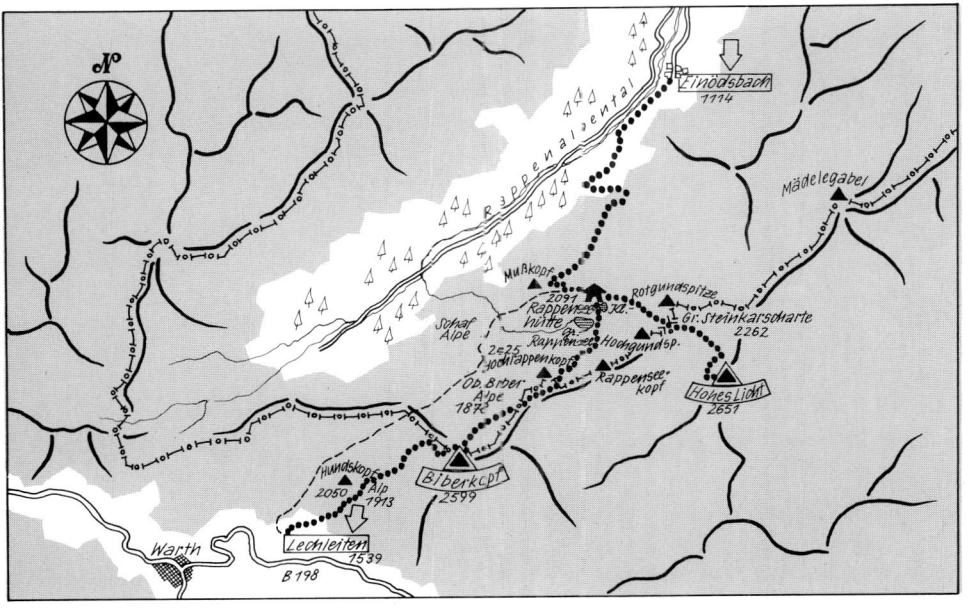

Das Hohe Licht von Nordwesten aus der Großen Steinkarscharte. Der Normalweg führt aus dem obersten Wieslekar zum Gipfel. Am linken Bildrand das Heilbronner Törl des Heilbronner Weges.

450 Schlafplätzen liegt. Doch die größte AV-Hütte im deutschen Alpenraum und ihre Wirtsleute, die Familie Gartenmaier, sind derartigen Andrang gewöhnt und ihm mit Allgäuer Gelassenheit gewachsen.

Am 19. Juli 1885 war im »Allgäuer Anzeigenblatt« folgender Artikel zu lesen: »Ein bisher noch wenig bekanntes Gebiet unserer Allgäuer Alpen wurde durch die Section Allgäu-Kempten dem allgemeinen Besucher eröffnet, bezw. derselbe erleichtert durch Erbauung einer hölzernen Unterkunftshütte… in

deren Hintergrund sich der zweithöchste Punkt des Allgäuer Gebirgsstockes, das Hohe Licht erhebt…« Erstellt wurde das Schutzhaus, »um den Rivalen der Mädelegabel, das Hohe Licht, und dessen Umgebung zugänglich zu machen«, bemerkt Johannes Emmer 1894 in der »Zeitschrift des Deutschen und Oesterreichischen Alpenvereins«.

Allgäu schreibt man mittlerweile zwar etwas anders, die Rappenseehütte ist aber noch immer der ideale Stützpunkt für das Hohe Licht. Danach richtete sich also ursprünglich der Sinn der Bergsteiger, die zur Hütte kamen. Bis 1890 standen 519 zu Buche.

Neben dem Hohen Licht bieten sich noch die nördlich der Großen Steinkarspitze aufragende *Rotgundspitze* sowie ihre Nachbarin, die doppelgipfelige *Hochgundspitze* als Hüttenziele an. Aber auch der blumenreiche *Linkerskopf* und der *Hochrappenkopf* dürfen als »Hausberge« gelten, im erweiterten Sinne sogar der Biberkopf, zu dem es knappe 3 Stunden sind (siehe Tour 17).

Als der Alpenverein im Jahre 1899 das Ho-

he *Licht* durch eine Steiganlage erschloß – zusammen mit dem Heilbronner Weg –, büßten die umstehenden Gipfel an Touristen ein. Selbst das Hohe Licht mußte ins zweite Glied zurücktreten, denn von nun an stürzten sich die Leute geradezu auf den Heilbronner Weg – bis zum heutigen Tage. Obwohl mit dem *Hohen Licht* ein Umweg von nur 1¼ Stunden verbunden ist, läßt man es allgemein rechts liegen. Leider oder Gott sei Dank! Jedenfalls ist es am Hohen Licht ruhiger als auf dem (nicht ungefährlichen) Trampelpfad in Richtung Kemptner Hütte. Man

Rappenseehütte im Abendlicht mit der Hochgundspitze; links davon im Hintergrund das Hohe Licht.

kann die Aussicht ungestört genießen. Der Alpenvereinsführer umreißt die Blickgrenzen: »Kaisergebirge, Zillertaler, Stubaier, Wildspitze, Königsspitze, Ortler, Fluchthorn, Piz Linard, Tödi, Glärnisch, Säntis«. Laut Wolfgang Zimmermann sind rund 420 Alpengipfel zu sehen, davon 110 Dreitausender. Haben Sie gezählt? Im nördlichen Nahbereich, zwischen Rotgundspitze und Wildem Mann, stand bis 1962 keck das Wilde Männle, ein 30 Meter hoher Zacken, ehe ein nächtlicher Maisturm das Werk der Erosion vollendete und ihn samt Kreuz zum Einsturz brachte.

Ab *Einödsbach* sind es rund 5 Stunden auf das Hohe Licht. Trotzdem empfiehlt sich die Übernachtung in der Rappenseehütte, dem südlichsten Wohngebäude auf deutschem Boden. Etwa 50 Meter unterhalb der Hütte glänzen der Kleine und Große Rappensee, bis 8 Meter tief, Relikte der ausklingenden Eiszeit. Bei frühem Weggang kommt man in den unvergeßlichen Genuß des Sonnenaufganges am Steinmann auf der Spitze – erstes Licht des Tages, vor allen anderen Bergen der näheren Umgebung. Davon rührt der Name her: »Hoaliacht« im Oberallgäuer Dialekt.

Sicherlich hatte es die Rundschau schon Hermann von Barth angetan. Er erklomm das Dolomithaupt 1869. Allerdings nicht auf dem heutigen Normalweg (nur die letzten 20 Minuten), sondern aus dem jenseitigen Hochalptal über den Südwestrücken. Dieser Verlauf kann wohl nachvollzogen, aber nicht angeraten werden. Wenn schon jemand mit dem heroischen Gedanken spielt, das Hohe Licht von Steeg aus anzugehen (4½ bis 5 Stunden), steigt er im Hochalptal vollends empor ins Wieslekar an seinem oberen Rand auf die Spur des Heilbronner Weges, der dort identisch ist mit der Führe Rappenseehütte – Hohes Licht.

Von der Rappenseehütte

Der etwa ½ Stunde in Anspruch nehmende Weg (Nr. 439) in schwach südöstlicher Richtung zum »geologischen Fenster« der *Großen Steinkarscharte* (2262 m) kann unmöglich verfehlt werden. Links haben wir die Rotgundspitze, rechts die Hochgundspitze. Und während der Rappensee rückwärts hinter der breiten Scharte verschwindet, um-

fängt uns das oberste Wieslekar. Rechts mündet der erwähnte Pfad von Steeg im Lechtal. Unsere Führe beschreibt einen schwachen Bogen analog zum Heilbronner Weg. Geröllflächen und felsige Bänke lösen sich ab. Im Vorblick das Hohe Licht, von dem ein Schuttfeld herabzieht. Kehren winden sich hoch zum Einstieg in den Fels; 50 Minuten von der Hütte.

Der folgende Steig ist aus dem Gestein herausgesprengt und gesichert. Wir »turnen« durch einen klammähnlichen Kamin, in dem meist Schneereste lagern. Oberhalb einiger Felsstufen teilen sich die Spuren: Heilbronner Weg links, Hohes Licht geradeaus. Die Westflanke des Berges wird auf breiten Schichtbändern gequert, in 20 Minuten hinaus zum Südwestrücken, auf dem wir links nach weiteren 20 Minuten den Gipfel gewinnen.

Touristische Angaben

Talort: Einödsbach (1114 m), malerische Häusergruppe im Tal der Stillach südlich von Oberstdorf (11 km, Stellwagen). Von Birgsau (Busse von Oberstdorf) 40 Minuten. Gasthof, südlichster ganzjährig bewohnter Punkt Deutschlands, von wo südlich über dem »Bacherloch« bereits Mädelegabel, Hochfrottspitze, Bockkarkopf und Trettach zu sehen sind. Einödsbach war die Heimat des berühmten, 1908 verstorbenen Allgäuer Bergführers Johann Baptist Schraudolph.

Ausgangspunkt: Rappenseehütte (2091 m), DAV, bewirtschaftet von Mitte Juni bis Mitte Oktober, 450 Schlafplätze. Tel. (im Tal) 08322/4846. Von Einödsbach 3 Stunden.

Höhendifferenz: 570 Meter.

Gehzeit: Knapp 2 Stunden.

Karten: Bayerisches Landesvermessungsamt 1:50000, Allgäuer Alpen; Freytag & Berndt Wanderkarte 1:50000, Blatt 363 Oberstdorf, Kleines Walsertal, Sonthofen; Kompass Wanderkarte 1:30000, K03 Oberstdorf, Kleinwalsertal; Zumstein-Wanderkarte 1:30000, Blatt 4 Oberstdorf.

19 Mädelegabel, 2645 m

Am Heilbronner Weg

Tages- bis Zweitagetour

Anstrengender Hüttenweg; kein Schatten. Ab der Hütte hochalpine Felsregion.

Bei Altschnee im Vorderen Bockkar ist Aufmerksamkeit geboten. Trittsicherheit und Schwindelfreiheit erforderlich. Am Mädelegabel-Ostgrat leichte Kletterei. Steinschlaggefahr durch Vorausgehende.

Beste Jahreszeit: Juli bis Ende September.

Akkurat endet der Heilbronner Weg – Drei-Sterne-Pfad in den Allgäuer Alpen – vor der Mädelegabel, an der Bockkarscharte, wenn man in der Rappenseehütte aufgebrochen ist.

Es hat sich aber eingebürgert, die Höhentrasse fortzusetzen, meist die Mädelegabel eingeschlossen, über das Mädelejoch bis zur Kemptner Hütte. Dabei dient die Bockkarscharte lediglich als Fluchtweg im Falle der Not zum Waltenberger Haus.

Die Mädelegabel allein, immerhin der vierthöchste Allgäuer Gipfel und für Ernst Enzensperger »das Herz der Allgäuer Bergwelt«, läßt sich von Oberstdorf an einem Tag bewältigen: Busfahrt bis Birgsau (oder Stellwagen bis Einödsbach), Auf- und Abstieg durch das mit schmutzigen Lawinenresten erfüllte Bacher Loch über das Waltenberger Haus.

Die *Mädelegabel* zählt zu den »bekanntesten Allgäuer Aussichtswarten«, schwärmt Heinz Groth. Beeindruckend die Schau in südöstliche Richtung zu den Lechtaler Alpen, fesselnd der Blick auf das 1500 Meter tiefer gelegene Kleinod Einödsbach und zur nahen

Blick vom Guggersee (westlich oberhalb von Einödsbach) in südöstliche Richtung. Von links: Trettach, Mädelegabel, Hochfrottspitze, Bockkarkopf.

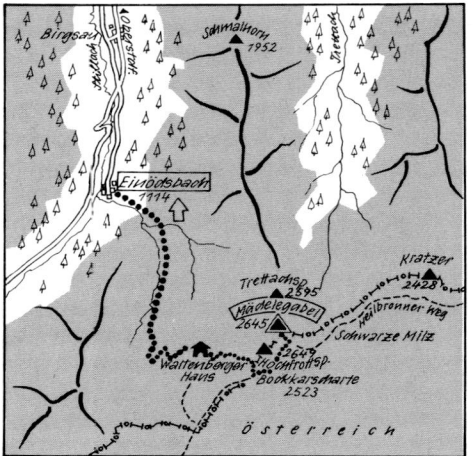

Trettach. Unterhalb unseres Standortes der Schwarzmilzferner, auf dem die Heilbronner-Weg-Leute in Reihe durch den Schnee stapfen.

Der Bergname bedarf einiger klärender Worte, denn es kursieren, wie man immer wieder hört, diesbezüglich phantasievolle und wenig stubenreine Auslegungen. Der Wortstamm hat nichts mit Mädele (im Dialekt »Fäla«) zu tun, sondern rührt von einer kleinen Mähwiese auf bayerischer Seite her, dem »Obermähdele«. Von dort betrachtet erscheint der Aufbau des Vor- und Hauptgipfels gabelförmig. »Medelinspitzen« tauchen bereits 1485 in einer Urkunde auf, als Sammelbegriff für Trettach, Hochfrottspitze und Mädelegabel.

Der Normalweg vom Schwarzmilzferner über den Ostgrat entspricht der Route des ersten uns bekannten Ersteigers, des Botanikers Professor Dr. Otto Sendtner im Sommer 1852. Schon 1811 war der Landgerichtsphysikus Dr. Bernhard Zör bis zum Schwarzmilzferner gelangt, aber nicht zum Gipfel vorgedrungen.

Damals gab es noch keine Spur vom *Waltenberger Haus*. Die erste Hütte wurde am 5. September 1875 nach sechswöchiger Bauzeit eingeweiht. Kosten: 2680 Mark. Der Baugrund war der Alpenvereinssektion Immenstadt für 50 Jahre unentgeltlich überlassen worden. Die Oberallgäuer widmeten den Stützpunkt ihrem verdienstvollen Vorsitzenden Anton Waltenberger, Verfasser des frü-

hesten Allgäu-Führers (1871 in Augsburg erschienen) und einer »Orographie der Allgäuer Alpen« (Augsburg, 1881). Waltenberger prägte den Begriff »Allgäuer Alpen«, die man bis dahin in ihrem Hauptkamm den »Lechtaler Alpen« zurechnete, was geographisch gar nicht abwegig erscheint.

Der Standort der Hütte erwies sich schon bald als denkbar ungünstig. Er befand sich zu nahe an den Felsen. Im Zwischenraum sammelten sich Schneemassen. Feuchtigkeit drang ins Mauerwerk. 1884 stürzte die Giebelwand ein. Im darauffolgenden Jahr erwuchs ein neues Gebäude – 18 Lager, unbewirtschaftet – an geschütztem Platz: auf der obersten Spitze des Steilrückens, über dem der zu den Bergen der Guten Hoffnung ziehende Felsgrat ansetzt. Im Jahr der Eröffnung registriert das Hüttenbuch 222 Personen, eine Steigerung von 100 Prozent gegenüber 1875. Zu dieser Zeit überschritten die Übernachtungszahlen von Oberstdorf gerade die 2000-Gäste-Marke.

Aus dieser Unterkunft entwickelte sich das heutige Berghaus mit 75 Schlafplätzen, voll bewirtschaftet, versorgt durch Hubschrauber, ordentlich geführt von der Familie Böllmann. Die Frequenzziffern unserer Tage schwanken pro Jahr zwischen 2500 und 4000 (in Oberstdorf etwa 2 Millionen Übernachtungen). Vielfach sind es Tagestouristen. Kletterer nehmen sich die Trettach vor. Beschauliche schlafen in der Hütte und gehen erst anderntags die Mädelegabel an. Diese Einteilung eröffnet genügend Freiraum, um in der Folge ein Teilstück des Heilbronner Weges zu erlaufen, entweder die Originalroute zur Rappenseehütte – womit man wieder nach Einödsbach gelangt –, oder den Abschnitt zur Kemptner Hütte und Rückkehr nach Oberstdorf über Spielmannsau.

Über den Schwarzmilzferner

Zunächst vom *Waltenberger Haus* südostwärts, ansteigend zur Öffnung des von der Hütte einsehbaren Vorderen Bockkares. Um

Mädelegabel (links) und Trettach vom Kratzerjoch unweit des Heilbronner Weges. Die übliche Route zur Mädelegabel führt auf der abgewandten Seite zum Gipfel.

Am Schärtchen des Mädelegabel-Normalweges. Ausblick in nordöstliche Richtung auf (von links): Krottenspitzen, Großer Krottenkopf und Ramstallspitze.

eine Ecke herum gelangen wir ins Kar. Der Geröllpfad nimmt einen kehrenreichen Verlauf. Wir halten uns an die linke (nördliche) Seite des Kares. Etwa 1 Stunde nach der Hütte ist man unter dem Wandabbruch der Bockkarscharte, für deren Erreichen in brüchigem Fels Drahtseile zur Verfügung stehen. Der Steig mündet nicht unmittelbar in die *Bockkarscharte* (2523 m), sondern links etwas oberhalb. Wie mit einem Schlag öffnen sich herrliche Blicke in östliche und südliche Richtung über das Lechtal hinweg.

Jetzt geht es — auf österreichischem Terrain — eine Weile abwärts: linkshaltend um die Südostflanke der Hochfrottspitze herum zum *Schwarzmilzferner*. Er sei der einzige »Gletscher« in den Allgäuer Alpen, heißt es. Im Grunde genommen handelt es sich um ein Dauerschneefeld, das jedoch nach schneearmen Wintern Merkmale von Gletschern aufweist: haarfeine Spalten im unteren Teil. In solchen Jahren erscheint er auch wie eine

»Schwarze Milz« mit schmutzig-schwarzbraunem Überzug. Ansonsten bildet er eine Firnfläche. Die Spur ist vorgetreten. Sie senkt sich in leichtem Gefälle. Wir steuern das Schärtchen (2471 m) im Ostgrad der Mädelegabel an. Jenseits ist die schaurig-wilde Trettachrinne eingerissen. Aus der Scharte links felsig in 35 Minuten zum Gipfel.

Touristische Angaben

Talort: Einödsbach (1114 m), siehe Tour 18.
Ausgangspunkt: Waltenberger Haus (2085 m), DAV, bewirtschaftet von Mitte Juni bis Ende September, 75 Schlafplätze. Telefon (im Tal) 08379/7586. Von Einödsbach 2¾ Stunden.
Höhendifferenz: 600 Meter.
Gehzeit: 2¼ Stunden.
Karten: Bayerisches Landesvermessungsamt 1:55000, Allgäuer Alpen; Zumstein-Wanderkarte 1:30000, Blatt 4 Oberstdorf.

20 Großer Krottenkopf, 2657 m

Höher geht's nicht mehr

Tages- bis Zweitagetour

Kein Schatten. Im Sperrbachtobel nach
starken Regenfällen Gefahr von Steinschlag und Muren; Lawinenreste bis in
den Sommer.

Im Sperrbachtobel sowie am Gipfelaufbau wird Trittsicherheit verlangt.

Beste Jahreszeit: Juli bis September.

Der höchste Berg der Allgäuer Alpen para-
diert als imposanter Dolomitklotz, gänzlich
auf österreichischem Boden stehend. Das
heißt aber keineswegs, daß er vorwiegend
vom Tiroler Lechtal aus erstiegen wird: selten
von Holzgau über stramme 1600 Höhenmeter, ebensowenig von Elbigenalp in einem
Zug, indes häufig über die *Hermann-von-
Barth-Hütte*. Ab dort sind es noch 3½ Stunden. Am schrofigen Ilfenspitzgrat, wo die
Route ins Birgerkar einschwenkt, ist Achtsamkeit geboten. Gleichsam auf der Traverse
am Hermannskarturm beziehungsweise am
Schafschartl (Drahtseile). Schließlich geht es
dann vom Ostufer des Hermannskarsees hinauf in die Krottenkopfscharte, zuletzt auf leh-
migem Geröllsteig. In der Krottenkopfscharte
mündet der Zugang von der Kemptner Hütte
auf der deutschen Seite des Allgäuer Hauptkammes, von wo die Tour um etwa ½ Stunde
kürzer ist.

Der Große Krottenkopf gehört nicht mehr
zum Allgäuer Hauptkamm, sondern zu der
bei der formschönen Öfnerspitze abzweigenden *Hornbachkette*, dem mächtigsten Seiten-
kamm. Er schiebt sich über 15 Kilometer weit
gegen das Lechtal vor und weist 19 Gipfel
über 2500 Meter auf.

Als Hermann von Barth, Früherschließer
der Hornbachkette, den Großen Krottenkopf
am 24. Februar 1869 erstmals von Norden
sichtete, verglich er ihn mit einem riesigen
Zuckerhut. Die grimmigste Fassade des Berges stellen seine dunklen, wasserüberronne-
nen, schräg von einer Firnkluft durchrissenen
Nordostabstürze über dem bemerkenswerten

Halbrund des Hermannskares dar. Es öffnet
sich nach Süden und wird umgeben von der
Hornbachspitze, den Faulewandspitzen, der
Pyramide der Marchspitze, der steilgeschich-
teten Hermannskarspitze und dem hornähn-
lichen Hermannskarturm. Mittendrin im Kar
ruht der kleine, oftmals noch im Sommer eis-
überzogene Hermannskarsee, der höchstgelegene (2216 m) im Allgäu. »Smaragd in einer Fassung aus Stein«, schwärmte Hermann
von Barth über den erstaunlichen Platz im
Schatten des Krottenkopfes, einen der groß-
artigsten Erdenwinkel des Gebirges.

Ansehnlich sind auch die 400 Meter hohen Westabstürze, vom *Mädelejoch* aus.
Von diesem weitläufigen, mit Felsbrocken
durchsetzten Grassattel kann man den größten Teil der Route Kemptner Hütte – Krottenkopfscharte rekonstruieren: Aus der Scharte
steigt rechts der Ramstallkopf an, links
schwingt sich die Südabdachung des Großen
Krottenkopfes auf. Der Weg folgt ihr dort in
klarem Strich zur Spitze.

Der Aufstieg zur Scharte wird an heißen
Tagen zum qualvollen Geröllhatscher. Bis in
den Frühsommer sind die Hänge firnbedeckt.
Beim Rückweg heißt es aufpassen, um die
Rechtskurve aus dem Kar unter der Krottenkopfscharte nicht zu versäumen, sonst verliert man zuviel an Höhe, was einen Gegenanstieg zum Mädelejoch mit sich brächte.

In der »Erschließung der Ostalpen« sagt
Anton Spiehler, Dr. Gümbel habe den Krottenkopf 1864 bestiegen. Außerdem erfährt

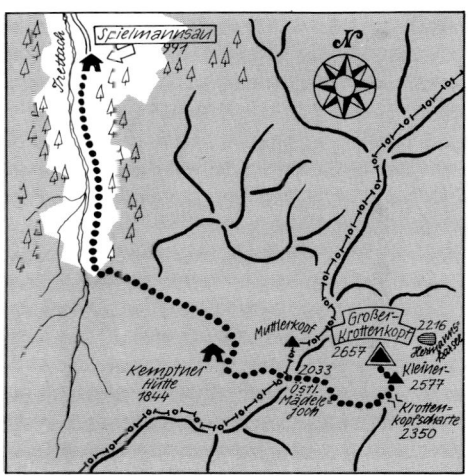

Großer Krottenkopf von Westen, unterhalb des Mädelejoches. Etwas außerhalb des rechten Bildrandes die Krottenkopfscharte, Ausgangsplatz für den eigentlichen Gipfelgang.

der Leser, daß der Berg durch die Veröffentlichungen Hermann von Barths einem weiteren Kreis bekannt wurde. Mittlerweile ist er einer der meistbesuchten Allgäuer Hochgipfel.

Meinen Beobachtungen zufolge unternimmt man die Krottenkopftour in der Regel ab der Kemptner Hütte, nach der Nächtigung im Schutzhaus.

Von der Kemptner Hütte

Einige Minuten südlich der *Kemptner Hütte*

nicht geradewegs auf den Hauptkamm zu – wie der Europäische Fernwanderweg 5 –, sondern linkshaltend über die sogenannten »Nachtböden«, an der Wegegabel rechts und hinauf ins *Östliche Mädelejoch* (2033 m). Hier werden die Landesgrenzen überschritten.

Die folgende Linksabzweigung zum Muttlerkopf (1 Stunde) gilt nicht für uns. Einige Kehren absteigen, dann links am oberen Rand des Roßgumpenkares in dessen Hintergrund. Hernach in leichter Neigung zum Auslauf des Hanges, der sich 300 Meter hochzieht in Richtung Krottenkopfscharte. Mit Kehren im Geröll aufwärts. Die Spur hält sich an die linke (westliche) Seite der Flanke. In der *Krottenkopfscharte* (2350 m) sind wir

Über die Hermann-von-Barth-Hütte (mit Wolfebnerspitzen) kann der Große Krottenkopf aus dem Lechtal von Elbigenalp aus erreicht werden.

Rundschau vom Großen Krottenkopf über die Lechtaler Alpen.

ab Kemptner Hütte etwa 2 Stunden unterwegs.

Kurz vor der Scharte wendet sich die Gipfelroute links (Wegweiser). Nun in gestuftem, schottrigem Gelände über den Südrücken in 35 Minuten zur »Schulter«, einem Höcker am *Kleinen Krottenkopf* (2577 m). Hier endet die schon erwähnte, bis zu 45 Grad steile Firnkluft aus dem obersten Hermannskar. Der Steig führt halblinks in nordwestliche Richtung zum Gipfelaufbau. Schräg ansteigend über stellenweise plattig gestuften Fels zum Steinmann (Gipfelbuch).

Touristische Angaben

Talort: Spielmannsau (991 m), Gasthof und beliebter Ausflugsplatz auf einem schmalen, langgestreckten Boden des Trettachtales, 8 Kilometer südlich von Oberstdorf; zu Fuß zu erreichen von Oberstdorf auf der verkehrsberuhigten Talstraße, vorbei am malerischen Christlesee und auf schönen Hangwegen; außerdem mit Stellwagen oder frühmorgens mit Taxi.

Ausgangspunkt: Kemptner Hütte (1844 m), DAV, bewirtschaftet von Mitte Juni bis Mitte Oktober, 330 Schlafplätze. Von Spielmannsau 2½ Stunden.

Höhendifferenz: 850 Meter.

Gehzeit: 3 Stunden.

Karten: Bayerisches Landesvermessungsamt 1:50000, Allgäuer Alpen; Freytag & Berndt Wanderkarte 1:50000, Blatt 363 Oberstdorf, Kleines Walsertal, Sonthofen; Zumstein-Wanderkarte 1:30000, Blatt 4 Oberstdorf.

21 Jöchelspitze, 2226 m – Rothornspitze, 2393 m

Von der Seilbahn

Tagestour

Wanderwege und Pfade im Wiesengelände. Zur Jöchelspitze überwiegend angenehme Steigung, hernach etwas anstrengender. Kein Schatten.

Unschwierig bis zur Jöchelspitze. Abstieg ins Rothornjoch ausgesetzt. Trittsicherheit und Schwindelfreiheit notwendig. An der Rothornspitze typisches Allgäuer Steilgrasgelände.

Beste Jahreszeit: Ende Juni bis Ende September.

Durch den Bau der Jöchelspitze-Sesselbahn oberhalb von Bach im Lechtal sind die Gipfel des vier Kilometer langen Seitenkammes der Hornbachkette, der sich vom Großen Krottenkopf in Südrichtung erstreckt, in den Bereich von gemütlichen Tagestouren gerückt. Konzentriert man sich auf die beiden südlichsten Gipfel – Jöchelspitze und Rothornspitze –, genügen für den Hin- und Rückweg knappe 5 Stunden.

An den Ausläuferhängen dieses Kammes befindet sich die Bergstation der Sesselbahn in 1786 Meter Höhe beim Berggasthof Jöchelspitze, einem fürstlichen Aussichtsplatz auf der Nordseite des Lechtales. Dahinter schwingen sich weitläufige, vereinzelt von Felsen durchsetzte Wiesenhänge auf zur *Jöchelspitze*. Leere Heuhüttchen stehen herum. Keine Spur mehr von den früher so zahlreichen Bienenkästen der Bauern. Einzig die Flora hat den Wandel der Zeiten unbehelligt

Vom Westhang der Jöchelspitze (Warteggalm) zeigen sich im Nordwesten von links Bockkarkopf, Hochfrottspitze, Mädelegabel (mit der Seite des Normalanstieges) und das Horn der Trettach.

Jöchelspitze, Rothornspitze **89**

Zu Füßen der Jöchelspitze breitet sich im Lechtal die Ortschaft Holzgau aus. In der rechten Bildhälfte Weißschrofenspitze und Valluga.

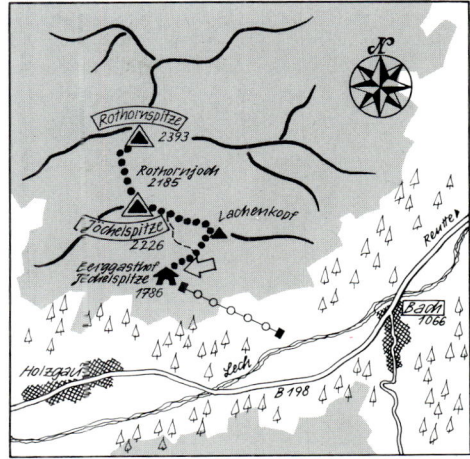

überlebt, und auch die großartigen Blicke zu den benachbarten Lechtaler Alpen sind so eindrucksvoll wie zu Väterzeiten. Deshalb ist hier der Panoramaweg auf die Jöchelspitze beschrieben, denn der kürzere, steilere »Mariandlsteig« gestattet nicht die umfassenden Aussichten des Panoramaweges.

Während die Jöchelspitze mit alpinen Formen geizt, zeigt sich die *Rothornspitze* schon im Aufstieg als geradezu klassische Spitze, deren Fels teilweise eine starke rötliche Einfärbung aufweist, wovon sich der Name ab-

Auf dem Gipfel der Jöchelspitze. Links des Kreuzes die markante Freispitze in den Lechtaler Alpen.

leitet. Als Folge der kieselsäurehaltigen Hornsteine und Aptychenkalke beziehungsweise der humusreichen Fleckenmergel und dem sogenannten »Holzgauer Kreideflysch« – geologische Bestandteile der Berge – fühlen sich die Pflanzen wohl auf ihren Flanken, ganz besonders am steilen Westhang der Rothornspitze. Sie verkörpert das herausragende Ziel der Wanderung.

Zwei Gipfel auf einen Streich

An der Westseite des *Berggasthofes Jöchelspitze* folgen wir zunächst dem »Mariandlsteig«. Seine Trasse durchzieht schräg ansteigend die freien Südhänge in 20 Minuten zu einer Wegekreuzung. Hier wendet sich der direkte Weg links. Wir gehen auf dem *Panoramaweg* geradeaus, vorbei an einer halbverfallenen Heuhütte und unmerklich bergan in 5 Minuten zu einer Hangschulter. Rechts sehen wir in geringer Entfernung das Kreuz des *Lachenkopfes*, einer aussichtsreichen Kuppe im Ostrücken der Jöchelspitze. Vom Berggasthof ½ Stunde.

Links weiter. An der Wegeteilung entweder links oder (aussichtsreicher) rechts. Beide Wege treffen sich in einer Mulde. Das Gipfelkreuz wird sichtbar. Etwas später folgt ein kurzes ebenes Stück. Es bringt uns zum Gipfelaufbau. Im Nordosten treten die Wolfsebnerspitzen prägnant hervor. Wir bleiben am grasigen Rücken, über den sich das Weglein zum Gipfelkreuz der *Jöchelspitze* windet. Vom Berggasthof 1½ Stunden.

Auf der Nordseite auf schmalem und ausgesetztem Steig hinunter in wenigen Minuten in den breiten Wiesensattel des *Rothornjoches* (2185 m). Aus seinem tiefsten Punkt, wo rechts ein Weg durch die Südhänge der Rothornspitze abzweigt (zum Bernhardseck), erfolgt ein Gegenanstieg in die Westhänge der Rothornspitze. Dort rechts auf schmalem Steig, der nach ½ Stunde am Gipfel der *Rothornspitze* endet. Von der Jöchelspitze etwa 1 Stunde.

Touristische Angaben

Talort: Bach (1066 m) im Lechtal, an der Mündung des Madautales, 675 Einwohner, rund 1000 Gästebetten in Gasthöfen und Pensionen. Von Reutte 38 Kilometer, von Holzgau 5,5 Kilometer; Busverbindungen. Die Zufahrtsstraße zur Sessellift-Talstation zweigt am nördlichen Ortsrand bei der Pfarrkirche ab.

Ausgangspunkt: Berggasthof Jöchelspitze (1786 m) an der Bergstation der Jöchelspitze-Sesselbahn. Betriebszeiten vom 14. Juni bis 15. September von 9.00 bis 12.10 Uhr und von 13.00 bis 16.20 Uhr. Talstation (Parkplätze) 2,5 Kilometer von Bach; Zufahrt beschildert. Zu Fuß von Bach zur Bergstation etwa 2 Stunden.

Höhendifferenz: Sessellift – Jöchelspitze 450 Meter. Rothornjoch – Rothornspitze 210 Meter. Insgesamt 660 Meter.

Gehzeit: etwa 2½ Stunden.

Karte: Bayerisches Landesvermessungsamt 1:50000, Allgäuer Alpen.

22 Bretterspitze, 2609 m

Alternative zur Urbeleskarspitze

Tagestour

Von den insgesamt 1400 Höhenmetern des Aufstiegs verlaufen etwa 800 Höhenmeter im Schatten. Überwiegend steiles, nur im Urbeleskar etwas flacheres Gelände.

Unschwierige, aber anstrengende Tour, da das Kaufbeurer Haus lediglich an Wochenenden geöffnet ist und deshalb nur bedingt als Stützpunkt in Frage kommt. Trittsicherheit notwendig.

Beste Jahreszeit: Ende Juni bis Ende September.

Die östliche Hornbachkette zwischen Kreuzkarspitze und Klimmspitze übertrifft den westlichen Teil an Großartigkeit und Wildheit. »Kühn ist der Südabfall der Kette, wo hoch über latschendurchsetzten Steilhängen die Öffnungen der Hochkare wie im Karwendel herunterblicken...«, malt Ernst Enzensperger die Szenerie über dem Tiroler Lechtal, versäumt es aber nicht, die aus dem Hornbachtal bis zu 1600 Meter aufragenden

Aussicht vom Kreuz auf der Bretterspitze zur Heiterwand und zum Muttekopf in den Lechtaler Alpen.

Nordabstürze ebenfalls zu loben sowie den »winzigen Ort« Hinterhornbach als »einen der schönstgelegenen in den Nördlichen Kalkalpen«. Enzensperger (1877–1975), gebürtiger Allgäuer, in München als Studienprofessor lebend und »Vater des alpinen Jugendwanderns«, schuf durch seine 1908 in der »Zeitschrift des Deutschen und Österreichischen Alpen-Vereins« veröffentlichte Monographie der östlichen Hornbachkette den Grundstock späterer Publikationen, wobei er sich auf die fundamentalen Erkenntnisse des Pioniers Hermann von Barth stützte.

So imposant die Kette beiderseits erscheint, abgesehen von der Klimmspitze (4 Stunden ab Elmen) und der Bretterspitze erweisen sich sämtliche Gipfel für den Wanderer als zu schwierig. »Allen gemeinsam ist

eine ungewöhnliche Brüchigkeit des Gesteins, die Erfahrung im Gehen und peinliche Vorsicht erfordert; merkwürdig ist vor allem die tiefgehende Zerklüftung ganzer Felskomplexe, die manchen Gipfeln den Charakter förmlicher Ruinen verleiht. Schneidige Grate, die sonst im Hauptdolomit des Allgäus so selten sind, gestatten genußvolle, luftige Klettereien«, fährt Enzensperger in seiner aufschlußreichen Schilderung fort.

Gäste des *Kaufbeurer Hauses* wird natürlich der wuchtige Aufbau der *Urbeleskarspitze* reizen, zweithöchster Gipfel der Hornbachkette. Die schräg hochziehende Rampe ist auszumachen. Dort verläuft der untere Teil des Normalanstiegs, den der Alpenvereinsführer mit dem Schwierigkeitsgrad II bewertet. Diese Einstufung bezieht sich stellen-

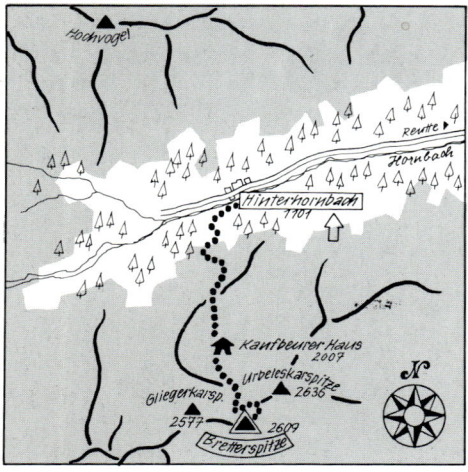

Das Kaufbeurer Haus mit dem dominierenden Hochvogel und seinen Südostabstürzen.

weise auf die rotmarkierte Route am brüchigen Gipfelstock auf Bändern und Felsstufen. Sobald dort mehrere Leute aktiv sind, ist Steinschlag keine Ausnahme.

Angesichts dessen stellt die benachbarte *Bretterspitze* eine vernunftgemäße Alternative dar. Wenn sie auch nicht mit der kühnen Schroffheit der Urbeleskarspitze reizen kann, darf sie trotzdem zu den markanten Erscheinungen der östlichen Hornbachkette gerechnet werden. Bereits von Hinterhornbach ist der Gipfel mit dem Kreuz durch die weite Öffnung des Urbeleskares zu erkennen, und auf der Terrasse des »Adler« sieht man auch schon das Kaufbeurer Haus am rechten Rand des Karausschnittes. Am wuchtigsten zeigt sich der Berg vom Vorgipfel (2551 m) der Gliegerkarspitze in der Umrahmung des Urbeleskares. Dieser Punkt kann zwar unschwierig vom Kaufbeurer Haus erreicht werden, in ¼ Stunde aus der Gliegerscharte (2486 m), jedoch ist der einstige Alpenvereinsweg in die Scharte aufgelassen und in seinem Verlauf kaum noch nachvollziehbar.

Belassen wir es bei der Bretterspitze! Sie werden nicht enttäuscht sein. Die Aussicht unterscheidet sich im wesentlichen nicht von der Urbeleskarspitze. Außerdem ist die Gehzeit hin und zurück um fast 1½ Stunden kürzer, was bei einer Tagestour ab Hinterhornbach letztlich Gewicht annimmt.

Obwohl es von Hinterhornbach über das Kaufbeurer Haus wie aus dem Lechtal von *Häselgehr* jeweils runde 4½ Stunden zum Gipfel sind, muß dem Aufstieg über das Kaufbeurer Haus der Vorrang eingeräumt werden. Die Lechtal-Route ist nämlich schon frühmorgens der Sonne ausgesetzt, und die »Schlüsselstelle« des Steiges, das *Griesschartl*, keineswegs harmlos. Auf der folgenden Traverse durch die Bretterspitze-Ostflan-

ke kann sich der Altschnee auf der schmalen Spur als hinderlich erweisen.

Aus dem Hornbachtal

Auf der gegenüberliegenden Straßenseite des *Berggasthofes Adler*, neben einer Holzhütte, geht es hinunter zu einem Fahrweg, der sich rechts zur Brücke über den Hornbach senkt. Am anderen Ufer ansteigen in den Urbeleskarwald. Der rotmarkierte Hüttenpfad kreuzt einen Holzabfuhrweg und zieht sich als sogenannter »Hennensteig« windungsreich empor in 1¼ Stunden zu einer kleinen Hirtenhütte. Der Hochvogel tritt zunehmend mächtiger ins Blickfeld. Die Zickzackspur

Normalweg vom Kaufbeurer Haus auf die Bretterspitze. Für Interessenten ist auch der Normalweg auf die Urbeleskarspitze eingezeichnet.

führt nahezu in Fallinie in weiteren 1¼ Stunden hinauf zum *Karköpfle* (1820 m). Vor uns tut sich der großartige Felszirkus des nach Norden hin geöffneten Urbeleskares auf, wohin die Farbzeichen leiten. Zu Füßen der Unteren Schießmauer über welliges Gelände, den Schießmauerbach überschreiten und nochmals in Kehren 10 Minuten zum *Kaufbeurer Haus*. Von der Hütte südwärts über den grasigen Kesselboden auf der orographisch linken Seite des Urbeleskares mit gut erkennbarem Weg, der sich ½ Stunde später rechts in das Hochkar unter den Nordabstürzen der Bretterspitze wendet, wo bis in den Sommer hinein alter Firn lagert. Knapp 1 Stunde nach der Hütte biegen die Pfadspuren links ab, hin zu einer Art Rampe. Sie führt hinauf zum schuttübersäten, westlich sich neigenden Nordostrücken des Berges. Schräg über den Rücken beziehungsweise schwach linkshaltend zur südöstlichen Begrenzung. Das Schrofengelände ist durch kleine Felsstufen gegliedert, an denen manchmal die Hände zu Hilfe genommen werden müssen. Am felsigen Gipfelgrat weichen wir links in das Geröll der Südseite aus. Der Grat wird von einer Einsattelung unterbrochen, von der man den Plattenkegel des höchsten Punktes erreicht.

Touristische Angaben

Talort: Hinterhornbach (1101 m), reizendes Bergdorf im Hornbachtal, 11 Kilometer von Stanzach, 33 Kilometer von Reutte. Ausgangspunkt ist der Gasthof Adler, Parkplätze.
Hütte: Kaufbeurer Haus (2007 m), DAV, einfach bewirtschaftet an Wochenenden und über Feiertage vom 20. Juli bis 15. September, sonst nur mit AV-Schlüssel zugänglich, 45 Lager. Auskünfte DAV-Sektion Kaufbeuren, Telefon 0 83 21/27 76, oder bei Benedikt Meister, Hinterhornbach, Telefon 0 56 32/ 3 98.
Höhendifferenz: insgesamt 1525 Meter. Hinterhornbach – Kaufbeurer Haus 925 Meter.
Gehzeiten: insgesamt 4½ bis 4¾ Stunden. Hinterhornbach – Kaufbeurer Haus 2¾ bis 3 Stunden.
Karte: Bayerisches Landesvermessungsamt 1:50000, Allgäuer Alpen.

23 Rauheck, 2384 m

Der weltvergessene Kamm

Zweitagetour

Weitestgehend ohne Schatten. Über lange Strecken Tälerwanderungen. Wesentliche Steigung ab dem hinteren Oytal. Hochalpine Regionen um das Rauheck. Rundtour.

Für ausdauernde Geher. Trittsicherheit notwendig, vor allem am Älpelerücken beim Abstieg vom Älpelesattel. Vorsicht bei Nässe im Grasgelände. Orientierungsschwierigkeiten bei schlechter Witterung.

Beste Jahreszeit: Ende Juni bis Ende September.

Der Name bringt eigentlich schon alles zum Ausdruck, was es über diesen Berg zu sagen gibt: eine rauhe Ecke, am 24 Kilometer langen Allgäuer Hauptkamm zwischen Mädelejoch und Hornbachjoch. Das ist der einsamste, durch Wege erschlossene Abschnitt des Grenzgrates. Hier haben Fleckenmergel, ein Sedimentgestein, plastische Formenbildungen verhindert. Grashänge, von erdigen Erosionsfurchen unterbrochen, reichen bis zum Gipfel, der sich in stumpfer Form zu ducken scheint vor den Stürmen, die zuweilen über die Höhen rasen.

Der vom Rauheck südwestwärts zum Kreuzeck (2375 m) weiterziehende, durch einen 130 Meter tiefen Sattel unterbrochene Kamm gilt bei Botanikern als ein Flora-Dorado ohnegleichen in den gesamten Ostalpen. Nördlich des Gipfels verliert sich in einer Hochmulde der kleine *Eissee*. Die gefrorene Decke, die ihn noch lange nach dem Winter überzieht, hat dem Seelein seinen Namen gegeben. Früher, so wissen es alte Hirten, hieß der entzückende Platz »Beim See«. Die Südseite des Rauhecks über dem hintersten Hornbachtal, wo die Welt mit Brettern vernagelt zu sein scheint, gehört zu den unwirtlichsten Revieren am Allgäuer Hauptkamm.

Auf der Nordseite trifft man spärliche Steige an. Einer kommt vom *Älpelesattel* an der Höfats über den runden Grasrücken des Sei-

Ein ungewohntes Bild vermittelt der Rauhecksattel von der Höfats. Links unten der Älpelesattel, rechts der Höfats die Daumengruppe.

checkerecks hoch. Er vereint sich halbwegs, in der Einsattelung am *Seichereck*, mit dem Steig vom Wildenfeldhüttchen über den Eissee. Der zweite Zugang geht von der Kemptner Hütte über den Fürschießersattel und folgt dem Grenzkamm bis zum Rauheck.

Diese Wege flechten den Gipfel ein in das Oberallgäuer Höhenwegenetz, konkret in den siebenstündigen Höhenweg Prinz-Luitpold-Haus – Himmeleck – Kemptner Hütte (siehe Adolf Lindorfer, Die schönsten Höhenwege der Allgäuer Alpen). Bei dieser Gelegenheit erfolgen die meisten Besteigungen des Berges. Er kann aber ohne weiteres als selbständiges Ziel angegangen werden. Zum Beispiel aus dem *Oytal* oder über *Gerstruben*, vielleicht im Rahmen einer *Höfats-Umrundung*. Diese überaus beliebte Tour nimmt im allgemeinen den *Älpelesattel* als Übergang und dauert von und bis Oberstdorf 6½ bis 7 Stunden. Wird das Rauheck miteinbezogen, sind es 3 Stunden mehr, also ein zweitägiges Unternehmen, was an sich keine Umstände bereitet. Im *Oytalhaus* kann man in kuscheligen Betten, in der *Käseralp* auf

hartem Lager übernachten. Am nächsten Tag wird dann die Tour vollendet.

Will man die Höfats in ihrer ganzen Frachtenfaltung bewundern, ist der Älpelesattel nicht gerade der ideale Platz. Das wissen offenbar nur wenige. Reicher an Eindrücken ist der Steig vom Wildenfeldhüttchen über den Eissee. Ich werde jenen Herbstmorgen nie in meinem Leben vergessen, als wir in Richtung Hornbachjoch aufstiegen, in einer grauen Nebelschicht. Plötzlich der frühdunkle Himmel über uns, verlöschender Glanz der Sterne und – die Höfats, auftauchend wie eine Fata Morgana über dem wogenden Nebelmeer, scheinbar aus einer anderen Welt.

Auf der hier kurz geschilderten, nachstehend beschriebenen Höfats-Umrundung über das Rauheck genießt man diesen einzigartigen Berg von allen Seiten, bleibt vorerst noch auf Distanz, wodurch sich der Blickkreis erweitert. Erst beim Abstieg vom Rauheck in den Älpelesattel am Auslauf des Höfats-Nordostgrates rücken wir der Edelweißschönheit nahe auf den Leib, ohne sie jedoch anzutasten. Die verführerischen Steigspuren aus dem Älpelesattel verlieren sich schon nach ½ Stunde im steilschrofigen und -grasigen Gipfelbereich. *Lebensgefahr für Wanderer!* Harmlos gestaltet sich dagegen der Abstieg ins Dietersbachtal, obwohl die Grashänge auch dorthin steil, aber durch eine Wegspur erschlossen sind. Vorbei an der Dietersbachalp und an der Gerstrubner Alp streben wir dem Alpdörfchen *Gerstruben* zu. Diese heimelige Idylle (siehe Tour 24) setzt dem Ganzen zusätzlich eine Krone auf und ist reicher Lohn für alle zurückliegende Mühen.

Rund um die Höfats

Der Weg vom *Oytalhaus* in den Talhintergrund zur *Unteren Gutenalp* (1048 m) und zum Prinzenkreuz darf als Spaziergang gesehen werden. Danach nimmt die Steigung spürbar zu. Durch ein lichtes Waldstück kommen wir zur Kanzel (etwas rechts des Weges), die einen Blick auf den gischtenden, tosenden Wasserberg des Stuibenfalles erlaubt.

Noch etliche Serpentinen, und wir sind auf einem herrlichen Alpboden. Schaustück des Kessels: die abschreckenden Höfatswände

über dem Roten Loch. So gemütlich es auf den Bänken vor der *Käseralp* (1400 m) auch sein mag, wir dürfen den Weiterweg nicht vergessen. Er ist gleichbedeutend mit dem ¾stündigen Aufstieg zum *Wildenfeldhüttchen* (1692 m), bei dem sich die Pfade teilen. Links geht es über das Himmeleck zum Laufbacher Eck und zum Nebelhorn; eine Standardwanderung in den Oberstdorfer Bergen. Unser Weg (Nr. 431) hält sich jedoch rechts in Südrichtung. Droben, am Hauptkamm, reihen sich Großer Wilder, Kleiner Wilder und Südliches Höllhorn – Klettergipfel von gutem Ruf.

Wegnummer 431 führt zum Hornbachjoch, einem Übergang ins Lechtal. Wir müssen aber nicht bis zum Joch. Vor einem Feld stattlicher Felsblöcke biegt unsere Route rechts ab (Tafel), jetzt als Weg Nr. 433. Der im Sommer meist trockene Schartenbach wird überschritten. Im Südwesten spitzt das Horn der Trettach hervor. Unterbrochen von kurzen Gegenanstiegen durchmißt das Weglein mäßig bergauf die Nordwestflanke der Jochspitze. Königlich die permanente Aussicht zur Höfats. Wer ist hier nicht gefangen von ihrer Schönheit? Zwischendurch ist eine Trasse in die tiefen Runsen abgerutscht. Zu-

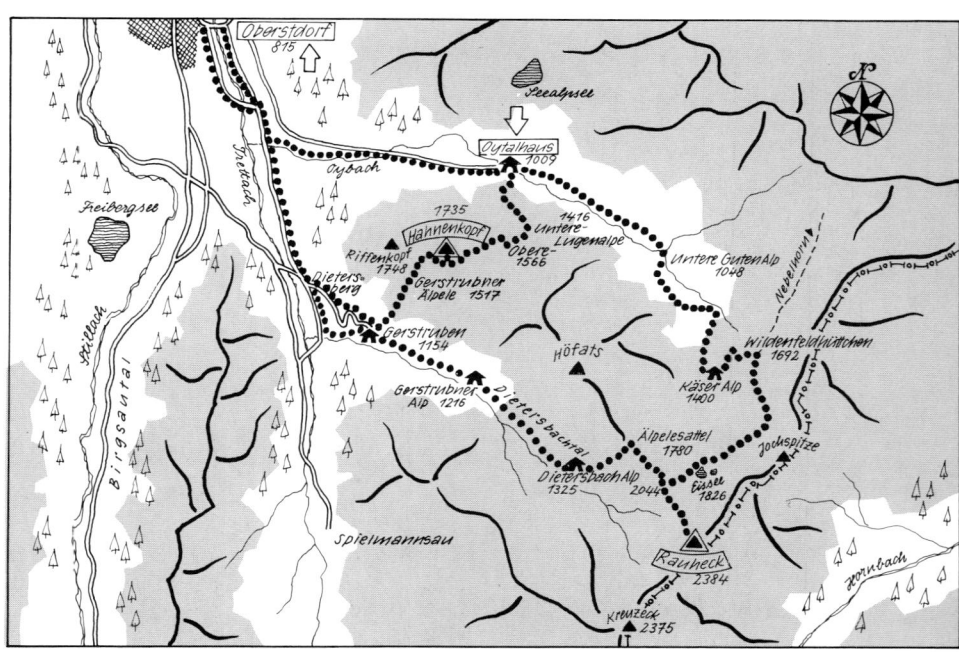

Auf dem Rauheck. Im Süden und Südosten erstreckt sich die Hornbachkette vom Großen Krottenkopf (rechts) über die Marchspitze zur Urbeleskarspitze.

nehmend flacher erreichen wir das nördliche Ufer des *Eissees* (1826 m). Himmlische Ruhe!

Ein schmaler Steig leitet uns über die Hänge des sogenannten »Seicher« in 35 Minuten hinauf zur Einsattelung (2044 m) am *Seichereck*. Noch fast 1 Stunde trennt uns vom Rauheck. Die Pfadspuren ziehen sich links (südwärts) über den leicht geschwungenen Älpelerücken, der nach oben hin steiler wird und felsbesetzt ist. Schritt für Schritt geht es die letzten Meter zum *Rauheck*.

Auch beim Abstieg sind wir auf den Älpelerücken angewiesen, bis hinunter zu seinem Auslauf im *Älpelesattel* (1780 m). Von hier könnte man zwar wieder zur Käseralp und ins Oytal zurückkehren, lohnender ist aber in jedem Fall der Ausklang im *Dietersbachtal* über *Gerstruben* (1154 m) zum Trettachtalweg (Nr. 10) und auf ihm zur Mühlenbrücke in Oberstdorf.

Touristische Angaben

Talort: Oberstdorf (815 m), siehe Tour 12.
Ausgangspunkt: Oytalhaus (1009 m), privater Berggasthof im Oytal südöstlich von Oberstdorf; zu Fuß 1 1/4 Stunden, Stellwagen-Verbindung. Ganzjährig bewirtschaftet. Betten und Matratzenlager. Telefon 0 83 22/ 47 97. Montag Ruhetag.
Höhendifferenz: 1400 Meter.
Gehzeiten: Rauheck 4 1/2 bis 5 Stunden. Abstieg nach Oberstdorf 3 bis 4 Stunden. Insgesamt 7 1/2 bis 9 Stunden.
Zwischenstationen: Käseralp, Dietersbachalp, Gerstruber Alp (alle einfach bewirtschaftet), Gerstruben, Gruben (Mittwoch geschlossen), Café Jägerstand (Dienstag geschlossen).
Karten: Bayerisches Landesvermessungsamt 1:50 000, Allgäuer Alpen; Zumstein-Wanderkarte 1:30 000, Blatt 4 Oberstdorf.

24 Hahnenkopf, 1735 m

Oder Höfats?

Tagestour

Rundwanderung in Verbindung zweier Täler in bewachsenem Gelände. Etwa die Hälfte des Aufstieges im Schatten. Lange Tour, stellenweise steil und anstrengend.

Unschwierig. Im unteren Teil des Abstieges ist Trittsicherheit ratsam; Drahtseil.

Beste Jahreszeit: Anfang Juli bis Ende September.

Ich habe lange überlegt, bedacht und abgewogen: Darf man die *Höfats* in ein solches Buch aufnehmen? Nach diesbezüglichen Gesprächen mit Freunden bin ich davon abgekommen. Alpinisten mögen diesen Rückzieher verzeihen. Die Unabwägbarkeiten an der Höfats sprengen einfach das Leistungsvermögen der meisten Wanderer, auch solcher, die hin und wieder gerne Fels in den Händen fühlen. Es liegt nicht an den klettertechnischen Schwierigkeiten – I, manchmal II – der Westgipfel-Route, sondern an den strukturellen Gegebenheiten des »Edelweißberges«: extrem steile Grasflanken, schrofige Plattenzonen, schiefrige Rippen, Ausgesetztheit, altschneegefüllte Tobel. Schon eine geringe Wetterverschlechterung, die an einem Felsberg keine wesentlichen zusätzlichen Probleme auslöst, kann auf dem Grasmantel der Höfats schreckliche Folgen haben. Natürlich läßt sich das Gelände mit Steigeisen verhältnismäßig sicher bewältigen, wovon die grabenähnlichen Spuren in die »Wanne« zeugen, ein Quentchen an Risiko bleibt. Und das muß nicht unbedingt sein. Erfreuen wir uns deshalb anderweitig an den unvergleichlichen Formen des Wahrzeichens der Allgäuer Berge, an den gestaltungskräftigen Graten der vier Gipfel.

Wir gehen also einsichtsvoll etwas auf Distanz zur Höfats. Unser Besuch gilt dem sogenannten »Höfats-Vorgebirge«, einem vier Kilometer langen Kamm vom Höfats-Westgipfel in nordwestlicher Richtung zum Vorderen Riffenkopf. In diesem Kamm erhebt sich, wenn auch nicht überragend, unter anderen der durch markierte Steige von Gerstruben wie aus dem Oytal erschlossene *Hahnenkopf*, das »Hahnaköpfle« der Einheimischen. Einst balzte dort der Spielhahn, der Hahn des Birkhuhns, bis ihn schießwütige Jäger ausrotteten, um mit seinem ausgestopften Balg die gute Stube zu dekorieren. Gemsen tummeln sich noch im weiträumigen Kessel unter dem Hahnenkopf, treiben auf den vom Winter übriggebliebenen Firnfeldern ihr übermütiges Spiel. Mitunter gellt der Warnpfiff eines Murmeltieres durch die Stille. Schmetterlinge torkeln von Blüte zu Blüte.

Die Besteiger des Hahnenkopfes kommen hauptsächlich aus dem Oytal und kehren dorthin wieder zurück. Indes macht gerade eine Überschreitung des Berges im Ablauf Oberstdorf – Gerstruben seinen transparenten Reiz aus. Er liegt im überraschenden Wechsel der Landschaftsbilder. Das beginnt mit dem Fußweg entlang der Trettach, bis sich plötzlich das Tal öffnet und im Hintergrund die Trettach auftaucht. Die Effekte halten im *Hölltobel* an, den wir der asphaltierten Straße nach Gerstruben vorziehen. Am Tobelsteig erlauben geländergesicherte Kanzeln wirkungsvolle Einblicke in die tosende Klamm mit ihren Wasserfällen. Der geologisch Aufgeschlossene entdeckt Grauwackevorkommen, wie man sie in den Allgäuer Alpen nur am Wannenkopf über Gerstruben findet. Und wieder öffnet sich ein Tal, ein Hochtal, das Dietersbachtal, überragt vom Westgipfelzacken der Höfats. Wir sind im zauberhaften Bergdörflein *Gerstruben*, dessentwegen sich die Tour schon alleine lohnt.

Nirgendwo anders im deutschen Gebirgsraum sind in dieser Höhenlage noch Bauernhäuser des 17. und 18. Jahrhunderts schöner erhalten als hier. Es ist ein kleines Freilichtmuseum der Denkmalpflege. Gerstruben wird erstmals in einer Urkunde von 1361 erwähnt. Aus einem anderen Dokument des Jahres 1492 erfahren wir, daß es – wie auch Spielmannsau – vom Lechtal besiedelt wurde. Lange Zeit führte man ein von der Außenwelt unberührtes Leben. Auf Brautschau ging man ins Lechtal. Die landwirtschaftlichen Erträge reichten gerade zum Leben. Es galt, sich der Naturgewalten zu erwehren, aber

auch der Schweden, die jedoch auf die Alp-
siedlung verzichteten, nachdem ihnen sozusagen vor der Nase alle Brücken und Stege
abgerissen worden waren. Selbst die Pest,
1634 in Oberstdorf 800 Tote fordernd, drang
nicht in die Enklave hoch. Im ausklingenden
19. Jahrhundert verfügte die Siedlung über
ein Dutzend Gebäude einschließlich der
Stallungen. Die Bewohner waren jedoch
überaltert. Jugendliche lockte das Tal. Als
dann der Bau eines Elektrizitätswerkes schei-
terte, verließen die Gerstrubener ihre Heimat
und verkauften das rund 80 000 Morgen um-
fassende Land. Es kam 1896 an die Barone
von Heyl, die es als Jagdgebiet übernahmen.
Abriß, Lawinen und Feuer dezimierten die
Höfe. Erst 1953 erwarben Oberstdorfer

»Rechtler« die Idylle und retteten sie vor dem
völliger Untergang.

Beim weiteren Aufstieg kann aus dem Sattel vor dem Hahnenkopf der Hintere *Riffenkopf* »mitgenommen« werden, dessen Dolo-
mitkalk-Flora Botaniker schätzen. Obwohl eine Pfadspur vorhanden ist, begegnet man am
Kreuz nur selten Gleichgesinnten.

Den Knalleffekt der Tour bietet der *Übergang ins Oytal*. Wie mit einem Schlag ein anderes Bild: die riesigen Seewände, in denen
sich die Spur des Gleitweges abzeichnet. Das
Horn des Hochvogels zeigt sich, die schlan-
ke Säule des Schneck, der kühne »Rädler-
grat« zum Himmelhorn, die Wildengipfel nebeneinander. Im Nordwesten sehen wir den
Kamm des Hindelanger Klettersteiges zwi-

*Im malerischen Bergweiler Gerstruben beginnt der eigentliche Aufstieg zum Hahnenkopf
beziehungsweise die Überschreitung ins Oytal.*

Hahnenkopf

Obere Strecke des Weges Oytal – Hahnenkopf beziehungsweise Abstieg vom Hahnenkopf in Richtung Oytal.

schen Nebelhorn und Daumen, den gegen Nachmittag oftmals Wolken verschlucken.

Das Oytal selbst ist hoffnungslos überlaufen. Zwar läßt sich die Asphaltstraße nach Oberstdorf zum Teil auf dem Dr.-Hohenadl-Weg im hübschen Tälchen des Oybaches umgehen, aber auch dort ist es nicht viel besser als auf einer städtischen Promenade.

Zwischen Dietersbach- und Oytal

Unweit der Nebelhornbahn, ab der *Mühlenbrücke* über die Trettach, nehmen wir den schattigen Fußweg am orographische linken Ufer. Etwa 20 Minuten später, unterhalb des Café Jägerstand, links über die Trettach und in 10 Minuten zum *Café Gruben*. Taleinwärts

in 20 Minuten zur Abzweigung des asphaltierten Sträßchens nach Gerstruben. Wir laufen noch 10 Minuten taleinwärts, vorbei an Häusern von *Dietersberg*, zur Linksabzweigung des Weges (Nr. 16) in den *Hölltobel*. Knapp 1/4 Stunde später bietet sich der erste Blick in die schaurig-schöne Klammtiefe. Mittels zahlreicher Kehren gewinnen wir an Höhe. Die Wasserfallkanzel bleibt zurück. Der Aufstieg im Hölltobel dauert etwas mehr als 1/2 Stunde. Dann betreten wir das erwähnte Asphaltsträßchen und folgen ihm nach *Gerstruben* (1146 m). Von Oberstdorf 1 3/4 Stunden.

Hinter der Gaststätte hinauf zu einem Stadel, bei dem uns ein steiler Wiesenpfad übernimmt, empor zum Wald. Serpentinen erlauben ein angenehmeres Steigen. Bald wird in der Tiefe der blaue Christlessee sichtbar. Vom oberen Rand des Hangwaldes über eine Wiese zu den Hüttenresten des verfallenen *Gerstrubner Älpele* (1517 m).

Links davon suchen wir den Pfad durch Gestrüpp und Buschwerk. Nach 20 Minuten mündet das Weglein in einen felsbesetzten Wiesensattel, aus dem sich erstmals ein Blick ins »Jenseits« ergibt. Hier zweigt links die deutliche Steigspur ab zum Hinteren Riffenkopf, dessen Gipfelaufbau sich westlich der vorgeschobenen Erhebung verbirgt. Rechts (östlich) des Sattels teilt sich der Hahnenkopf auf.

Einige Schritte vor dem Sattel rechts auf der Südseite des Kammes in den Hintergrund einer Mulde. Aus ihr rechts heraus, hernach oberhalb einer geröllgefüllten Mulde in die Einsattelung des Überganges ins Oytal. Ein, zwei Schritte absteigen zum Steig, der links in wenigen Minuten zum *Hahnenkopf* führt, aus dessen felsigem Gipfelpunkt der Balkenrest des einstigen Kreuzes ragt. Von Gerstruben 1½ Stunden.

Aus der erwähnten Einsattelung abwärts in eine Mulde. Das Bächlein überschreiten und auf genußvoller Trasse hinaus zu einem Rükken, an dem der Weg rechts in den Kessel der offenbar aufgelassenen *Oberen Lugenalpe* (1566 m) einschwenkt. Vor dem Alpgebäude links – rechts oben dräut die düstere Cieselerwand – und in ¼ Stunde über eine Hangstufe zur *Unteren Lugenalpe* (1416 m). Schon von weitem hören wir das Kuhglockengeläut, das uns nun eine Zeitlang begleitet. Rote Markierungsfarben kennzeichnen die Route. Ungefähr 1 Stunde nach dem Gipfel hält man sich an der Wegegabel links. Ein 20 Meter langes Drahtseil hilft über einen felsigen Abschnitt hinweg. Zwischen den Bäumen hindurch ist das Dach des *Oytalhauses* (1009 m) zu sehen, bei dem der 1¼stündige Abstieg ausläuft.

Alles weitere bis nach Oberstdorf (1 Stunde) ergibt sich so gut wie von selbst. Pferdebespannte Stellwagen bieten ihre Dienste an. Manch einer genießt den Ausklang des Tages auf der Terrasse des Alpengasthofes bei einer kühlen »Halbe«, ehe er auf dem Asphalt dahintrottet oder nach 20 Minuten halblinks in

den Dr.-Hohenadl-Weg einschwenkt und gemütlich nach *Oberstdorf* spaziert.

Touristische Angaben

Talort: Oberstdorf (815 m), siehe Tour 12.
Ausgangspunkt: Mühlenbrücke über die Trettach unweit der Nebelhornbahn; Parkplätze.
Höhendifferenz: 950 Meter.
Gehzeiten: Oberstdorf – Hahnenkopf 3¼ Stunden, Hahnenkopf – Oberstdorf 2¼ Stunden. Insgesamt 5½ bis 6 Stunden.
Zwischenstationen: Café Gruben (Mittwoch Ruhetag); Gerstruben, ganzjährig geöffnet (Lager): Oytalhaus, Lager und Betten, Montag geschlossen.
Karten: Bayerisches Landesvermessungsamt 1:50000, Allgäuer Alpen; Zumstein-Wanderkarte 1:30000, Blatt 4 Oberstdorf.

25 Hochvogel, 2593 m

Der Gigant

Tages- bis Zweitagetour

Vom Prinz-Luitpold-Haus Normalweg in hochalpinem Gelände. Beim Bäumenheimer Weg handelt es sich über 600 Höhenmeter um einen Klettersteig für Geübte und Konditionsstarke. Schatten nur im unteren Teil des Aufstieges bis zur Schwabeckhütte (1697 m).

Trittsicherheit erfordern beide Routen. Der Bäumenheimer Weg (stellenweise Steinschlaggefahr) überdies absolute Schwindelfreiheit.

Beste Jahreszeit: Juli bis September.

Ungezählt sind die Plätzchen in den Allgäuer Alpen, von denen der Hochvogel zu bestaunen ist. Augenfälliger ragt kein anderer Berg aus dem nordöstlichen Hauptkamm. Er stellt die markanteste Gestalt dar, wenn auch bei weitem nicht die höchste. Prachtstück ist das gewaltige Dreieck der 500 Meter hohen Nordostwand. Ihre Erschließung ist verbun-

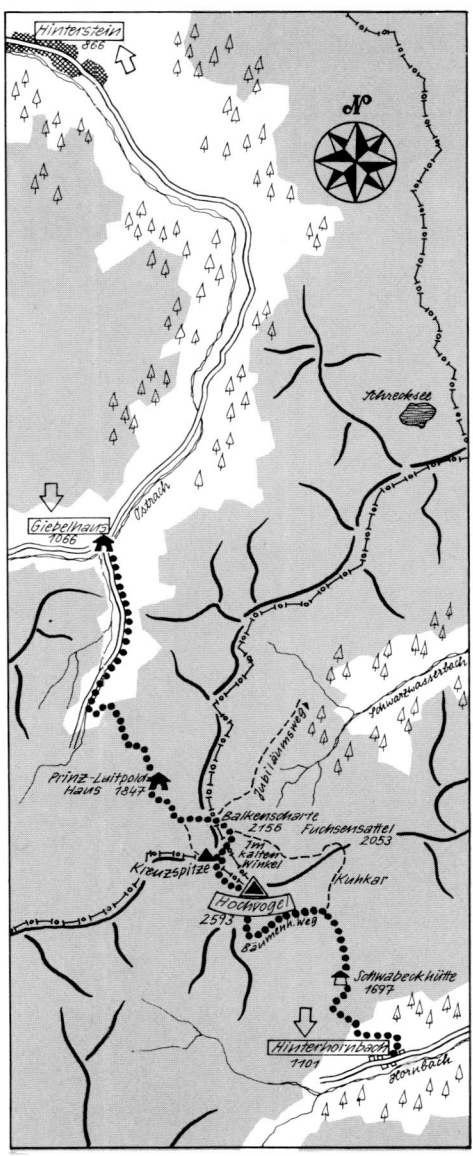

erstieg und auf der Spitze biwakierte, war der Berg als »Hochfogl« und »Hoher Vogel« schon 300 Jahre bekannt. Der Name erwuchs aus dem Tal, von dem auf der Südseite gelegenen Gems- und Steinwildrevier »Untervogl«, wie es im Jagdbuch Kaiser Maximilians I. schriftlich bekundet ist.

So auffallend sich der Hochvogel von der Ferne gibt, um so zurückhaltender verhält er sich, je näher man an ihn herankommt. Vom Prinz-Luitpold-Haus ist nur mehr das Gipfelkreuz zu erkennen – direkt hinter der Kreuzspitze. Und von Hinterhornbach, das von der Spitze um 1500 Meter überragt wird, ist der Berg überhaupt nicht zu sehen.

Im Oberallgäu, aus dem Hintersteiner Tal, gibt es keine Alternative zum Weg über das *Prinz-Luitpold-Haus* – es feierte 1981 hundertjähriges Bestehen – und zum Steig über die Balkenscharte (oder über die gesicherte Kreuzspitze). Des gemächlicheren Ablaufes wegen empfiehlt sich eine Übernachtung, denn aus dem Tal (Giebelhaus) sind es immerhin zum Gipfel 6 Stunden. Diese Tour als »leicht« zu bewerten, finde ich unangemessen. Das Firnfeld im »Kalten Winkel« beispielsweise, knapp 30 Grad steil, kann bei Vereisung oder am frühen Morgen Kopfzerbrechen bereiten (beim Abstieg nicht »abfahren«!), das gilt vor allem für Touristen in Halbschuhen oder Turnschuhen... (die hier ohnehin fehl am Platze sind!).

Auf Tiroler Seite besteht keine Übernachtungsmöglichkeit zwischen *Hinterhornbach* und der Spitze, außer im Freien. Fühlt man sich dem an heißen Tagen qualvollen *Bäumenheimer Weg* – 4½ Stunden – nicht gewachsen und entscheidet sich für ein Ausweichen durch das Kuhkar in den *Fuchsensattel* zum Normalweg, wird es zeitlich eng.

Die *Gesamtüberschreitung* des Hochvogels kann an Großartigkeit und in den ständig wechselnden Landschaftsbildern kaum noch überboten werden in den Allgäuer Alpen. Dabei bedient man sich naturgemäß des Aufstieges über den Bäumenheimer Weg; Rückkehr über den Fuchsensattel. Einschließlich

den mit dem unvergeßlichen Bergführer Willi Wechs, der die als überaus brüchig verrufene Wand im Kriegsjahr 1940 erstürmte. Der Badener Martl Schließler bezwang mit dem Füssener Zahnarzt Dr. Karl (»Karre«) Sohler das eisige Schattenreich im Winter.

Nicht weniger eindrucksvoll zeigt sich der Hochvogel über dem Hornbachtal mit 350 Meter hohen Südostabstürzen. Als Hermann von Barth 1869 das Hauptdolomit-Monstrum

Der Hochvogel von Süden mit dem Verlauf des Bäumenheimer Weges.

Rasten sind mindestens 9 Stunden anzuberaumen.

Um den Hochvogel von allen Seiten kennen- und liebenzulernen, sollte man ihn einmal von Deutschland angehen, ein andermal von Tirol oder umgekehrt. Viel Glück dabei!

Vom Prinz-Luitpold-Haus

Unser erstes Ziel, die eine Stunde entfernte Balkenscharte, ist von der Hütte nicht sichtbar. Zunächst gilt Südrichtung: Weg 421. Ein kleiner Hochsee und die »Kalte Quelle« bleiben links liegen. Etliche Bachläufe werden überschritten. Die Spur schwenkt links ins Steinkar ein und nähert sich dem Felsleib der Fuchskarspitze. Etwa 20 Minuten unterhalb der *Balkenscharte* zweigt rechts die Route über die *Kreuzspitze* ab. Sie ist zwar auch markiert, umgeht das Firnfeld im Kalten Winkel, bietet landschaftlich schönere Eindrükke, ist aber als Klettersteig anzusehen und mündet in der Kaltwinkelscharte in den beschriebenen Aufstieg.

Wir gehen an der Gabelung geradeaus auf kehrenreicher Spur hinauf zur *Balkenscharte* (2156 m). Sie trägt ihren Namen nach dem über der Scharte dem Kreuzspitze-Nordgrat entragenden Felszacken (»Balken«).

Auf der anderen Seite der Scharte geht links ein Verbindungssteig zum Jubiläumsweg ab. Der Hochvogelweg hält sich scharf rechts (südöstlich) und durchmißt den Geröllhang nahezu eben, überschreitet einen Nordgratausläufer der Kreuzspitze und führt zum überraschenden Hochvogelblick beim »*Sättele*« (2136 m), einer weiteren Gratrippe der Kreuzspitze. Zur Linken fällt das Gelände ins hinterste Schwarzwassertal ab. In dieser Richtung entdecken wir die Lachenspitze und die Leilachspitze. Das Hauptaugenmerk gilt dem Hochvogel beziehungsweise zunächst seinem Firnfeld im »Kalten Winkel«, dem wir durch Geröll zustreben (der hinter dem »Sättele« links abzweigende Pfad führt zum Fuchsensattel und über ihn nach Hinterhornbach).

Meist sind auf dem Firnhang Stufen vorgetreten. In ¼ Stunde erreichen wir die *Kaltwinkelscharte* (2283 m). Jenseits neigen sich Steilhänge ins Jochbachtal.

Zusammen mit der Route über die Kreuzspitze südostwärts. Dabei umläuft man den

Aufschwung der Hochvogel-Westschulter auf der Südwestseite, was zunächst die Überwindung einer kurzen Felsstufe erfordert. Danach der sogenannten »Schnur« folgen, einem felsüberdachten waagrechten Band, in eine steile Runse, über der sich die Westabdachung des Gipfels aufschwingt. Rote Farbzeichen leiten durch Geröll und über gestufte, plattige Felsbänder zum Blockwerk des obersten Nordwestgrates und zum nahen trigometrischen Punkt beim Kreuz auf dem *Hochvogel*.

Bäumenheimer Weg

In *Hinterhornbach*, an der Westseite des Gasthofes Adler nehmen wir Weg Nummer 421. Linkshaltend über eine Wiese hinauf zum Wald, in dem überraschenderweise eine ausgesetzte Passage wartet. Nach dem Wald über Wiesen zu einem alten Haus und zu einem breiten Fahrweg. Auf ihm links, nach 50 Metern rechts (Wegweiser). In der Folge werden noch einmal Fahrwege gekreuzt beziehungsweise auf dem obersten Fahrweg nach links gegangen, einige Minuten, dann rechts wieder in den Wald und zur *Schwabeckhütte* (1697 m). Vom »Adler« 80 Minuten.

Oberhalb der Hütte setzt sich das Weglein durch Latschengassen fort, in einer ¾ Stunde zur Basis des Südostrückens des Hochvogel-Ostgrates. Hier (1977 m) teilen sich die Wege: Nummer 421 führt als Wanderpfad über den Fuchsensattel ins Fuchskar auf der Nordseite des Hochvogels, der Bäumerheimer Weg wendet sich links (westlich) ins Roßkar und traversiert es in etwas mehr als 2000 Meter Höhe unter der Hochvogel-Südostwand hinüber zum Südgrat des Berges. Über den felsigen Rücken etwa 1 Stunde auf Steigspuren bergan. Vor den Steilaufschwüngen rechts in eine von der Ostschulter herabziehende, meist schneegefüllte Geröllschlucht (Steinschlaggefahr). In ihr kurz aufwärts, wonach sie rechts verlassen wird, deutlich angezeigt von roten Farbklecksen. Nun über die rechten Begrenzungsrippen der Schlucht zu einem Zweiggrat. Rechtshaltend leiten die Markierungen zur nächsten Rippe. Auf ihr gelangen wir in gestuftem Fels (Drahtseile), teilweise durch Rinnen und über Bänder zum Gipfelstock. Dort links in eine geröllhaltige

Auf dem Bäumenheimer Weg zum Hochvogel. Im Hintergrund ein Teil der Hornbachkette.

Einbuchtung, aus der das Drahtseil direkt zum Gipfelkreuz zeigt.

Touristische Angaben

Talort: Hinterstein (866 m) im gleichnamigen Tal südöstlich von Hindelang; Busverbindungen. Hotels, Gasthöfe, Pensionen. – *Sehenswert:* Im Hinterdorf die malerische Antoniuskapelle aus dem 16. Jahrhundert, gekrönt von einem verschindelten Dachreiter. Hochbarocker, marmorierter Altar mit der in Gold gefaßten Figur des hl. Antonius von Padua.

Hinterhornbach (1101 m), versteckt gelegenes Bergdörflein im Hornbachtal, 11 Kilometer von Stanzach, 33 Kilometer von Reutte. Ausgangspunkt ist der Gasthof Adler, Parkplätze.

Ausgangspunkt (deutsche Seite): Giebelhaus (1066 m), Berggasthof im Hintersteiner Tal; keine Übernachtung. Busverbindungen mit Hinterstein. Abfahrt 300 Meter südöstlich der Gaststätte Grüner Hut im Hinderdorf: 7.05, 8.30, 10.00 Uhr; letzter Bus ab Giebelhaus um 18.00 Uhr.

Hütte: Prinz-Luitpold-Haus (1847 m), DAV, bewirtschaftet von Anfang Juni bis Anfang Oktober, 300 Schlafplätze. Vom Giebelhaus etwa 3 Stunden.

Höhendifferenzen: Prinz-Luitpold-Haus – Hochvogel 750 Meter. Hinterhornbach – Hochvogel 1500 Meter.

Gehzeiten: Prinz-Luitpold-Haus – Hochvogel 2½ Stunden. Hinterhornbach – Bäumenheimer Weg 4½ Stunden.

Karten: Bayerisches Landesvermessungsamt 1:50000, Allgäuer Alpen.

26 Lachenspitze, 2130 m

Felskoloß und Traumseen

Tagestour

Anstrengender, teilweise steiler Aufstieg zur Landsberger Hütte. Die oberste felsige Geländestufe ist durch Eisenketten gesichert. Kaum Schatten.

Üblicher Gipfelweg unschwierig, Trittsicherheit ratsam. Bei Nässe rutschig.

Die Route von Norden beziehungsweise Nordosten erfordert absolut Trittsicherheit und Schwindelfreiheit. Einzelne Kletterstellen (I+), etwas brüchig. Bei Nässe gefährlich.

Beste Jahreszeit: Ende Juni bis Ende September.

Die *Landsberger Hütte* steht im Schatten des Hauptdolomitfelsklotzes der Lachenspitze. Sie spiegelt sich im flaschengrünen Wasser des Oberen Traualpsees, der »Lache«, wie die Einheimischen sagen. Daher rührt der Name des Berges. Das Seenüberbleibsel der Eiszeit ist eingebettet in einen majestätischen Hochgebirgskessel. Der Abfluß ergießt sich als Wasserfall am Weg zur Hütte.

Die *Lachenspitze* verkörpert nach der Leilachspitze den mächtigsten Berg in der Vilsalpseegruppe. Sein Glanzstück sind die rund 300 Meter hohen Nordwestabstürze, die grimmigste Seite des dunkelgrauen Felskolosses. Ansonsten gibt sich die Lachenspitze wesentlich fügsamer. Sobald man auf dem Normalweg das *Steinkarjoch* überschritten und die anschließende Querung vollbracht hat, erkennt man den Berg nicht wieder; gesichtslos sieht er aus, bar jeglicher anziehenden Form. Enttäuschung klingt an, wenn man

Aufnahmestandpunkt: Nördlich der »Lache«, an der die Landsberger Hütte liegt. Links die Lachenspitze, im Hintergrund der Hochvogel.

Lachenspitze mit der etwas schwierigeren Führe ab Landsberger Hütte, vorbei an der »Lache«. Am rechten Bildrand Zugang von der Landsberger Hütte in die Steinkarscharte (einfachster Weg).

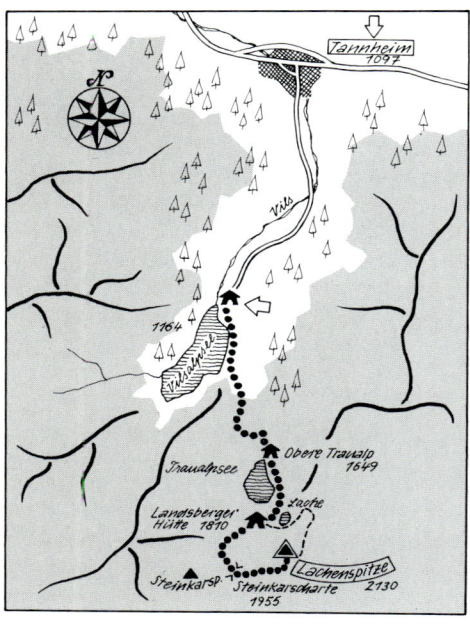

sich an den Blick von der Landsberger Hütte erinnert. Aber das ist halt nun einmal so, an den meisten Bergen auf der am wenigsten schwierigen Route.

Wer damit nicht zufrieden ist, geht die Lachenspitze von Norden an, aus dem *Lachenjoch*. Diese Tour verläuft über dem abgeschiedenen obersten Birkental, mit Blick auf die benachbarte Leilachspitze und die Krottenköpfe. Ein Geheimtip für Leute, die sich leichte Kletterei zutrauen, allerdings nur im letzten Teil des Aufstieges, in nicht überall festem Fels und in zumutbarer Ausgesetztheit.

Das Erlebnis der Tour auf die Lachenspitze beginnt aber nicht erst mit dem Gipfelgang,

Die »Lache« mit der Landsberger Hütte; dahinter Geierköpfle und Geißhorn (rechts) im Nordwesten.

sondern bereits im Tal, am herrlich gelegenen *Vilsalpsee*, von dem wir die Spitze zum erstenmal sehen. Rund 500 Meter höher berührt der Hüttenweg den tiefblauen *Traualpsee*, ein künstlich gestautes Gewässer für die Stromerzeugung, das sich nahtlos ins Landschaftsbild fügt.

Nun zeigt sich auch die *Landsberger Hütte*, ein gutes Stück oberhalb, rund 200 Höhenmeter. Dahinter ragt in Pyramidenform die Lachenspitze empor. Es dauert noch eine Weile, bis wir, kurz vor der Hütte, auch den Oberen Traualpsee zu Gesicht bekommen. Er vollendet den harmonisch-großartigen Einklang der Umgebung der Landsberger Hütte.

Normalweg

Von der *Landsberger Hütte* geht es zunächst gute 5 Minuten in schwach südwestlicher Richtung zu einer Wegegabel. Geradeaus setzt sich der Saalfelder Weg fort. Wir halten uns halblinks auf der unteren Wegspur und laufen anschließend in weitem Linksbogen den Kessel aus, die Wiesenhänge traversierend – eine abschüssige, felsige Passage – zur *Steinkarscharte* (1955 m) zwischen Lachenspitze und Steinkarspitze. Von der Hütte ¾ Stunde.

Aus dem Sattel links in östlicher Richtung auf gut ausgeprägtem Hangpfad zu einer kleinen Schrattenkalkzone. Dort auf dem oberen Steig weiter (rote Farbzeichen) zum Gipfelhang, über den es kehrenreich zum Kreuz geht.

Für Geübte

Ab der *Landsberger Hütte* zunächst hinunter zur »Lache«. Oberhalb des Sees linkshaltend nordostwärts ansteigen, etwa 20 Minuten, bis rechts die Wegspur abzweigt, hinauf ins *Lachenjoch*, dem tiefsten Punkt des latschenbesetzten Kammrückens. Rechts (südwestlich) auf einem Pfad ansteigen im grasigen Osthang der Lachenspitze. Nach und nach verschmälert sich der rotmarkierte Steig. Das Gelände wird steiler und felsig. Durch eine kurze Latschenzone. Hernach Linksquerung in abschüssigem Fels zu einer breiten Rinne. Dort aufwärts mit grasigen Spuren zum Gipfelaufbau. Die letzten Meter steil zur luftigen Warte.

Touristische Angaben

Talort: Tannheim (1097 m), siehe Tour 28.
Ausgangspunkt: Vilsalpsee (1164 m) im Vilstal, 4 Kilometer von Tannheim. Zufahrt bis 10.00 Uhr, Rückfahrt ab 17.00 Uhr. Sonst nur Busse vom Tannheim-Postamt bzw. vom West- und Ostparkplatz im 30-Minuten-Takt; erster Bus ab Westparkplatz 10.27 Uhr, letzter Bus vom See 17.45 Uhr.
Stützpunkt: Landsberger Hütte (1810 m), DAV, bewirtschaftet von Pfingsten bis Mitte Oktober 170 Schlafplätze. Warme Speisen tagsüber von 11.30 bis 14.00 Uhr. Telefon 05675/6282. Vom Vilsalpsee 2 Stunden.
Zwischenstation Obere Traualp (1649 m), am Traualpsee neben dem Weg zur Landsberger Hütte, im Sommer bewirtschaftet; 1½ Stunden vom Vilsalpsee.
Höhendifferenz: Hütte – Gipfel 320 Meter.
Gehzeit: 1¼ Stunden.
Karten: Bayerisches Landesvermessungsamt 1:50000, Füssen und Umgebung; Zumstein-Wanderkarte 1:35000, Blatt 3 Hindelang – Tannheimer Tal.

27 Leilachspitze, 2276 m

Ein entlegener Gipfel

Tages- oder Eineinhalbtagetour

Lange, teilweise anstrengende Wege zum Berg. Wenig Schatten. Am Berg selbst felsige Steige.

Trittsicherheit und Schwindelfreiheit Voraussetzung. Etliche Stellen I. Vorsicht bei Altschneeresten. Im Nebel Orientierungsschwierigkeiten.

Beste Jahreszeit: Juli bis September.

Bei einer Aufzählung der entlegensten Allgäuer Gipfel darf die »Leilach« in keinem Falle fehlen. Sie nimmt sogar eine gewisse Sonderstellung ein: Nirgendwo aus den Tälern ist ihre Spitze zu sehen. Lediglich vom hochgelegenen Weiler Rauth zeigt sich der

Leilachspitze-Normalweg für Wanderer aus dem Birgental (Rauth), von Nordosten.

Bergkörper. Wie eine Diva mit Allüren versteckt sie sich vor neugierigen Blicken. Höchster Gipfel der Vilsalpseegruppe und damit des gesamten Tannheimer Gebietes südlich und nördlich des Tales.

So tourismusfern die Lage der Leilachspitze ist, so mangelhaft sind die einschlägigen Beschreibungen. Es geht gerade noch beim Zugang von der Landsberger Hütte, hingegen sind die geschilderten Verhältnisse im und aus dem Birkental keineswegs aktuell.

Wegen der Schreibweise des Bergnamens kommt es gelegentlich zu Unstimmigkeiten: »ei« oder »ai«. Anton Waltenberger, Mentor des Allgäuer Schrifttums, erklärt Leilach mit »Leila«, was er von Leintuch ableitet, bezogen auf das meist sogar den Sommer über-

dauernde Firnfeld unter der Nordostflanke des Berges in einem Winkel des Weißenbacher Notländekares. Notlände ist bei den Einheimischen ein Gebiet, in dem Not an Viehfutter herrscht. Aus diesem Grunde dürfte dort die Hintere Kienbichlalp – sie geistert in dieser Eigenschaft immer noch durch die Literatur – in der Nachkriegszeit aufgelassen worden sein.

Infolge ihrer Abgelegenheit sind die Anmarschwege zur Leilachspitze lang. Für eine Tagestour kommt vorrangig die Ostseite in Frage, ab *Rauth* durch das Birkental und das Weißenbacher Notländekar. Einen erheblichen Umweg stellt der Dillinger Weg durch das Birkental auf die Westseite des Berges dar. Wenn schon von Westen, dann mit

Stützpunkt *Landsberger Hütte*. Letztere Möglichkeit bietet die landschaftlich abwechslungsreicheren Eindrücke, aber auch den zeitlich aufwendigsten Weg zum Berg, wenn man vom *Vilsalpsee* in einem Zug durchmarschiert und nicht in der Hütte nächtigt. Die Krönung aller Unternehmungen an der Leilachspitze ist ihre *Überschreitung*, am günstigsten via Landsberger Hütte – Birkental. Allerdings ist es schwierig, den Ausgangspunkt wieder mit öffentlichen Verkehrsmitteln zu erreichen.

Einsamkeit aus dem Birkental

In *Rauth* vom westlichen Ortsrand auf breitem Fahrweg im Birkental einwärts, vorbei an der kleinen St.-Mang-Kapelle (Blick zur Leilachspitze). Etwa ½ Stunde nach Rauth wird der breite Weg halblinks verlassen (Tafeln). Und schon sind wir im wilden Felstobel des *Grottentales*. Eisenketten sichern den stellenweise abgerutschten, schmalen Steig. Bei starkem Regen ist mit Steinschlag zu rechnen!

Anschließend weiter auf stellenweise sehr ausgesetztem, gerade fußbreitem Hangpfad hoch über der Sohle des hier klammähnlichen Weißenbaches. Knapp ½ Stunde hinter dem Tobel senkt sich die Spur zum Weißenbach (Hochwasser-Variante beschildert) beziehungsweise zur Höflishütte (1183 m, geschlossen) auf einer kleinen Talwiese.

Etwa 100 Meter vor der Hütte links auf einfachem Holzsteg über den Weißenbach. Am anderen Ufer mittels Kehren in 5 Minuten hinauf zu einer Forststraße (von Weißenbach). Auf ihr 10 Meter links, dann rechts in spitzem Winkel und nun wieder auf dem Wanderpfad (Wegnummer 426). Er wird flacher und durchmißt den schattigen Waldhang. Ungefähr ½ Stunde nach der Höflishütte, in Sichtweite eines Forststräßchens (zur geschlossenen *Kienbichlalp*), schwenken wir erneut scharf rechts ein. Auch diese ansteigende Hangtraverse verläuft in angenehmer Steigung. Sie bringt uns in ½ Stunde zu einer aussichtsreichen Rastbank unmittelbar hinter einer felsigen Ecke, wo plötzlich die Leilachspitze sichtbar wird. Von Rauth 2 Stunden

Nun senkt sich die Pfadspur durch Latschen in mäßigem Gefälle zu einigen Bachläufen. Von dort erfolgt der Gegenanstieg in aufgelockertem Wald. Allmählich verliert sich das Weglein, ist aber durch zahlreiche rote Farbkleckse gut zu finden. Generalrich-

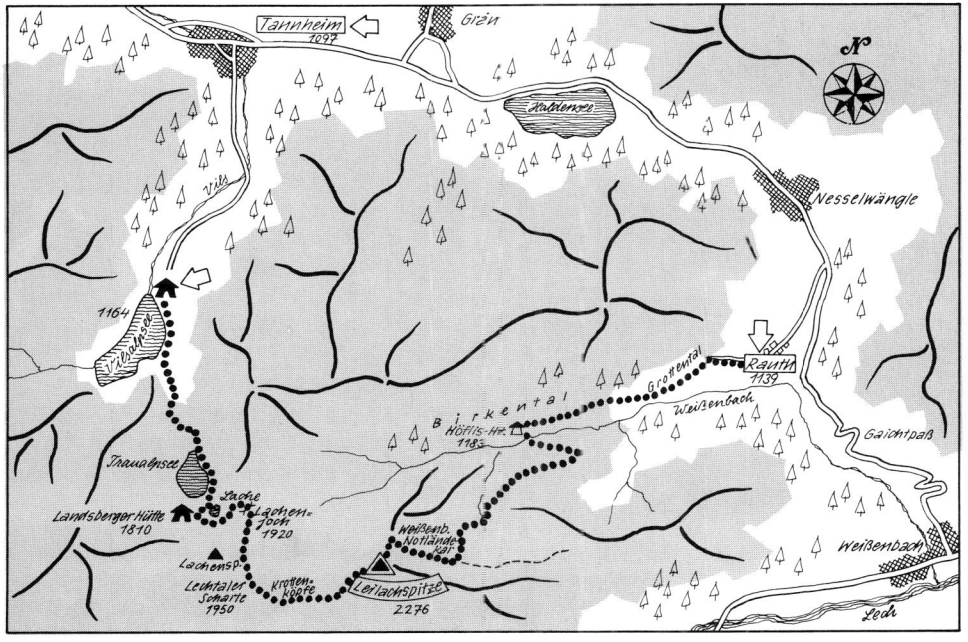

tung: Gipfelkreuz der Leilachspitze. Wir kommen bei den durch Felsbrocken angedeuteten Grundmauern der längst verfallenen Hinteren Kienbichlalp (1704 m) vorbei. Eine Viertelstunde später mündet von links der Weg von Weißenbach (beim Rückweg aufpassen!). Gemeinsam durch eine Mulde. Im Abschluß des ausgedehnten Kessels ragen Felstürme empor. Wir halten uns rechts und erreichen einen Geländerücken, von dem aus der restliche Aufstieg in Einzelheiten überschaubar ist. Von Rauth 3 Stunden.

Einen großen Felsblock ansteuern. Dahinter schwach rechtshaltend (Firnfeld) zu einem karg bewachsenen Geröllkegel. In Kehren hinauf in die markante Rinne, durch die wir – stellenweise mühsam – den Nordrükken der Leilachspitze bei einer Einsattelung gewinnen. Links auf Steigspuren, über den Gratrücken, meist aber rechts (westlich) davon, im Geröll und über gestuften Fels zum eisernen Gipfelkreuz.

Von der Landsberger Hütte

Zunächst hinunter zur »Lache«. Oberhalb des Sees linkshaltend nordostwärts ansteigen, bis rechts eine Wegspur abzweigt, durch Krummholz hinauf ins *Lachenjoch* (1920 m), den tiefsten Punkt des Kammrückens.

Rechts, aber nicht auf dem oberen Steig (zur Lachenspitze, siehe Tour 26), sondern auf dem unteren Weg zu Füßen der Lachenspitze-Ostflanke beziehungsweise über der Gappenfelder Notlände hinüber in die *Lechtaler Scharte* (ca. 1950 m, auch »Lechtaler Grätle«), genau gesagt: in die rechte der beiden Einschartungen zwischen den Luchsköpfen (Krottenköpfen, links) und der Lachenspitze. Von der Landsberger Hütte 1 Stunde.

Auf der anderen Seite links, südlich am Felskopf, der die Scharte teilt, vorbei und in östlicher Richtung analog zu einem früher vorhandenen eisernen Zaun. Die Steigspuren ziehen sich durch die abschüssigen Südflanken der Luchsköpfe, queren Geröllhalden und führen zu einem Wiesenrücken. Anschließend hinunter in den tiefsten Sattel vor dem Südwestgrat der Leilachspitze, die nun wieder sichtbar ist.

Klettergewandte entschließen sich für den Grat (II), vor dessen Brüchigkeit allerdings gewarnt werden muß. »Normalverbraucher«

queren ins Krottenkar und steigen links über Schutt hinauf zu einem Grasfleck, dem »Sättle«, und weiter in die Scharte rechts des Hauptgipfels. Linkshaltend in leichter Kletterei (I), letztlich im Geröll zum Kreuz.

Touristische Angaben

Talort: Rauth (1139 m), zu Nesselwängle gehörender Weiler an den Südosthängen der Krinnenspitze über dem Weißenbach, abseits (1,5 km) der Gaichtpaßstraße; Abzweigung 6 Kilometer oberhalb von Weißenbach/Lechtal. Imbißstube Klein-Meran (Dienstag geschlossen). Fremdenzimmer. Parkplätze an der Dorfstraße unterhalb der Imbißstube. Tannheim (1087 m), Hauptort des Tannheimer Tales mit rund 800 Einwohnern. Von Pfronten (Ausweis für den Grenzübertritt!) 15 Kilometer, von Oberjoch 10 Kilometer. Von Reutte 24 Kilometer (beschilderte Abzweigung in Weißenbach von der Lechtal-Bundesstraße). Busverbindungen mit Oberjoch (Montag bis Freitag ab 10.30 Uhr in Oberjoch), Füssen (10.30 Uhr), Reutte (9.30 Uhr). Parken: Westparkplatz (P 2) oder Ostparkplatz (P 1); Anfahrt bzw. Busse zum Vilsalpsee siehe Tour 28.
Sehenswert: Barocke, dem hl. Nikolaus geweihte Pfarrkirche, 1725 vollendet unter Einbeziehung des gotischen Sakramentshäuschens der alten (gotischen) Kirche, üppige Stuckzier. Altäre aus der Erbauerzeit, frühklassizistische Dekorationsmalerei aus dem Anfang des 19. Jahrhunderts.
Stützpunkt: Landsberger Hütte (1810 m), siehe Tour 26.
Höhendifferenzen: Rauth – Leilachspitze 1200 Meter. Landsberger Hütte – Leilachspitze 550 Meter. Vilsalpsee – Leilachspitze 1150 Meter.
Gehzeiten: Von Rauth 4 Stunden. Von der Landsberger Hütte 3¼ Stunden, vom Vilsalpsee 5¼ Stunden.
Karten: Bayerisches Landesvermessungsamt 1:50000, Füssen und Umgebung; Zumstein-Wanderkarte 1:35000, Blatt 3 Hindelang – Tannheimer Tal.

Unter den Luchsköpfen am Weg zur Leilachspitze; Rückblick auf die Lachenspitze.

28 Sulzspitze, 2083 m

Einsamkeit am Saalfelder Weg

Halbtages- bis Tagestour

Genußvolle Höhenwanderung mit abschließendem Gipfelgang. Der größte Teil (700 Höhenmeter) des Aufstiegs erfolgt im Sessellift. Kein Schatten. Als Rundwanderung beschrieben.

Beste Jahreszeit: Mitte Juni bis Anfang Oktober.

An schönen Tagen laufen Hunderte an der Sulzspitze in der Vilsalpseegruppe vorbei, ohne ihr bergsteigerisch Beachtung zu schenken. Es sind Wanderer auf dem *Saalfelder Weg*. Dieser Höhenweg, durch den Alpenverein Sektion Thüringen-Saalfeld, vor mehr als einem halben Jahrhundert angelegt, beginnt zwar erst in der Strindenscharte östlich der Sulzspitze (von Haldensee kommend), wird aber seit dem Bau der Sessellifte zum Neunerköpfle oberhalb von Tannheim fast ausnahmslos bei der Lift-Bergstation angetreten. Das Teilstück des Saalfelder Weges zwischen Neunerköpfle und dem Landschaftsjuwel um die Landsberger Hütte stellt zweifellos den schönsten Abschnitt dar und gehört zu den beliebtesten Höhenpfaden der Allgäuer Alpen.

Unmittelbar neben dem Saalfelder Weg erhebt sich die *Sulzspitze*. Der Name hängt mit der Salzauswitterung an ihren Felsen zusammen. Ein Kreuz krönt die Gipfelkuppe. Wohltuende Stille. Die Aussicht ist umfassend: Rauhhornzug im Westen, nordöstlich die Tannheimer Gipfelkette; am Grat der Leilachspitze im Süden heben sich Gestalten ab. Allseits mehr oder weniger steile Wiesenfalten, Bergwaldregionen, Täler.

Die Sulzspitze vom Neunerköpfle beansprucht für den Hin- und Rückweg etwa 3½ Stunden. Sie kann aber auch in den Saalfelder Weg integriert werden, den man in diesem Falle nicht bis zu seinem Ende begeht, in die Lahnerscharte am Katzenkopf, wo er in den Jubiläumsweg mündet, sondern nur bis zur Landsberger Hütte. Von dort Abstieg zum Vilsalpsee. Allerdings ist dieser Abstieg anspruchsvoller (felsige Talstufen, Sicherung durch Eisenketten) als die Tour zum Gipfel beziehungsweise der Übergang zur Landsberger Hütte: für manchen ungeübten Wanderer eine Qual, wie man immer wieder beobachtet. In Anbetracht dessen schlage ich nach der Sulzspitze den Rückweg aus der Gappenfeldscharte ins Vilstal vor. Er weist überdies keinen Gegenanstieg auf (wie die Route zur Landsberger Hütte: 40 Minuten zum Schochensattel unter der Schochenspitze) und führt rascher zum Ausgangspunkt zurück. Für Trittsichere und bei trockenem Wetter bleibt jedoch die Wanderung über die Landsberger Hütte der Höhepunkt in diesem Teil der Allgäuer Alpen.

Aus dem Tannheimer Tal ins Vilstal

Ab der *Sessellift-Bergstation* ansteigen zum Gipfelstock des Neunerköpfle, an dem der Weg aus dem Fels gesprengt und drahtseilgesichert ist. Nach 10 Minuten sind wir beim Kreuz mit einem holzgeschnitzten, überlebensgroßen Christus auf dem *Neunerköpfle*

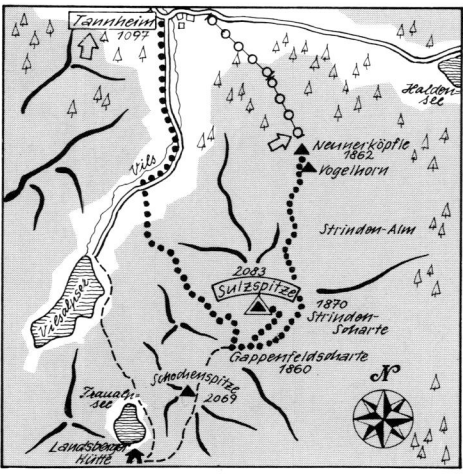

Auf der Sulzspitze.
Links des Sitzenden die Lachenspitze.
Im Hintergrund die Hornbachkette
mit der markanten Gestalt des Hochvogels.

(1862 m), wo öfters Bergmessen stattfinden. Absteigen in einen Sattel und schwach rechtshaltend durch die Westflanke des Vogelhornes. Anschließend über einen Rücken direkt auf die Sulzspitze zu. Halblinks baut sich jenseits des Ödbachtales die dunkle Mauer des Litnisschrofen auf; links, im Osten, erkennen wir das Gipfelkreuz auf der Krinnenspitze. Die folgenden Rechts- und Linksabzweigungen (Notabstiege nach Tannheim beziehungsweise Haldensee) gelten nicht für uns. Der Weg senkt sich in die Ostflanke des Kammes, um schon bald wieder anzusteigen, in Sichtweite der Strindenalm zur *Strindenscharte* (1870 m). Wir kommen in einen riesigen Hochtalkessel, den die Kehren der Almgüterstraße aus dem Birkental durchziehen, auf die wir stoßen. Nun entweder auf dem Fahrweg oder abkürzend durch

eine Bachmulde, worauf man den breiten Weg wieder betritt. Er durchmißt die Südostflanke der Sulzspitze über dem hintersten Birkental, das von der Leilachspitze beherrscht wird.

Ungefähr 1½ Stunden nach der Sessellift-Bergstation zweigt rechts der Steig zur Sulzspitze ab, erkenntlich an roten Farbzeichen. Rechtshaltend im Südosthang aufwärts durch Latschenfelder zum stumpfen Ostrücken. Hernach links halten und durch die Nordostflanke zum Gipfel der *Sulzspitze*.

Wieder unten auf dem Saalfelder Weg, geht es rechts in 5 Minuten in die tiefe Einsattelung der *Gappenfeldscharte* (1860 m). Das Metallkreuz haben Dillinger Alpenvereinsmitglieder gefertigt und es 1969 in ihrem Arbeitsgebiet aufgestellt, an einem schon bald historischen, etwa 200 Jahre alten Kreuz-

Der Wegverlauf vom Neunerköpfle zur Sulzspitze, in der Bildmitte die Strindenscharte.

platz, den die einheimische Bevölkerung heute noch »Beim Kreuzle« nennt.

Aus der Scharte rechts zur nahen *Gappenfeldalm* (ca. 1800 m). Von dort weiter absteigen in etwa 1 Stunde zur Autostraße im Vilstal und auf ihr hinaus nach *Tannheim*.

Touristische Angaben

Talort: Tannheim (1097 m), Hauptort des Tannheimer Tales mit rund 800 Einwohnern. Von Pfronten 15 Kilometer, von Oberjoch 10 Kilometer. Von Reutte 24 Kilometer (Abzweigung in Weißenbach von der Lechtal-Bundesstraße). Busverbindungen mit Oberjoch (Montag bis Freitag ab 10.30 Uhr), Füssen (10.30 Uhr), Reutte (9.30 Uhr). Parken: Westparkplatz (P 2) oder Ostparkplatz (P 1). *Sehenswert:* Barocke Pfarrkirche St. Nikolaus, 1725 vollendet unter Einbeziehung des gotischen Sakramentshäuschens der alten (gotischen) Kirche; reiche Stuckzier. Altäre aus der Erbauerzeit, frühklassizistische Dekorationsmalerei aus dem Anfang des 19. Jahrhunderts.
Ausgangspunkt: Neunerköpfle-Sesselbahn, Talstation am östlichen Ortsrand von Tannheim, Parkplätze. Bushaltestelle. Betriebszeiten von Mitte Juni bis Mitte Oktober: 8.30 bis 12.00 Uhr, 13.00 bis 16.00 Uhr. Bergstation 1792 Meter, letzte Talfahrt 16.15 Uhr.
Höhendifferenz: 350 Meter.
Gehzeiten: Sessellift-Bergstation – Sulzspitze 2 Stunden. Sulzspitze – Gappenfeldalm 35 Minuten. Gappenfeldalm – Tannheim 1½ Stunden. Insgesamt 4¼ Stunden. Sulzspitze – Landsberger Hütte 1½ Stunden. Landsberger Hütte – Vilsalpsee 1¼ Stunden.
Zwischenstation Gappenfeldalm, im Sommer geöffnete Jausenstation.
Karten: Bayerisches Landesvermessungsamt 1:50 000, Füssen und Umgebung; Zumstein-Wanderkarte 1:35 000, Blatt 3 Hindelang – Tannheimer Tal.

29 Geißhorn, 2249 m

Balkon über dem Vilsalpsee

Tagestour

Allseits anstrengende, steile Aufstiege. Schatten nur von Hinterstein bis in die Almregion. Vom Vilsalpsee schon früh der Sonne ausgesetzt.

Im Gipfelbereich Trittsicherheit unbedingt erforderlich; bei Nässe stellenweise rutschig.

Beste Jahreszeit: Anfang Juli bis Ende September

Als die Alpenvereinssektion Immenstadt 1887 auf der Willersalp über dem Hintersteiner Tal ein »Touristenzimmer« mit sechs Lagern einrichtete, geschah dies, um die »Besteigung des Geißhorns wesentlich zu erleichtern«. Der Gipfel erweckte also schon vor einem Jahrhundert Interesse. Kein Wunder! Schließlich stellt er die herausragendste Berggestalt der Umgebung dar und markiert den zweithöchsten Punkt des Rauhhornzuges, der beim Kesselspitz die Hochvogelgruppe verläßt und sich zum Iseler hinzieht. Ganz zu schweigen vom Aussichtsrang dieses Hauptdolomitfelskopfes, vom einzigartigen Tiefblick zum Vilsalpsee.

Obwohl das Geißhorn von der *Willersalp* durch das vorgeschobene Geißeck gar nicht zu sehen ist, starteten die meisten Besteiger – wahrscheinlich ermuntert durch den Eindruck des Berges von Tannheim – bei der Alp, zu der damals noch eine obere Melkhütte gehörte, an der die Pfadspur vorbeilief. Mit der Eröffnung des Jubiläumsweges im Jahre 1899 zum Prinz-Luitpold-Haus war das Geißhorn nahezu verflochten in das Allgäuer Wegenetz der Erschließungsepoche. Theoretisch kann es in den *Jubiläumsweg* eingebunden werden. Allerdings erhöht sich dann der zeitliche Aufwand um etwa 1½ Stunden, das heißt, man benötigt von der Willersalp zum Hochvogel geschlagene 10 Stunden – ein kleiner Bergmarathon. Ergo: Das Geißhorn nicht als »Mitnahmeobjekt« behandeln, sondern als selbständigen Gipfel! Immerhin sind

Nebel überm Vilsalpsee beim Aufstieg zur Landsberger Hütte. Der Normalweg zum Geißhorngipfel beginnt links im Sattel (Geißeck).

felsigen Nordflanke manchmal der Altschnee bis in den Sommer lagert und sich Neuschneefälle über eine längere Zeit unangenehm bemerkbar machen.

Über die Willersalp

es zur Spitze fast vier Stunden von Hinterstein oder vom Vilsalpsee.

Die Route über die *Willersalp* ist sehr populär. Lassen Sie sich dabei aber auf keine Experimente ein! Wohl liest man in Führern von der Überschreitung Zerrerköpfle – Geißeck – Geißhorn sowie vom Geißhorn-Nordwestgrat über das Geißeck, doch sind diese Anstiege durchwegs mit leichter Kletterei in nicht besonders festem Fels verbunden. Die empfehlenswerteste Route aus dem Hintersteiner Tal ist jene von der Willersalp über das *Geißeckjoch*. Am Geißhorn selbst muß man zwischendurch die Hände aus den Hosentaschen nehmen. Vorsicht auf den Platten, die zum Gipfelgrat leiten! Das gilt auch für Besteigungen vom *Vilsalpsee*, genauer gesagt ab der *Vilsalp* südwestlich des Sees. Dabei erreicht man am Geißeck den Steig von der Willersalp. Dieser Aufstieg hat sich durch die Zunahme des Fremdenverkehrs im Tannheimer Tal und den Ausflugsverkehr dorthin eingebürgert. Überdies erkennt man von der Vilsalp bereits das Gipfelkreuz und hat deshalb ein klares Ziel vor Augen. Weniger populär – und auch etwas schwieriger – ist der Weg vom nördlichen Ende des Vilsalpsees über die *Obere Roßalp*, weil in der

Im hinteren Dorf, vom *Alpengasthof Grüner Hut* zunächst auf dem Rauhhornweg bergan in 5 Minuten zu den Parkplätzen. Dort wird das Asphaltsträßchen halblinks verlassen (Wegweiser). Über Wiesen hinauf zum Bergwald. Jetzt kann der Weg nicht mehr verfehlt werden. Nach insgesamt etwa 1 Stunde geht es rechts über den Willersbach. Danach ziemlich steil im Zickzack hoch zu den Almwiesen der *Willersalp* (1456 m). Ab Hinterstein etwa 1½ Stunden.

In der Folge rechtshaltend (südöstlich) hinauf zur Vorderen Schafwanne, dem obersten Talschluß, und in Kehren steil aufwärts ins *Geißeckjoch* (2055 m) zwischen Geißeck (links) und dem zerklüfteten Rauhhorn (rechts). Von Hinterstein 3 Stunden. Aus dem Joch links (nördlich) durch den Osthang. Danach senkt sich das rotmarkierte Steiglein und führt fast eben durch die Südflanke des Geißhorns. Nach einiger Zeit links, nun steiler und mit Kehren über Platten hinauf zum Grat, über den es rechts zum Gipfelkreuz geht.

Vom Vilsalpsee

An nördlichen Ende des Sees, beim *Restaurant Fischerstube* über den Abfluß. Jenseits

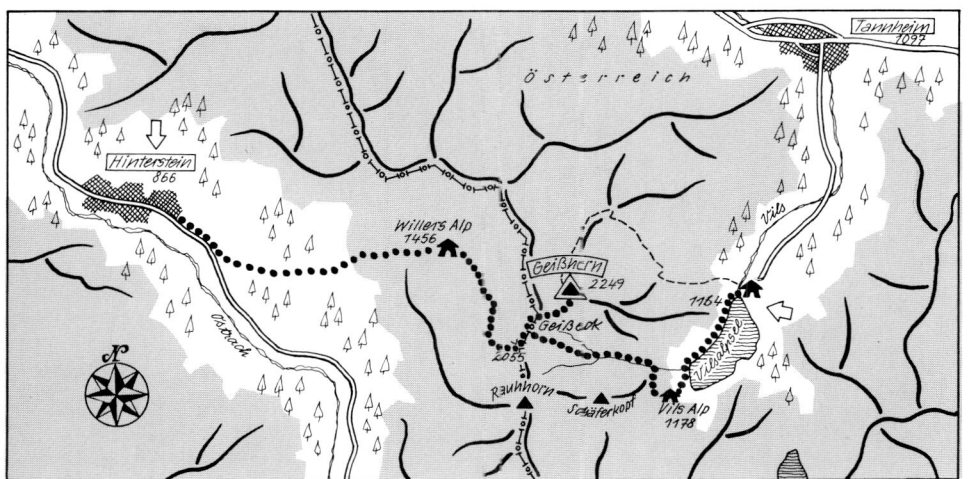

links auf der vielbesuchten Uferpromenade in 20 Minuten zum Seezufluß. Halbrechts weiter auf dem breiten Weg zur hübsch gelegenen Jausenstation *Vilsalp* (1178 m). Vom Parkplatz ½ Stunde.

Auf der Südseite des Stalles rechts über einen Bach und rechtshaltend auf Weg Nummer 424 ansteigen, den freien Hang querend zu einem weiteren Bach, bei dem sich die Route links wendet. Nun zunehmend steiler am nördlichen Rand der breiten Wanne zwischen Schäferkopf (links) und Geißhorn (rechts) in scheinbar zahllosen Kehren hinauf ins Geröll und vollends empor zum quer verlaufenden Steig von der Willersalp. Mit ihm rechts wie vorher beschrieben in einer ¾ Stunde zum *Geißhorngipfel*.

Touristische Angaben

Talorte: Hinterstein (866 m), siehe Tour 30. – Tannheim (1097 m) siehe Tour 28.
Ausgangspunkte: Alpengasthof Grüner Hut im Hinterdorf von Hinterstein, siehe Tour 30. – Vilsalpsee (1164 m), siehe Tour 26.
Höhendifferenzen: Von Hinterstein 1400 Meter. Vom Vilsalpsee 1100 Meter.
Gehzeiten: Von Hinterstein etwa 3¾ Stunden. Vom Vilsalpsee 3½ Stunden.
Zwischenstationen: Willersalp, Vilsalp (beide im Sommer bewirtschaftet).
Karten: Bayerisches Landesvermessungsamt 1:50000, Allgäuer Alpen; Zumstein-Wanderkarte 1:35000, Blatt 3 Hindelang – Tannheimer Tal.

Geißhorn-Südostflanke mit der Wegspur ab dem Geißeck (Sattel im Mittelgrund links).

30 Bschießer, 2000 m – Ponten, 2045 m

Die »Brüder« im Rauhhornzug

Tagestour

Bis in die Almregionen schattige Wege. In den Kammbereichen Vorsicht bei Nässe. Rundwanderung.

Unschwierig; bei den Abstiegen Trittsicherheit erforderlich.

Beste Jahreszeit: Anfang Juni bis Oktober.

Die Grenzgipfel Bschießer und Ponten im *Rauhhornzug* (Hochvogel – Iseler) zwischen dem Tal von Hinterstein und dem westlichen Tannheimer Tal werden touristisch sozusagen wie »Brüder« behandelt. Man besteigt nämlich üblicherweise den Bschießer und den Ponten, weil sie nahe beieinanderstehen – getrennt durch einen Sattel – und sich deshalb ihre Überschreitung beinahe von selbst ergibt. Zwei Zweitausender auf einen Schlag!

Die Kuppe des *Bschießers* gilt auch als lohnendes Skiziel. Seine Vielseitigkeit wird ergänzt durch die 120 Meter hohe, 1935 erstmals von Hubert und Philipp Tannheimer mit dem Werdenfelser Bergführer Alfons (»Fonse«) Lippl begangene Südkante. Sie ist fast das ganze Jahr über kletterbar und zählt neben dem Höllhorn-Südgrat innerhalb des Oberallgäus zu den beliebtesten Felsfahrten im Schwierigkeitsgrad IV – »Rotpunkt« V+ und VI –, was die zahlreichen Eintragungen im Wandbuch unterstreichen. Ebenfalls als Skiberg rühmen Experten den *Ponten*. Gemeint sind seine dem Tannheimer Tal zugeneigten Hänge, wo Schlepplifte den Aufstieg verkürzen.

Beide Gipfel zeichnen überdies ihr Reichtum an Versteinerungen aus. Bschießer und Ponten können ohne weiteres an einem Tag gemacht werden, aus den Tälern oder vom Oberjoch über den Iseler auf ansprechender Höhenroute (siehe Adolf Lindorfer, *Die schönsten Höhenwege der Allgäuer Alpen*) mit Abstieg über die Willersalp nach Hinterstein beziehungsweise nordwärts ins Tannheimer Tal.

Schattwald in Tirol ist der höchstgelegene

(1080 m), für eine Besteigung in Frage kommende Talort. Setzen wir die Gipfelüberschreitung voraus – zu der es eigentlich keine vernünftige Alternative gibt –, so läuft die Tour wie folgt ab: Alpengasthof Post (Wegweiser) – Pontental – Zirleseck – Ponten – Bschießer – Stuibensattel – Stuibental – Schattwald. Notabstieg möglich aus der Einsattelung zwischen Ponten und Bschießer zur Mittleren Stuibenalpe, die zeitweise einfach bewirtschaftet ist.

Nimmt man *Hinterstein* als Sprungbrett, muß zunächst über die Zipfelsalp zum Stuibensattel aufgestiegen werden. Anschließend Bschießer – Ponten und Rückweg über die Willersalp. Kein Notabstieg ins Hintersteiner Tal! Diese Gestaltung verlangt etwa 1 Stunde mehr an Gehzeit als aus dem Tannheimer Tal. Ich bevorzuge das *Hintersteiner Tal*. Es ist ursprünglicher geblieben, reich an Wildbestand und weist vor allem keine störenden Lifttrassen und -masten, keine Bachregulierungen und sonstige Natursünden auf. Die Hintersteiner haben sich nämlich dem »Sanften Tourismus« verschrieben – eines der ganz wenigen Beispiele im Allgäu. Sie werden diesen Entschluß sicherlich nicht bereuen!

Oberhalb des Ortes überraschen den Begeher der vorgeschlagenen Wanderung zwei attraktive Wasserfälle, der des Illesbaches sowie die sogenannten »Zipfelsfälle«. Bei ihnen handelt es sich um drei Wasserkaskaden übereinander, die nach längerem Regen und

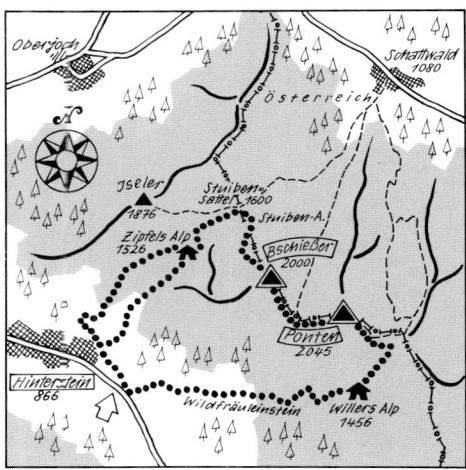

durch die Schneeschmelze zu einem tosenden, grandiosen Wasserfall anschwellen. Außerdem liegen zwei Brotzeitoasen in hübschen Alpkesseln am Weg. In der *Zipfelsalp* wird man mit frischer Kuhmilch, hausgemachtem Quark, unverfälschtem Käse und Butter verwöhnt. Hier sömmern rund 100 Stück Vieh aus verschiedenen Gegenden des Allgäus. Die *Willersalp* ist schon mehr auf die Spaziergänger abgestimmt, auf ausgesprochene Ausflügler aus dem Hintersteiner Tal. Bereits 1887 gab es im Almgebäude »Touristenzimmer« mit sechs Matratzenlagern. Immerhin beginnt dort der klassische Jubiläumsweg zum Hochvogel. Als geheimnisvolle Besonderheit erleben wir schließlich noch am Abstiegsweg den von Sagen umwobenen *Wildfräuleinstein.*

Über die Gipfel

In *Hinterstein,* auf der Rückseite des *Alpengasthofes Grüner Hut,* zeigen Wegweiser unter anderem zu den »Wasserfällen«. In diese Richtung marschieren wir. Der »Bärenweg«, der uns vorerst leitet, steigt mäßig an. Unterhalb des Wasserfalls geht es über den Illesbach. Eine kurze Skipiste wird gekreuzt. Danach an der Wegeteilung rechts ab vom »Bärenweg«, spürbar steiler bergauf in dem von felsigen Runsen durchrissenen Hangwald. Und da hören wir auch schon das Rauschen der »Zipfelsfälle«. Nun entweder zum Zipfelsbach und jenseits rechtshaltend weiter auf breitem Alpfahrweg zur Zipfelsalp (bei Nässe ratsam!), oder vor den Wasserfällen rechts in einen Steig einschwenken, der im Zipfelswald mittels Kehren durch eine steile Schneise hochführt bzw. über Wiesen und an der Hütte Melk vorbei zur *Zipfelsalp* (1526 m) leitet. Bänke und Tische im Freien verführen zur ersten längeren Rast.

In der Folge auf der rechten Seite des Zipfelsbaches ansteigend in 1/4 Stunde zur deutsch-österreichischen Grenze am *Stui-*

bensattel (1600 m) beziehungsweise auf dem Allgäuer Hauptkamm. Sein Rücken bestimmt den weiteren Verlauf der Tour in schwach südöstl cher Richtung: Aus dem Sattel rechts – auf Tiroler Boden steht die steingemauerte Obere Stuibenalp – mit deutlichen Wegspuren über sanft ansteigende Wiesen, danach durch die Krummholz-Gasse, die die Bundesgrenze markiert, zum Grenzstein auf einer Vorkuppe. Letztlich in Geröll und felsigem Geschröf auf den *Bschießer.* Vom Stuibensattel 1 Stunde.

Direkt im Osten erhebt sich der Ponten. In der Luftlinie nicht einmal einen Kilometer entfernt. Vor ihm ist ein Sattel im Kamm eingelagert, der den Übergang vermittelt. In diesen Sattel weisen Markierungsfarben und Steigspuren. Wir halten uns links der rechtsseitigen Felsabstürze. Kurzes Verweilen im tiefsten Punkt. Nordwestlich zeigen sich die Aufschwünge der eingangs erwähnten »Bschießerkante«.

Der Gegenanstieg bleibt natürlich nicht aus. Etwa 1/4 Stunde ist es zum zweiten Tages-Gipfelziel, auf den *Ponten* (Vermessungssignal). Das Kreuz schmückt etwas tiefer einen Felszacken. Südlich liegt die Willersalp wie hingebreitet inmitten von Wiesen. Ein Direktabstieg würde Lebensgefahr bedeuten! Angesichts dessen hält man sich an der Südostrücken, vom topographischen Punkt zwischen Felstürmchen steil hinunter 10 Minuten zum breiten Weg (Tafel) und weiter am Grat durch Latschen und Wald in den Sattel am Zirleseck. Spitzwinkelig rechts, am Saum der Latschen entlang und über steile Matten hinunter. Den weitläufigen Kessel um die *Willersalp* (1456 m) rahmen dreiseitig Gipfel. Lediglich nach Westen hin öffnet sich das Gelände und gibt den Blick frei zum Massiv des Breitenberges.

Frisch gestärkt bummeln wir über sanft geneigte Wiesen in westlicher Richtung etwa 10 Minuten, um dann in den Wald einzutauchen, im Zickzack absteigend zum Willersbach. Bei der Tafel nach dem Bach hält sich der gut trassierte Weg rechts. Durch den Waldhang in 10 Minuten zum *Wildfräuleinstein* mit interessanten Höhlenbildungen, typischen Karsterscheinungen im Kalkgestein.

Der Hangpfad setzt sich nahezu eben fort. Lediglich das abschließende Stück bringt

Am Ziel der Wünsche dieses Wandertages:
Gipfel des Ponten, von dem der Abstieg zur
Willersalp erfolgt.

noch einige Kehren, ehe wir wieder beim »Grünen Hut« eintreffen.

Touristische Angaben

Talort: Hinterstein (866 m) im gleichnamigen Tal südöstlich von Hindelang; Busverbindungen. Hotels, Gasthöfe, Pensionen. *Sehenswert:* Filialkirche St. Anton im mittleren Dorf zwischen Straße und Friedhof, erbaut 1804/05 durch Meister Schratt aus Hindelang, geweiht am 1. September 1805 durch Fürstbischof Clemens Wenzeslaus, Turm mit achteckiger Pyramide von 1901; klassizistische Ausstattung, Chordeckenfresko (Gottvater) des Münchners Hugo Huber (1909), Altar 1840 neu gefaßt, Kanzel mit geschnitztem und vergoldetem Relief der Bergpredigt. Im Chor die 12 Apostel, gemalt 1838/39 von Franz Osterried aus Pfronten.

Im Hinterdorf die malerische Antoniuskapelle aus dem 16. Jahrhundert, gekrönt von einem verschindelten Dachreiter; hochbarokker, marmorierter Altar mit der in Gold gefaßten Figur des hl. Antonius von Padua. **Ausgangspunkt:** Alpengasthof Grüner Hut im Hinterdorf von Hinterstein, 6 Kilometer von Hindelang, Busverbindungen. Parkraum steht etwa 300 Meter südöstlich (durch den Rauhhornweg) des Gasthofes zur Verfügung. **Höhendifferenz:** 1200 Meter. **Gehzeiten:** Hinterstein – Bschießer 3¼ Stunden. Übergang zum Ponten ½ Stunde. Abstieg 2½ Stunden. Insgesamt 6 bis 6½ Stunden. **Zwischenstationen:** Zipfelsalp, Willersalp. **Karten:** Bayerisches Landesvermessungsamt 1:50000, Allgäuer Alpen; Zumstein-Wanderkarte 1:35000, Blatt 3 Hindelang – Tannheimer Tal.

Nahe dem Zirlesecksattel am Aufstieg zum Ponten. In der linken Bildhälfte die markanten »Tannheimer« mit Gimpel und Kellespitze. Bildmitte: Neunerköpfl, Krinnenspitze, Sulzspitze; dahinter der Zugspitzstock.

31 Sorgschrofen, 1613 oder 1636 m

Ein Berg – zwei Gipfel

Halbtagestour

Von Unterjoch überwiegend schattige Waldpfade. Von Jungholz über Bergwiesen. An den Gipfeln steile Steige.

Trittsicherheit und Schwindelfreiheit nötig; stellenweise Drahtseile. Bei Nässe abzuraten, vor allem von Jungholz.

Beste Jahreszeit: Anfang Juni bis Ende Oktober.

Der Sorgschrofen wird gerne auf die leichte Schulter genommen. Dabei ist keiner der Aufstiege ein Spaziergang, zumindest nicht in den Gipfelbereichen. Wer dann gar noch den Übergang von Spitze zu Spitze wagt, muß sich auf Schwierigkeiten im III. Grad einstellen. Nicht von ungefähr wird der Bergname von Sorge abgeleitet, was in unserem Fall mit Kummer und Gefahr zusammenhängt. Das gilt weniger für den Südwestgipfel, sondern in erhöhtem Maße für den Nordostgipfel. Zwischendrin liegen »Welten« — nämlich der nur Kletterern vorbehaltene Verbindungsgrat. Folgerung: entweder die eine oder die andere Spitze.

Der Sorgschrofen bildet einen im Waldgürtel breiten, nach oben hin schmaler werdenden, schrofigen, felsig-zerhackten Doppelgipfel: Nordostgipfel, 1636 Meter, unmittelbar im österreichischen Grenzverlauf beziehungsweise südlichster Punkt der deutschen Zollinsel Jungholz; Südwestgipfel, 1613 Meter, in Bayern.

Welche der Dolomitzacken häufiger erstiegen wird, läßt sich nicht sagen. Der *Nordostgipfel* gilt als »Hausberg« von Jungholz und bildet die höchste Erhebung des Bergstöckchens; der Südwestgipfel ist für Unterjoch der nächstgelegene. Beide Talorte nehmen nahezu die gleiche Höhenlage ein. Die Gehzeiten belaufen sich hüben wie drüben auf 1½ bis 1¾ Stunden. Etwas leichter indes erweist sich der Aufstieg von Unterjoch zum *Südwestgipfel*, auch «Zinken» genannt. Außerdem sind auf dieser Route die Eindrücke

abwechslungsreicher, die Landschaft intakt. Damit soll der Jungholzer Weg nicht schlechtgemacht werden. Es ist lediglich eine realistische Gegenüberstellung.

Gelobt wird die Aussicht von beiden Gipfeln. Im Süden bestechen Rauhhorn und Geißhorn, dahinter der Hochvogel, im Osten der Aggenstein und Teile der Tannheimer Berge. Erzählenswert ist ein Ereignis aus der Geschichte von Jungholz: 1340 verkaufte Hermann Häselin aus dem nahen Wertach das 7,5 Quadratkilometer einnehmende Terrain von Jungholz an Heinz Lohpühler aus dem Tannheimer Tal. Deshalb weht in Jungholz die österreichische Fahne – eine Tiroler Enklave in Deutschland, Zollanschlußgebiet wie das Kleine Walsertal, mit DM-Währung. Staatspolitisch gehört Jungholz zur Bezirkshauptmannschaft Reutte.

Von Unterjoch zum Südwestgipfel

Beim *Alpengasthof Krone* über den Bach (Zufluß der Wertach) und auf dem Steinebergweg mäßig bergan zwischen Kirche und Friedhof; rechts unten ein Kneippbecken. Bei Haus Nr. 14 an der Straßengabel linkshaltend mit dem Steinebergweg weiter. Entweder auf dem Asphaltsträßchen in insgesamt ½ Stunde zu den *Zehrerhöfen* (1150 m) oder beim letzten Hof von Steineberg links ab, rechts über den Bach, dem Wiesenpfad folgend zu einem Flurkreuz. Unmittelbar danach links zum Haus Edelweiß, einem der Zehrerhöfe.

Beim oberen Hof (Haus Nr. 3) links, kurz darauf rechts, nun im Waldschatten aufwärts, spürbar steiler. Etwa ½ Stunde oberhalb der Zehrerhöfe geht es über einen Wiesenhang empor zur Kammhöhe und auf ihr in 10 Minuten zur nächsten Erhebung. Ab- und aufsteigend wird die aussichtsreiche Einsattelung vor dem felsigen Gipfelaufbau erreicht. Wenige Minuten später müssen wir am Gipfelstock einige Meter kraxeln, worauf das Drahtseil zu einem Felsenfenster hilft. Jenseits links drahtseilgesichert in gestuftem Fels zum Kreuz auf dem *Zinken*.

Von Jungholz zum Nordostgipfel

Zunächst hält man sich an die Trasse des Sorgschrofen-Schleppliftes in südöstlicher Richtung und folgt den Pfadspuren über freie Grashänge. Dem moorigen Gelände unter-

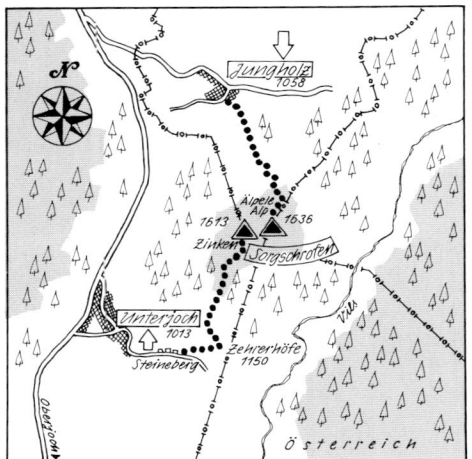

lehmigen Rinne. Sie ist zuweilen feucht und gefährlich rutschig. Hier beginnen die Schwierigkeiten. Trittspuren leiten durch die Rinne zum schmalen Felsgrat, an dem die Hände zu Hilfe genommen werden müssen, ehe man sich neben dem Kreuz auf dem *Nordostgipfel* niederläßt.

Touristische Angaben

Südwestgipfel
Talort: Unterjoch (1013 m), Ortsteil von Hindelang, etwas abseits der Bundesstraße 310 zwischen Oberjoch und Wertach; Busverbindungen, Haltestelle an der B 310. Gasthöfe, Hotels. – *Sehenswert:* Pfarrkirche Heilige Dreifaltigkeit, spätgotischer Bau mit hochbarockem Kern, über dem Altar Schnitzgruppe der hl. Dreifaltigkeit auf Wolken thronend.
Höhendifferenz: 600 Meter.
Gehzeit: 1½ bis 1¾ Stunden.

Nordostgipfel
Talort: Jungholz (1058 m), auf der Nordseite

halb der Lift-Bergstation weicht man am besten links aus. Die Älpelealp bleibt rechts liegen. Knapp 1 Stunde nach Jungholz gelangen wir zum Crat. Auf ihm setzt sich die rotmarkierte Spur rechts (südwärts) fort. Gelegentlich tummeln sich Gemsen an den Hängen. Vorbei am Antennenmast zu einer schrofig-

Der Sorgschrofen von Süden. Route auf den »Zinken« von Unterjoch über die Zehrerhöfe.

Ausschau vom Sorgschrofen nach Osten; Von links: Aggenstein, Erentenjoch, Einstein, Tannheimer Hauptkette.

des Sorgschrofen. Abzweigung der Zufahrtsstraße (3 km) von der Bundesstraße 310 zwischen Unterjoch und Wertach. Busverbindungen. Parkplätze südlich der Kirche am Sorgschrofenlift. Gasthöfe, Hotels. – *Sehenswert:* Pfarrkirche Maria-Hilf, 1714 erbaut, Vergrößerung des Schiffes 1887/88, 1954 renoviert. Im Schiff Deckenfresko der Himmelfahrt Marias von 1781, das Chorfresko zeigt die Anbetung der hl. Drei Könige in Verbindung mit den im Barock üblichen vier Weltteilen, klassizistischer Hochaltar mit Dreifaltigkeitsgruppe im Aufsatz, Kreuzwegreliefs im Nazarenerstil.

Höhendifferenz: 580 m.

Gehzeit: 1½ bis 1¾ Stunden.

Karten: Bayerisches Landesvermessungsamt 1:50 000, Allgäuer Alpen; Zumstein-Wanderkarte 1:35 000, Blatt 3 Hindelang – Tannheimer Tal

Vom Einstein ist der flache Rücken des Schönkahlers nordwestlich gut einsehbar.
Die dortige Wanderung verläuft von links nach rechts zum höchsten Punkt.

32 Schönkahler, 1687 m

Tannheimer Bergspaziergang

Halbtagestour

Wege und Pfade im Alpgelände. Obwohl kaum Schatten vorhanden, angenehmer Aufstieg.

Unschwierig. Bei dichtem Nebel am Gipfelrücken Orientierungsprobleme.

Beste Jahreszeit: Ende Mai bis Ende Oktober.

Die Gestalt des Schönkahler – ein langer Wiesenrücken mit nordwärts vorgesetztem Gipfelaufbau – reißt fürwahr keinen Bergsteiger vom Stuhl. Soweit der optische Eindruck. Warum aber dann der Name »schöner, kahler« (Berg)? »Kahl« sind seine Höhen, überzogen von lieblichen Wiesenmatten. Und schön? Was ist schön? Jeder Mensch stellt sich individuell Schönheit vor. Häufig trifft man sich diesbezüglich in der Mitte, in diesem Falle am Schönkahler. Ich habe es als schön empfunden, in weichem Gras wie auf einem Teppich zu wandeln. Ich habe eine zauberhafte Leichtigkeit verspürt, Liebreiz.

Selbstredend fehlt dem Schönkahler die herbe Schroffheit der Allgäuer Hochregion. Doch neuerdings sind viele Naturfreunde vom althergebrachten Begriff alpiner Schönheit abgekommen, der einzig und allein von der Gipfelquote ausging. Dem Schönkahler haftet das Attribut »schön« gewissermaßen an den Fersen. Über den südseitigen Startplatz, *Oberhalde* nördlich von Zöblen, sagt Heinz Groth werbend, es sei die »landschaftlich schönstgelegene Siedlung im Tannheimer Tal«. Den Weg von dort beschreibt un begreiflicherweise kein mir bekanntes Führerwerk. »Abgelegener Grasgipfel ohne touristische Bedeutung«, lese ich irgendwo. Zugegeben: Im Hochsommer sucht man sich klima- und wetterbedingt andere Gipfelziele. Die schönsten Jahreszeiten am Schönkahler sind der lichtgelbe Frühsommer, ganz besonders aber der Herbst. Sobald sich die Frühnebel aufgelöst haben, schwebt warmer, olivbrauner Bodenrauch über der breiten Wanne von Tannheim. Die Karschatten der jenseits des Tales aufragenden Ponten und Bschießer sind stahlblau, der Kalkfels dunkelgrau. Die Ortschaften strömen eine friedvolle Stimmung aus. Mittlerweile hat sich der Tourismus ausgetobt, man findet wieder Zeit für sich selbst, will innere Einkehr halten. Kurzum: es ist schön!

Die nordseitigen Aufstiege haben es mir persönlich nicht angetan, was selbstverständlich keine absolute Wertung sein soll. Genaugenommen gibt es dort nur eine Route, ab dem »Himmelreich«, das von der *Vilstalsäge* angegangen wird (1 Stunde) oder von der *Fallmühle* (50 Minuten). Diese Route verläuft größtenteils im Wald ohne nennenswer-

»Brotzeit« am Schönkahler. Im Südosten (Bildmitte) die Tannheimer Hauptkette mit (von rechts nach links) Rote Flüh, Gimpel und Kellespitze.

te Ausblicke – im Gegensatz zu den Südflanken über dem Tannheimer Tal.

Vom »Zugspitzblick«

Ab dem Parkplatz des *Gasthofes Zugspitzblick* auf dem Alpgüterweg etwa 200 Meter zur Gabelung. Von hier entweder weiter auf dem Fahrweg oder links etwa 5 Meter, dann rechtshaltend auf einem Wiesenpfad über den freien Hang.

Die roten Farbzeichen leiten in eine Mulde am Wieslerberg. Nun rechtshaltend durch ein kurzes Waldstück und zum Südrücken des teilweise waldbestandenen *Pirschling* (1634 m), bei den Einheimischen ein Geheimtip als »Schwammerloase«.

Hinter seiner schwach ausgeprägten Kuppe spazieren wir, nur unmerklich ansteigend, auf Pfadspuren über den breiten, südseitigen Wiesenrücken des Schönkahler. Rechts unten liegt oberhalb der Waldgrenze die Pfrontner Alp. Abschließend ein letzter Aufschwung, und wir betreten den höchsten Punkt des *Schönkahlers*. Über ihn verläuft die österreichisch-deutsche Grenze zwischen Aggenstein (östlich) und Sorgschrofen (westlich).

Touristische Angaben

Talort: Zöblen (1087 m), kleines Dorf mit rund 200 Einwohnern im westlichen Tannheimer Tal an der Bundesstraße 199 zwischen Tannheim (3 km) und dem österreichischen Zollamt (2 km); Busverbindungen mit Oberjoch (Montag bis Freitag ab 10.30 Uhr), Füssen (10.30 Uhr), Reutte (9.30 Uhr). Gasthöfe, Pensionen.
Ausgangspunkt: Gasthof Zugspitzblick (1304 m) im Weiler Oberhalde, der höchstgelegenen Dauersiedlung im Tannheimer Tal. Von Zöblen asphaltierte Zufahrtsstraße, 2 Kilometer. Parkplätze.
Höhendifferenz: 400 Meter.
Gehzeit: Nicht ganz 2 Stunden.
Karten: Bayerisches Landesvermessungsamt 1:50000, Füssen und Umgebung; Zumstein-Wanderkarte 1:35000, Blatt 3 Hindelang – Tannheimer Tal; Kompass Wanderkarte 1:50000, K4 Füssen, Ausserfern; Feytag & Berndt Wanderkarte 1:50000, Blatt 352 Ehrwald, Lermoos, Reutte, Tannheimer Tal.

33 Einstein, 1866 m

Der Sonderling von Tannheim

> **Halbtagestour**
>
> Breite, streckenweise steile Wiesenwege und -pfade; Gipfelbereich felsig. Wenig Schatten durch lichten Wald.
>
> Unschwierig. Am Gipfelgrat ist Trittsicherheit ratsam; bei und nach Regenfällen rutschige Felsstufen.
>
> Beste Jahreszeit: Ende Mai bis Ende Oktober.

Er gehört weder zu den »Tannheimern« noch zur Vilsalpseegruppe und nimmt deshalb, annähernd rechtwinkelig im Grundriß, alpingeographisch eine Ausnahmestellung ein. Immerhin: Höchste Erhebung nördlich des Tannheimer Tales zwischen Vils- und Engetal.

Der Einstein besitzt in zweierlei Hinsicht den Status eines Sonderlings: In der Stille und Abgeschiedenheit seines Eremitendaseins sowie als isolierter Berg, über die Moosfarben der ihn umgebenden Wiesen und Wälder hinausragend.

Einstein hat nichts mit dem genialen Physiker und Nobelpreisträger zu tun. Der Name erklärt schlichtweg die Situation des Berges als der »eine Stein« von Tannheim. Dabei erweckt er von dort aus gar nicht diesen Eindruck, eher den eines schlafenden Riesen – phantasievoll umschrieben –, der Gipfelaufbau als Kopf, als Leib der sich ostwärts zum Rappenschrofen erstreckende Kamm. Man muß ihn schon von Westen anschauen, vom Schönkahler (siehe Tour 32), um zu verstehen, warum er Einstein heißt. Da gibt er sich als strammes Felshorn – offenbar nur beherzten Alpinisten zugänglich.

Nordseitig, über dem *Zollamt Fallmühle*, stellt er so gut wie überhaupt nichts dar. Dort beginnt bei einem Stadel der Normalweg durch die Schatthänge. Die Route ist arm an Abwechslung und findet verhältnismäßig wenige Begeher.

Südseitig erfolgt der Aufbruch in *Berg*, einem Ortsteil von Tannheim, dem ältesten

Weiler im Tal mit einer Sebastiankapelle von 1653. Das Tannheimer Tal gehörte bis ins späte 14. Jahrhundert zur Pfarre Sonthofen beziehungsweise zur Grafschaft Alpgäu und kam 1485 unter Erzherzog Sigismund (»Der Münzreiche«) zu Tirol. Die frühen Erschließer, alemannische Siedler, rückten aus der Gegend von Hindelang vor, aber auch von Pfronten durch die »Enge«. Erst später kamen tirolische Bajuwaren aus dem Lechtal über das Tiefjoch am Hahnenkamm, das bis zum Ausbau des schmalen Saumpfades über den Gaichtpaß Mitte des 17. Jahrhunderts der übliche Zugang von Osten war. Die Folgen des Besiedlungsprozesses sind noch heute zu hören: Im westlichen Teil des Tales klingt der Dialekt allgäuerisch (alemannisch), im Ostteil tirolisch (bajuwarisch); »Sprachgrenze« ist der Haldensee.

Den Gipfel bildet ein winziges Plateau, etliche Quadratmeter im Ausmaß, steil abbrechend. Das Kreuz ist Tannheim zugewandt. In dieser Richtung stehen die nördlichen Allgäuer Berge wie zur Parade angetreten. Im Osten bestechen die Tannheimer Hauptgip-

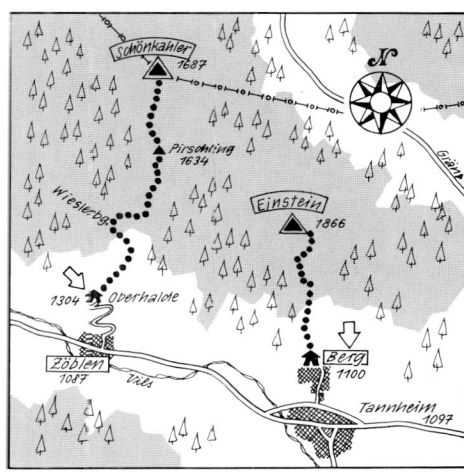

fel. Die Fernsicht schweift neben der Furche der Gaichtspitze zum Zugspitzeck. Westlich, auf dem Wiesenrücken des Schönkahler, bewegen sich Wanderer dahin. Im Norden verliert sich das Voralpenland, scheinbar unermeßlich weit. Man kann Stunden verbringen auf den gebleichten Gipfelfelsen. Und

Der Einstein von Süden. Wanderweg vom Parkplatz oberhalb des Dörfchens Berg.

manch einer wird das Gefühl nicht los, als seien für ihn hier oben die Gesetze der Schwere aufgehoben.

Auf den Sonnenflanken

Vom *Gasthaus Berger Alm* dem asphaltierten Sträßchen bergan folgen zu den obersten Häusern und weiter zu einer Wege-Übersichtstafel. Hier links auf breitem Weg ein Drehkreuz passieren. Bei einer rotgestrichenen Rastbank rechts ab. Über den Wiesenhang hoch zu einem Alpgüterweg. Nun entweder auf ihm oder geradeaus den abkürzenden alten Weg nehmen. Bleibt man auf dem Fahrweg, ist darauf zu achten, daß etwa 20 bis 25 Minuten oberhalb von Berg unsere Route den Güterweg rechts verläßt (vor einem Felsblock mit roter Aufschrift »Einstein« und einem roten Pfeil).

Die Spur wird vorgeschrieben. Von der Höhe muntert das Gipfelkreuz auf. Haflingerstuten weiden mit ihren Fohlen. Jungvieh grast im lichtbewaldeten Hang. Zunehmend weitet sich die Aussicht. Rote Farbkleckse auf Steinen und rotgestrichene Holztäfelchen kennzeichnen den Weg.

Nach knapp 1 Stunde baut sich der eigentliche Bergkörper auf. Angenehm zu begehende Serpentinen leiten uns an Felsen heran. Wir wenden uns rechts in langen Schleifen durch einen freien Grashang. Kurz bevor der Weg den Ostrücken erreicht, mündet von rechts der erwähnte Pfad aus dem nordseitigen Achtal. Von Berg 1½ Stunden.

Auf dem Ostrücken links, etwas unterhalb des Latschenkammes, mit einem felsigen, von Wurzelwerk überzogenen Steiglein. Um eine Ecke herum, und schon weist das nahe Gipfelkreuz die letzten Meter zum höchsten Punkt.

Touristische Angaben

Talort: Tannheim (1097 m), Hauptort (800 Einwohner) des gleichnamigen Tales. Von Pfronten (Ausweis beim Grenzübertritt)

Vom Aufstieg zum Einstein geht der Blick über Grän im Tannheimer Tal zum Hahnenkamm und zur Gaichtspitze. Links die Tannheimer Hauptkette (Gehrenspitze, Kellespitze, Rote Flüh).

15 Kilometer, von Oberjoch 10 Kilometer, von Reutte 24 Kilometer. Weitere Angaben siehe Tour 28.

Ausgangspunkt: Berg (1100 m), 500 Meter nördlich von Tannheim, an der Basis des Einsteins. Parkplätze beim Gasthaus Berger Alm. **Höhendifferenz:** 770 Meter. **Gehzeit:** Knapp 2 Stunden. **Karten:** Bayerisches Landesvermessungsamt 1:50 000, Füssen, und Umgebung; Zumstein-Wanderkarte 1:35 000, Blatt 3 Hindelang – Tannheimer Tal.

34 Krinnenspitze, 2000 m

Hoch über dem Haldensee

Halbtagestour

Abgesehen vom Gipfelgrat überall breite, ausgeprägte Wege. Kein Schatten. Rundwanderung.

Am letzten Gratstück ist Trittsicherheit und Schwindelfreiheit notwendig; Drahtseile. Bei Nässe unangenehm, vornehmlich im Abstieg zur Edenalp.

Beste Jahreszeit: Ende Juni bis Ende September

So fulminant der Anblick der Tannheimer-Nordabstürze von der Schlicke ist (Tour 41), so unübertrefflich empfindet man die Schau auf die Südwandkette zwischen Roter Flüh und Kellespitze von der Krinnenspitze aus. Sie schwingt sich südlich des Tannheimer Tales empor, zunächst behäbig mit waldbestandenen Hängen, in denen Lifte und Pisten die Natürlichkeit sabotieren, darüber mit abweisendem Hauptdolomitfels auf einem Sockel aus Lias-Fleckenmergel. Keine Bange! Durch dieses Gewänd müssen Sie selbstverständlich nicht: Der *Gamsbocksteig*, die kurzweiligste Route ab der *Krinnenlift-Bergstation*, holt zum Linksbogen aus und nähert sich der Spitze von Osten. An ausgesetzten Gratabschnitten tragen Drahtseile – leider teilweise zu tief angebracht – zur Sicherheit

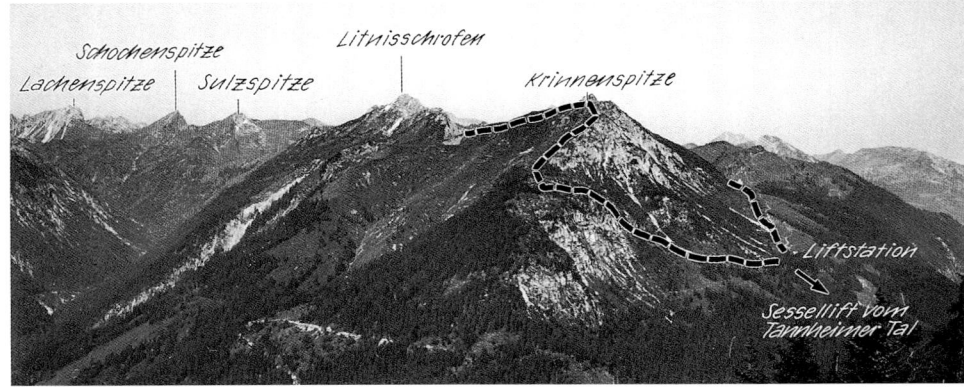

Die Krinnenspitze von Osten (Hahnenkamm). Verlauf der Überschreitung Liftstation – Gipfel – Edenalpe – Krinnenalpe – Liftstation.

bei, ebenso am abschließenden Aufschwung zum Kreuz. Dann liegt uns das Tal zu Füßen (nicht zu weit vortreten!) Das Blau des Haldensees durchziehen bunte Surfsegel. Am Nordostufer reihen sich die Häuser des Weilers Haller, einer Sage nach im Jahre 1459 von Hans Haller aus Reutte gegründet. Um diese Zeit, 1434, wird Nesselwängle erstmals urkundlich erwähnt, besiedelt von bajuwarischen Tirolern, die aus dem Lechtal über die Höhen des Hahnenkammes »einwanderten«. Nesselwängle – kleine Bergnesselwiese, sei der Ursprung des Ortsnamens. Heute zählt die politische Gemeinde auf einer Fläche von 23 Quadratkilometern zusammen mit Haller und Rauth rund 430 Einwohner und

nimmt seit hundert Jahren den Rang einer selbständigen Pfarrei ein.

Im Süden besticht vordergründig die Leilachspitze. Man erkennt das Hochkar, durch das der Normalweg aus dem Birkental gipfelwärts verläuft. Südwestlich, näher gelegen, haben wir den Litnisschrofen als hornähnliche Gestalt.

Ein Trost bei großer Hitze für Durstige: Ungefähr $1/2$ Stunde ist es nur vom Gipfel zur bewirtschafteten *Edenalp*. Bänke und Tische stehen im Freien, prächtig die Umgebung. Und schon nach einer weiteren $1/2$ Stunde auf dem *Alpenrosensteig* – Nonplusultra des Schauwanderns – verführt die Krinnenalpe zur Vesper. Beide Hütten haben sogar Matratzenlager. Doch die müssen im Regelfall nicht in Anspruch genommen werden, wenn man rechtzeitig aufbricht, möglichst vormittags, denn im Hochsommer sind heftige Gewitter gegen Nachmittag keine Seltenheit.

Auf dem Gamsbocksteig

Etwa 50 Meter östlich der *Krinnenlift-Bergstation* beginnt rechts bei einer Rastbank der *Gamsbocksteig*: Wegnummer 19. Über Wiesen und durch Latschengestrüpp auf dem

Die letzten, teilweise drahtseilgesicherten Meter zum Gipfel der Krinnenspitze.

Wegspur vom Wiesensattel der »Kelle« zur Krinnenspitze. Links unten das Tannheimer Tal.

Serpentinenpfad in ½ Stunde zum Wiesensattel der sogenannten »Kelle« (1786 m) zwischen der östlichen Schulter des Berges und seinem Aufschwung.

Rechts im grasigen Hang ansteigen. Schon wenige Minuten später wird das Gipfelkreuz sichtbar. Die Spur leitet zum ersten Aufschwung des Ostgrates, auf dessen Scheitel (Drahtseil) sich überraschend ein Tiefblick zum Haldensee öffnet. Hinunter in eine felsige Scharte (Drahtseil), aus der es drahtseilgesichert in gestuftem Fels zum höchsten Punkt der *Krinnenspitze* geht.

Kurz unterhalb des Gipfels teilen sich die Abstiegsrouten. Wir schlendern über den Wiesenhang – im Vorblick der Litnisschrofen – talwärts. Etwa 10 Minuten nach dem Kreuz an der Wegegabel rechts halten, in 10 Minuten zu einem breiten Querweg. Auf einmal sieht man die *Edenalp* (1672 m), neben der eine Tiroler Fahne flattert.

Anschließend bringt uns der genußreiche *Alpenrosensteig* zur *Krinnenalpe* (1527 m). Nun nicht auf dem breiten Weg, sondern halbrechts mit dem oberen, schmaleren Hangpfad in ¼ Stunde zum Ausgangsplatz.

Touristische Angaben

Talort: Nesselwängle (1147 m) im Ostteil des Tannheimer Tales, siehe Tour 35.
Ausgangspunkt: Krinnenlift-Bergstation (1547 m) in der Nordflanke der Krinnenspitze. Betriebszeiten von Mitte Juli bis Mitte September (hernach bis Oktober an Wochenenden) von 9.00 bis 17.00 Uhr, letzte Talfahrt um 16.40 Uhr. Zu Fuß von der Talstation nicht ganz 1¼ Stunden. Die Zufahrtsstraße (250 m) zur Talstation zweigt nordwestlich von Nesselwängle von der Talstraße ab; beschildert.
Höhendifferenz: Sesselliftstation – Gipfel 455 Meter.
Gehzeiten: Sesselliftstation – Gipfel 1¼ Stunden. Abstieg 1¼ Stunden. Insgesamt 2½ Stunden.
Zwischenstationen: Edenalp, Krinnenalpe. Von Juni bis September beziehungsweise ganzjährig bewirtschaftet.
Karten: Bayerisches Landesvermessungsamt 1:50000, Füssen und Umgebung; Zumstein-Wanderkarte 1:35000, Blatt 3 Hindelang – Tannheimer Tal.

35 Rote Flüh, 2111 m

Schaukanzel über dem Tannheimer Tal

Tagestour (aus dem Tannheimer Tal), Zweitagetour aus dem Reintal.

Teilweise Schatten. Steinige Wege, streckenweise Felssteige. Auf der Südseite viel Sonne.

Trittsicherheit und Schwindelfreiheit besonders auf der Route aus dem Reintal erforderlich. Drahtseile. Bei Nässe sehr unangenehm. Blitzschlaggefahr im Gipfel- und Gratbereich.

Beste Jahreszeit: Südseite von Ende Mai bis Ende Oktober. Nordseite von Ende Juni bis Ende Oktober.

Der schönste Blick auf die Rote Flüh bietet sich vom Westufer des Haldensees. Allerdings täuscht diese Perspektive etwas über die tatsächlichen Gegebenheiten hinweg, denn auf dem Bild verschmilzt die Form der Roten Flüh kaum ersichtlich mit dem dahinter aufragenden Gimpel und läßt sie mächtiger erscheinen.

Ein Wandergipfel? Unmöglich – dem Anschauen nach, bei diesen Wänden. Was flüchtige Durchreisende oder Neuankömmlinge nicht wissen, ist die Tatsache, daß hinter der über dem Tannheimer Tal hochschnellenden Felsflucht aus Wettersteinkalk – an die sich rechts der Hochwiesler anschließt – ein geräumiges Kar eingelagert ist und die Rote Flüh sich dorthin mit felsigen Schrofen senkt, wo der übliche Normalweg verläuft.

Prächtiger als aus dem Tal gestaltet sich die Schau vom Gipfel mit »Adleraugen« auf den rund 1000 Meter tiefer ruhenden Haldensee und natürlich über das gesamte Tal. Stellenweise senkrecht und überhängend bricht die Südwand neben dem Gipfelkreuz ab. Beim Autor werden Erinnerungen wach an scharfe Kletterfahrten: Westverschneidung, »Lodererpfeiler«, Südostriß, als erster Mensch alleine durch die Südverschneidung; der Todessturz von Sepp und Ilse aus der Südwestwand. Ein Berg ist mehr als nur ein geologisches Faktum oder ein geographischer Punkt. Er kann zu Etappen des Lebensweges werden! Die vielgerühmte Aussicht von der Roten Flüh, verbunden mit der – an anderer Tannheimer Gipfeln gemessenen – leichten Erreichbarkeit, bedingen die Popularität des Berges. Überdies vermittelt sein Gipfel instruktive Einblicke in den Westgrat und die Südwände des benachbarten Gimpel, in denen man dem Spiel der Kletterer stundenlang zuschauen kann.

Eine belustigende Episode: In der Vergangenheit kam es wegen der Stellung des Gipfelkreuzes zu handgreiflichen Auseinandersetzungen. Es konnte nämlich gedreht werden, so daß der Querbalken entweder nur von Nesselwängle oder nur von Grän zu sehen war. Erst das Metallkreuz unserer Tage befriedigte beide Talgemeinden.

Die »Saison« an der Roten Flüh – wie überhaupt auf der Tannheimer-Südseite – beginnt praktisch schon um Ostern, hauptsächlich im Fels, aber auch im Kar zwischen Gimpel und Roter Flüh, mit Skiern, das letzte Stück aus der Judenscharte zu Fuß. Im Gimpelkar fühlen sich Gemsrudel offensichtlich pudelwohl. Die Jungen vergnügen sich auf den steilen Schrofenhängen. Publikumsscheu ist ihnen fremd. An schönen Wochenenden sind es Schlangen, die beim Gimpelhaus aufbrechen. Wesentlich ruhiger, aber länger und anspruchsvoller ist der Zugang aus dem nördlich der Roten Flüh eingebetteten Reintal – eines der wirkungsvollsten Hochtäler in den Ostalpen, in dem rund 400 Blütenpflanzen ideale Lebensbedingungen finden. Aus dem *Reintal* verbindet man in der Regel die Überschreitung der Roten Flüh und setzt die Tour auf der Südseite der Tannheimer Kette fort zum Sabajoch vor der Gehrenspitze. Von dort wieder ins Reintal absteigend, schließt sich der Kreis einer bemerkenswerten Tagestour (siehe Trenker/Dumler, Die schönsten Höhenwege der Ostalpen).

Vom Gimpelhaus auf der Südseite

Zunächst geht es um die östlichen Ausläufer des Hochwieslers herum zur breiten Öffnung des *Gimpelkares* (hierher auch von der Tannheimer Hütte, Tour 37). Ein Stück weit im Kar

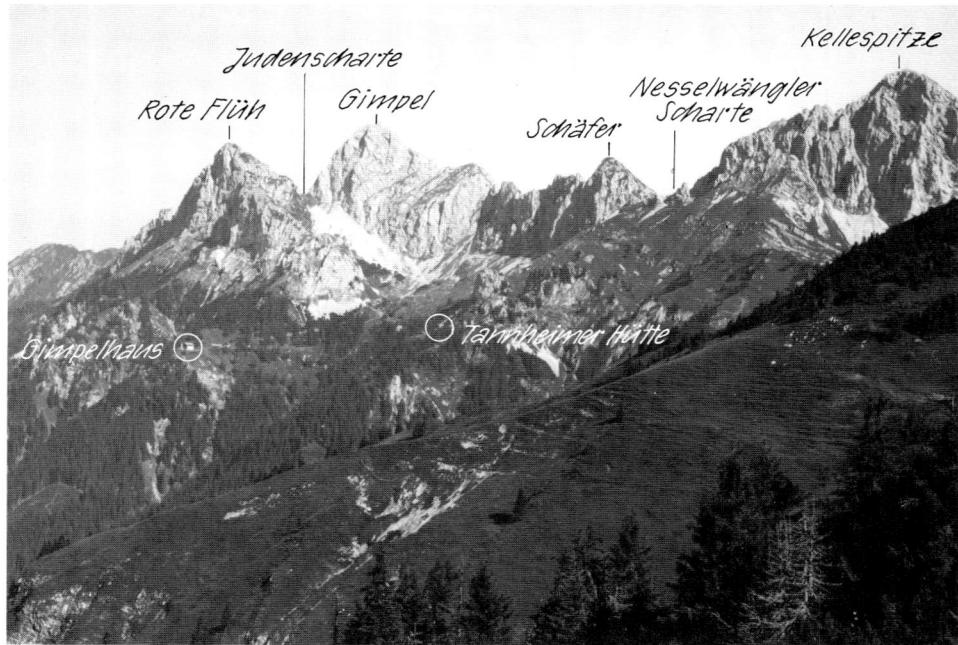

Blick vom Hahnenkamm (Osten) auf die Tannheimer Gipfel zwischen Roter Flüh und Kellespitze.

teilen sich die Wege. Aus Gründen der Sicherheit nehmen wir den unteren Steig, das heißt den, der tiefer ins Kar eindringt. Der obere Weg leitet zwar auch ans Ziel, führt jedoch steinschlaggefährdet am Fuß der Gimpel-Südwand entlang und ist außerdem mühsamer. Links des Kares neigen sich felsdurchsetzte Grashänge vom Hochwiesler. Er ist von hier nicht mehr wiederzuerkennen, wenn man sich an seine Südwandmauer erinnert.

Das Weglein schlängelt sich in Kehren hinauf in die *Judenscharte* an der Basis des Gimpel-Westgrates. Nur einige Schritte entfernt bäumt sich der Gipfelstock der Roten Flüh auf. Es geht um eine Ecke. Dann greifen wir in die Stahlseile. Aus dem Fels sind Stufen geschlagen. Oftmals sind diese Passagen rutschig, weil Absteigende an ihren Schuhsohlen den Humus von der Gipfelwiese mitbringen. Dort erwartet uns schrofig felsiges Gelände. Erst im letzten Augenblick taucht das Kreuz auf.

Aus dem Reintal

Ab den Hütten im hinteren Reintal läuft man

ein kurzes Stück in Richtung Reintaljoch (Wegweiser), hält sich aber schon bald links (Weg Nr. 413) in Richtung des klobigen Schartschrofens, den markanten Abschluß des Tales. Unser vorläufiges Ziel ist die *Gelbe Scharte*. Sie trennt die Massive des Schartschrofens (rechts) und der Roten Flüh (links). In der 350 Meter hohen Nordwand der Roten Flüh erkennt man einen pfeilerartigen Steilabbruch, aus dem ein gewaltiges Dach vorspringt – etwa 15 Meter, wie eine Zimmerdecke, erstmals im Jahre 1969 überklettert von den Kemptener Zwillingen Walter und Erich Rudolph.

In der *Gelben Scharte* angelangt, wenden wir uns links. Und schon heißt es aufpassen! Das Steiglein ist schmal und luftig. Achtunggebietend der Tiefblick ins Tannheimer Tal und zum Haldensee. Wir wandeln auf den Spuren von Julius Bachschmid und August

Die Südabstürze der Roten Flüh über dem Tannheimer Tal. Der Normalweg aus dem Reintal führt von links zum Gipfelkreuz.

Gimpel (links) und Rote Flüh von Norden; in der Mitte die Judenscharte.

Weixler. Sie haben die Rote Flüh 1895 mit dieser Route erschlossen. Die Erstbesteigung dürfte schon viel früher durch Einheimische aus dem Gimpelkar erfolgt sein.

In der Südwand des Gilmenkopfes, einem Kletterzacken, beruhigen Drahtseile. Am Nordwestgrat der Roten Flüh wechseln wir in ihre Südwestseite über. Eine Wandstelle wird mit Hilfe von Eisenklammern überwunden. Hernach kurze Kehren, abermals ein Drahtseil, dann der Gipfel.

Touristische Angaben

Südseite
Talort: Nesselwängle (1147 m) im Ostteil des Tannheimer Tales, 20 Kilometer von Oberjoch, 16 Kilometer von Reutte, 21 Kilometer von Pfronten. Busverbindungen mit Reutte nur Montag bis Freitag, erster Bus ab Reutte 9.30 Uhr. Gasthöfe, Hotels. – *Sehenswert:* Barocke Pfarrkirche Mariä Himmelfahrt aus der frühen 1. Hälfte des 18. Jahrhunderts.

Stützpunkte: Gimpelhaus (1685 m), privater Berggasthof, bewirtschaftet von Ostern bis Anfang November, 300 Schlafplätze. Von Nesselwängle (Kirche) 1½ Stunden. – Tannheimer Hütte (1713 m), DAV, siehe Tour 37.
Höhendifferenz: 430 Meter.
Gehzeit: 1¼ bis 1½ Stunden.

Nordseite
Talort: Musau (821 m) im Lechtal zwischen Füssen (6 km) und Reutte (8 km) bzw. 16 Kilometer von Pfronten; Busverbindungen, Haltestelle der Bahnstrecke Pfronten – Reutte. Parkplätze (und Beginn des Hüttenweges) beim Gasthaus Rainthal an der Bundesstraße 310 gegenüber der Bahnstation.
Ein anderer Ausgangspunkt: Vom Gasthaus Rainthal noch 2 Kilometer auf der Straße in Richtung Reutte. Dann beim Waldhaus Roßschläg (Gasthof, Bushaltestelle) rechts ab und 500 Meter zum Parkplatz. Von dort auf einem Fahrweg zur Musauer Alm; weniger abwechslungsreich als vorgenannte Möglichkeit.
Stützpunkte: Otto-Mayr-Hütte (1530 m), DAV, bewirtschaftet von Anfang Mai bis Ende Oktober, 65 Schlafplätze. Tel. 05677/457. Von Musau über die Musauer Alm (1267 m, privat, bewirtschaftet von Ostern bis Ende Oktober, 80 Schlafplätze) etwa 3 Stunden. Von der Sessellift-Bergstation (von Grän) am Füssener Jöchle 1 Stunde.
Unweit der Otto-Mayr-Hütte die Willy-Merkl-Hütte (1550 m, DAV, an Wochenen-

den bewartet, 30 Schlafplätze) sowie die private Füssener Hütte (am Wochenende bewartet, 61 Lager).
Zwischen Füssener Hütte und Willy-Merkl-Hütte existiert ein 1988 durch die DAV-Sektion Augsburg eröffneter Alpenpflanzen-Schaugarten (1000 m²), in dem 260 verschiedene Pflanzen wachsen.
Höhendifferenz: 590 Meter.
Gehzeit: etwa 2 Stunden.
Karten: Bayerisches Landesvermessungsamt 1:50000, Füssen und Umgebung; Zumstein-Wanderkarte 1:35000, Blatt 3 Hindelang – Tannheimer Tal.

36 Gimpel, 2176 m

Nicht nur für Felsakrobaten

Tagestour

Schattenlose Tour im Felsgelände, streckenweise Steigspuren vorhanden; Steinschlaggefahr. Bei Nässe problematisch.

Nur für klettergeübte Wanderer. Einzelne Passagen im Schwierigkeitsgrad II.

Beste Jahreszeit: Anfang Juni bis Ende Oktober.

Zugegeben: Die Kletterführer – mehr als zwei Dutzend – dominieren im Tourenangebot des Gimpels. Davon lassen sich viele Alpinisten einschüchtern. Der Gimpel weist jedoch auch einen Normalanstieg auf; ihn als Normalweg zu deklarieren, entspräche allerdings nicht der objektiven Auslegung.
Die Route des touristischen Erstbesteigers Hermann von Barth in den späten sechziger Jahren des 19. Jahrhunderts aus dem Reintal über die Steilschrofen der Nordostflanke ist nicht mehr akzeptabel und mutet selbst einen Betrachter unserer Zeit als »kriminell« an. Vor dem Edelmann von Schloß Eurasburg hatte der Gipfel sicherlich schon durch Einheimische Besuch erhalten. Vielleicht von Hirten der Gimpelalm, die in einer Mulde lag. Das keltische Wort für Mulde heißt »comba«. Davon soll der Name Gimpel ab-

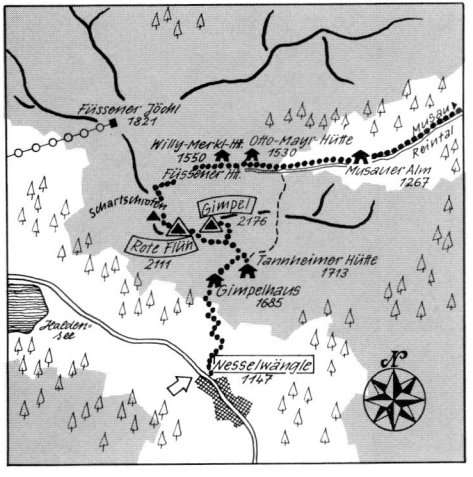

geleitet worden sein. Wahrscheinlich sind die Tiroler den Berg von Südosten angegangen, möglicherweise auf der am wenigsten schwierigen Linienführung, als deren offizielle Erstbegeher die damaligen Tannheimer-Matadoren Julius Bachschmid und August Weixler im Sommer 1896 von der alpinen Chronik genannt werden.

Wer den Gimpel nur von Süden kennt, kennt ihn eigentlich nicht, das heißt, er begreift nicht seine Gesamtgröße. Das ist nur aus dem Reintal möglich. Dorthin bricht der Berg mit annähernd 700 Meter hohen Wänden ab. Dieses Schattenreich braucht keinen Vergleich zu scheuen mit namhaften Mauern, und auch die Extremrouten in der Nordwand dürfen sich würdig einreihen in die berühmtesten Felswege der Nördlichen Kalkalpen. Resümee der Betrachtungen: Während die Nordseite über alle Maßen abschreckt, haben auf der Südseite auch Bergsteiger eine Chance, die nicht als ausgesprochene Seilfe-

Im Reintal auf der Nordseite der Tannheimer Hauptkette. Im Talhintergrund links der Gimpel, rechts (verdeckt) der Schartschrofen.

xen einen ihrem Können angemessenen Gipfel ins Auge fassen, über die *Südostflanke.*

Voraussetzung für den *Normalanstieg* sollte eine längere, regenfreie Periode sein, andernfalls ist mit zusätzlichen Gefahrenmomenten zu rechnen. Obwohl es sich überwiegend um Gehgelände samt Steigspuren handelt, möchte ich die vereinzelten Kletterpassagen nicht verschweigen, vornehmlich am Vorbau in einer felsigen Rinne. Sie wird stellenweise mit II bewertet, als »Schlüsselstelle«. Am Gipfelgrat wird's dann leichter. Aber auch dort sind verschiedene Haltepunkte »abgeschmiert«. Auf dem Vorbau

An der Öffnung des Gimpelkares. Normalwege auf Gimpel und Rote Flüh. Rechts der Judenscharte bäumt sich der Westgrat des Gimpels auf.

kracht zuweilen Steinschlag vom Gipfelgrat. Bedenken Sie auch, daß über die Aufstiegsroute wieder abgestiegen werden muß. Ein Ausrutscher kann das tödliche Ende bedeuten!

Der Gimpel sprengt den Rahmen einer Wanderung ganz erheblich. Er stellt aber für jene, die sich in der Lage fühlen, etwas mehr zu leisten – und das auch schon praktiziert haben –, ein angemessenes Ziel dar.

Durch die Südostflanke und über den Ostgrat

Wie beim *Normalweg* auf die Rote Flüh (Tour 36), streben auch »Gimpel-Stürmer« von den Unterkünften auf der Südseite dem *Gimpelkar* zu. An seiner Öffnung hält man sich schwach rechts und gewinnt auf einem Rasen- und Geröllpfad die Basis der Kammverbindung Gimpel – Schäfer. Nun links weiter, bis deutliche Spuren rechts in den schrofigen Vorbau des Berges leiten. Die Steigspuren setzen sich über niedere Felsabsätze fort. Schließlich sind wir am Auslauf besagter Rinne, die am besten direkt überwunden wird.

Bereits aus dem Kar waren die Schrofenbänder zu sehen, die den Vorbau schräg rechts hoch zum Ostgrat hin durchziehen. Eines der Bänder vermittelt den weiteren Aufstieg in Richtung des schon von unten sichtbaren Felszackens im Ostgrat. Er wird in der Nähe des Zackens erreicht. Anschließend links über den Ostgrat beziehungsweise in seiner linken oder rechten Seite den am günstigsten erscheinenden Weg zum Gipfel suchen.

Touristische Angaben

Talort: Nesselwängle (1147 m) im Ostteil des Tannheimer Tales, siehe Tour 35.
Stützpunkte: Gimpelhaus (1685 m), privat, siehe Tour 35. – Tannheimer Hütte (1713 m), DAV, siehe Tour 37.
Höhendifferenzen: 500 Meter von den Hütten. Vom Einstieg 250 Meter.
Gehzeiten: Knapp 2 Stunden. Vom Einstieg 1 Stunde.
Karten: Bayerisches Landesvermessungsamt 1:50000, Füssen und Umgebung; Zumstein-Wanderkarte 1:35000, Blatt 3 Hindelang – Tannheimer Tal.

37 Kellespitze, 2247 m

Höchster Tannheimer Gipfel

Tagestour von der Südseite, Ein- bis Zweitagetour von der Nordseite (Reintal).

Auf der Südseite bis zum Gimpelhaus schattiger, steiler Weg. Anschließend freie Hänge und Felsgelände. Von Norden kaum Schatten, steiler und mühsamer Zugang in die felsige Gipfelregion. Bei Nässe nicht zu empfehlen.

Am Gipfelaufbau eine Stelle II, übriger Aufstieg I und Gehgelände. Steinschlaggefahr im Kamin, schwierigste Stelle (Drahtseil).

Beste Jahreszeit: Südseite von Ende Mai bis Oktober. Nordseite von Ende Juni bis Oktober.

Obwohl die Kellespitze den Kulminationspunkt der Tannheimer Berge markiert, tritt sie im Hauptkamm als solcher nicht überall ersichtlich in Erscheinung. Von Südwesten, vom Gimpelhaus, wirkt sie ausgesprochen mickrig: ein stumpfer, gestreckter Felsrükken. Dieser Standort erlaubt nämlich keine Einsicht in die 300 Meter hohe Südwand oder gar in die 400 Meter hohe Südostwand. Dessenungeachtet bilden die Nordabstürze über dem Reintal die imposanteste Front des Berges. Sie messen fast 800 Meter. Allein schon daraus errechnet sich ein längerer Zugang von Norden als von Süden.

Bei der *Tannheimer Hütte* trennen den Bergsteiger nur 500 Meter vom Gipfel. Indes bietet die jenseitige Nordroute eine großartigere Szenerie, ist stiller, aber etwas schwieriger im Zugang zur *Nesselwängler Scharte*, aus der der Gipfelgang angetreten wird.

Das Wort Kelle wurzelt im Mittelhochdeutschen und bedeutet soviel wie tiefes Kar oder Mulde. Als erste nachweisbar erfaßte Menschen auf der Kellespitze sind Vermessungsbeamte im Jahre 1820 bezeugt. Um die Mitte des 19. Jahrhunderts erhielt sie prominenten Besuch durch Königin Maria von Bayern, Mutter Ludwigs II., einer leidenschaftlichen Alpinistin.

Die Kellespitze von Südwesten. Aufstieg vom Gimpelhaus beziehungsweise von der Tannheimer Hütte über die Nesselwängler Scharte.

Es ist schon eine ganze Weile her, daß der bald schon legendäre Fischer-Franze das Regiment in der Tannheimer Hütte ausübte. Alte Oberreintalspezln empfing er mit dem im Wetterstein-Kletterparadies traditionellen Gruß »Hei mi leckst am Arsch«. Und auch sonst war der Ohlstädter ein Urvieh, nach außen hin rauh und poltrig, mit Vorliebe »Preißn« verulkend, herzensgut in der Seele, ein Original, wie es sich unsere programmierte Epoche nicht mehr leisten will.

Die *Tannheimer Hütte* dient als bester Ausgangspunkt für die Kellespitze, seit 1892. Sind es auch vom Gimpelhaus nur gute 10 Minuten mehr, das »Tannheimerhittle« ist halt etwas ganz anderes, persönlicher, um nicht zu sagen intim, wenn man sich als Stammgast fühlt. Der Hüttenwart gibt Getränke aus, kocht Suppen und bereitet gelegentlich das Mitgebrachte auf, soweit es der Betrieb zuläßt. Eine Auszeichnung gebührt der biologischen Kläranlage. Mit ihrem Bau vollbrachte die DAV-Sektion Kempten eine Pioniertat im alpinen Umweltschutz.

Das *Gimpelhaus* dagegen prägt Restaurantcharakter, selbstverständlich Speisenkarte, blitzsauber, Treffpunkt der Tagestouristen für ein Sonnenbad auf der Veranda. Heini, der Besitzer, führt sein Haus abgestimmt auf die Erfordernisse des Wanderers und tritt somit in die Fußstapfen seines Vaters Adalbert. Der Nesselwängler hatte, unter dem Schock einer Brandzerstörung, aus der schlichten Unterkunft der fünfziger Jahre einen schmuck-

ken Gasthof in kanzelartiger Lage über dem Tannheimer Tal geschaffen.

Über die Tannheimer Hütte

Von der *Tannheimer Hütte* (oder ab Gimpelhaus) ansteigend in Richtung Judenscharte – Rote Flüh – Gimpel. Wo dieser Weg auf einem Wiesenboden links ins Gimpelkar einschwenkt, hält man sich schwach rechts. Serpentinen führen uns über Grashänge an den Fuß der Tannheimer Hauptkette. Dort stößt man auf einen schwach ausgetretenen Pfad, mit dem es rechts geht, unter der Schäfer-Südwand zur felsbesetzten Einsattelung der Nesselwängler Scharte. An ihrer östlichen Seite erlaubt ein Durchschlupf auf Steigspuren den Zugang in die breite *Nesselwängler Scharte* (2004 m). 1 Stunde.

In der Folge rechtshaltend durch die Grashänge, von den Einheimischen »Lenzles Anstand« getauft. Das Weglein verläuft parallel zum Westgrat in östliche Richtung. Hinter einem Schärtchen kurzer Abstieg durch die kaminähnliche, gestufte Steilrinne (I), die in einem schottrigen Schluchtkamin ausläuft. Jenseits hoch über schrofige Felsstufen, wobei sich schöne Ausblicke zu den bizarren Türmen des »Kelle-Nordgrates« ergeben. Schräg linkshaltend hinauf zum Beginn eines Kamins. Der Doppelklemmblock wird mit Hilfe von wackligen Eisenbügeln erklommen. Das unhandliche Drahtseil bietet kaum Unterstützung. Über der *Schlüsselstelle* (II) vollends im Kamin hoch zu Schrofen und in die Scharte zwischen Vorgipfel und Gipfel. Steinschlagauslösung unbedingt vermeiden! Ein letzter kurzer Aufschwung (I) und mühelos zum Gipfelkreuz.

Aus dem Reintal

Etwa 10 Minuten unterhalb der *Otto-Mayr-Hütte* (im Aufstieg gerechnet) geht es links auf einem Holzsteg über den Sababach. Zunächst durch lichten Wald und Strauchwerk über die Waldgrenze hinaus. Eine Kehre folgt

der anderen. Felsplatten stufen den Pfad. Mittels Serpentinen erreichen wir die »Wanne«, ein Hochkar zwischen Gimpel (rechts) und Kellespitze (links). Der sogenannte »Bächlestein« liegt am Weg. Vorbei an diesem auffallenden Felsblock. Der anschließende Geröllsteig bringt uns zu einer Wandstufe (Drahtseil). Wenig später verlassen wir uns in einer Felsspalte abermals auf das fixierte Seil. Letztlich noch einige weite Schleifen in Richtung *Nesselwängler Scharte* (2004 m), an der uns der vorstehend beschriebene Gipfelweg übernimmt. Vom Reintal 2 Stunden.

Touristische Angaben

Südseite

Talort: Nesselwängle (1147 m) im Ostteil des Tannheimer Tales, 20 Kilometer von Oberjoch, 16 Kilometer von Reutte, 21 Kilometer von Pfronten. Busverbindungen. Gasthöfe und Hotels.
Sehenswert: Barocke Pfarrkirche Mariä Himmelfahrt aus der frühen 1. Hälfte des 18. Jahrhunderts.
Stützpunkte: Gimpelhaus (1685 m), privat, siehe Tour 35. – Tannheimer Hütte (1713 m), DAV, bewartet (nicht bewirtschaftet!) von Mitte Mai bis Mitte Oktober, 22 Lager. Von Nesselwängle (Kirche) 1¾ Stunden.
Höhendifferenzen: 550 Meter. Vom Einstieg 250 Meter.
Gehzeiten: 2 Stunden. Vom Einstieg 1 Stunde.

Nordseite

Talort: Musau (821 m) im Lechtal, siehe Tour 35
Stützpunkte: Musauer Alm (1267 m), privat, im Reintal, bewirtschaftet von Ostern bis 20. Oktober, 78 Schlafplätze. Telefon 5672/2234 (im Tal, Reutte). Von Musau 2 Stunden. – Otto-Mayr-Hütte (1530 m), DAV, siehe Tour 35.
Höhendifferenzen: 1000 Meter (ab Musauer Alm). Vom Einstieg 250 Meter.
Gehzeiten: 3½ bis 4 Stunden. Vom Einstieg 1 Stunde.
Karten: Bayerisches Landesvermessungsamt 1:50000, Füssen und Umgebung; Zumstein-Wanderkarte 1:35000, Blatt 3 Hindelang-Tannheimer Tal.

Die Kellespitze von der Roten Flüh aus; im Mittelgrund die Gehrenspitze, im Hintergrund die Ammergauer Berge.

38 Gehrenspitze, 2164 m

Speerspitze aus Wettersteinkalk

Tagestour

Aus den Tälern anstrengend. Bei Hüttennächtigung Halbtagestour. Schatten nur auf den Hüttenwegen. Nordseite mühsamer als Südseite.

Am Gipfelstock Trittsicherheit und Schwindelfreiheit notwendig; stellenweise I, sonst leichter. Bei Nässe gefährlich.

Beste Jahreszeit: Südseite von Anfang Juni bis Oktober. Nordseite von Ende Juni bis Oktober.

Seit Millionen von Jahren reckt sich das Horn der Gehrenspitze herausfordernd zum Himmel: grauer Wettersteinkalk in den formengebenden Elementen. Die markante, freistehende Berggestalt grüßt »gerspitzförmig« scharf dreieckig wie die überdimensionale Spitze eines germanischen Wurfspießes hinaus in den Talkessel von Reutte, läßt in der Morgensonne ihr Gipfelkreuz blinken.

Die Gehrenspitze fällt vom Tal gesehen wie kein anderer Tannheimer Gipfel auf. Von Osten sowie von Nordosten, beispielsweise vom Säulinggipfel, erweckt sie den Eindruck des höchsten Tannheimer Berges und dürfte schon sehr früh die ersten Bewerber ange-

lockt haben: Einheimische, Hirten oder Jäger, die das Ungetüm vorher von allen Seiten musterten und dann zur Tat gingen. Anno 1854 – ein Jahrzehnt vor der Matterhorn-Eroberung – wird ein Mann namens Dr. W. Gümbel, von Beruf Bergmeister, auf der heute üblichen Normalroute registriert. Königin Maria von Bayern und Hermann von Barth folgten ihm. Seitdem ist dort im Grunde genommen alles beim alten geblieben. An der Abgeschiedenheit hat sich nichts geändert: das einsamste aller wesentlichen Tannheimer Hochziele. Sie beruht in der Lage des Berges als östlicher Eckpfeiler des Hauptkammes, wo noch die Stille den Sinn schärft, weit weg von den Rummelplätzen. Vom Gimpelhaus ist die Gehrenspitze überhaupt nicht zu erblicken und deshalb für Unvorbereitete gar nicht existent. Anders die Situation auf der Nordseite. Kaum hat man, aus dem Lechtal schnaufend, die steile »Achsel« überwunden, zeigt sich hoch über den Tannenwipfeln der graue Kalk der respektablen Nordwand.

Sämtliche Zugänge treffen sich im *Gehrenjoch* unter den südwestlichen Ausläufern des Bergstockes:

Der steile Waldpfad (Weg Nr. 417) von Wängle bei Reutte über die im Sommer einfach bewirtschaftete *Gehrenalp* (1611 m); 2¾ Stunden.

Die aussichtsreiche Querung des Alpenrosenweges vom Alpengarten bei der *Hahnenkamm-Bergstation* (1733 m, siehe Tour 39) über die *Lechaschauer Alpe* (1700 m); 1½ Stunden.

Die hauptsächlichen Einstiegspfade von der *Tannheimer Hütte* (Gimpelhaus) auf der Südseite über das Sabajoch sowie die Reintalroute nördlich von der *Musauer Alm*.

Beim weiteren Anstieg aus dem Gehrenjoch erinnern an der Südwestkante des Berges in einer Nische etliche Gedenktafeln an Verunglückte. Christl ist eine unter ihnen, das unbekümmerte Mädle aus meiner Zeit in der Alpenvereins-Jugendgruppe Augsburg. Damit soll nicht Angst hervorgerufen, son-

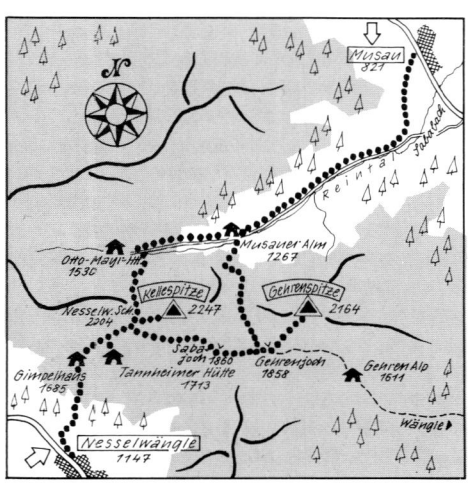

Aufstieg zur Gehrenspitze mit Blick zur benachbarten Kellespitze.

Die Gehrenspitze von Westen (Kellespitze). Normalanstieg aus dem Gehrenjoch.

dern die Konzentration gefördert werden. In der folgenden Rinne besteht nämlich Steinschlaggefahr durch Vorausgehende. Eine Felsstufe verlangt zupackende Hände. Als Lohn für die Mühen, eine 360-Grad-Rundsicht auf der Spitze. Und wenn im Spätherbst am Vormittag noch Nebel über den Tälern wallen, fühlt man sich dem Herrgott näher.

Von Süden

Ab der *Tannheiemr Hütte* beziehungsweise dem *Gimpelhaus* in Richtung Judenscharte aufwärts zum Wiesenboden an der Öffnung des Gimpelkares. Wo sich der ausgetretene Weg ins Kar wendet, halten wir uns schwach rechts. Serpentinen schlängeln sich über die Grashänge an den Fuß der Tannheimer Hauptkette. Dort stößt man auf eine Pfadspur, mit der es rechts (östlich) geht, unter der Schäfer-Südwand und der Nesselwängler

Scharte vorbei in die Süd- und Südostflanken der Kellespitze.

Links über dem Weg ragt der kecke Babylonische Turm auf. An seiner beliebten Südwestkante sind zuweilen Kletterer am Werk.

Etwas später – im Vorblick die Gehrenspitze – hinunter in die Wiesensenke des *Sabajoches* (1860 m), das durch einen gut erkennbaren Steig in den Nordhängen der Schneidspitze mit dem *Gehrenjoch* (1858 m) verbunden ist. Von den Hütten 1 Stunde.

Aus dem Joch über den Grassporn ansteigen zur Basis des Westgrates. Davor rechts und auf dem rotmarkierten Schrofensteiglein, etliche Felsrippen überquerend, zum Auslauf der unverwechselbaren Geröllrinne vor dem Gipfelstock. In ihr hoch, soweit es das Gelände erlaubt auf der linken Seite, eine kurze Felsstufe erklettern (I), in die tiefe Einschartung am Westgrat. Nun in der Nordflanke des

Grates gegen die große, vom Gipfel herabziehende Schlucht queren. Ehe man ihren Grund erreicht, wendet man sich wieder rechts aufwärts zum Grat, der am Gipfel endet.

Aus dem Reintal

Etwa 150 Meter östlich der *Musauer Alm* überschreitet man auf einem Steg den Sababach. Anschließend im Wald und über Weiden in 1¼ Stunden hinauf zu den Böden der *Sabacher Galtalpe* (1689 m). Daran rechts vorbei auf Wiesenspuren unter den Wänden des Kelleschrofens in guten 5 Minuten zu einer Quelle. An der Wegeteilung (geradeaus zum Sabajoch) hält man sich halblinks und gelangt über Wiesenhänge in ½ Stunde zum *Gehrenjoch* (1858 m). In der Folge wie vorstehend beschrieben zum Gipfel.

Touristische Angaben

Talorte: Nesselwängle (1147 m) und Musau (821 m), siehe Tour 35.
Stützpunkte: Gimpelhaus (1685 m), siehe Tour 35. – Tannheimer Hütte (1713 m), siehe Tour 37. – Musauer Alm (1267 m), siehe Tour 37.
Höhendifferenzen: Ab Tannheimer Hütte 500 Meter. Ab Musauer Alm 900 Meter. Ab Gehrenjoch 300 Meter.
Gehzeiten: Ab Tannheimer Hütte 2 Stunden. Ab Musauer Alm 3 Stunden. Ab Gehrenjoch 1 Stunde.

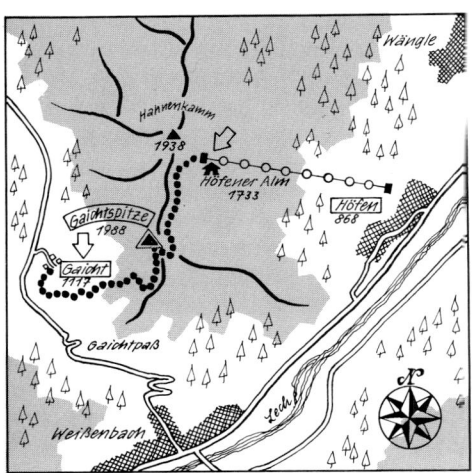

Karten: Bayerisches Landesvermessungsamt 1:50000, Füssen und Umgebung; Zumstein-Wanderkarte 1:35000, Blatt 3 Hindelang – Tannheimer Tal.

39 Gaichtspitze, 1988 m

Bummelei am Hahnenkamm

> **Halbtagestour**
>
> Mühelose, kurze Tour. Aussichtsreiche Wiesenpfade. Zugang zum Ostrücken felsige Steilrinne.
>
> Unschwierig. Trittsicherheit (und etwas Kraft) notwendig in der 50 Meter hohen Felsrinne (Fixseil). Aufpassen bei Nässe. Steinschlaggefahr durch Vorausgehende oder Absteigende.
>
> Beste Jahreszeit: Juli bis Oktober.

Die Höhen des Hahnenkammes bei Reutte spielen in der Besiedelung des östlichen Tannheimer Tales eine gewichtige Rolle, denn über das Tiefjoch (1717 m) am Hahnenkamm erfolgte im 14. Jahrhundert die Besiedelung von Nesselwängle aus dem Außerfern, dem Tiroler Raum »außer« dem Fernpaß (von Innsbruck betrachtet). Die dem Lechtal zugewandten Hahnenkammhänge waren schon früh als Weiden gerodet worden. So gesehen der erste Schritt zur Erschließung, die 600 Jahre später mit dem Seilbahnbau und der Öffnung für Skisportler ihren zeitgemäßen Abschluß fand. Lifte gesellten sich hinzu und Pisten. Den *Hahnenkamm* »schmücken« Sende- und Verstärkeranlagen; gschamig duckt sich ein kleines Holzkreuz unter dem Übermaß an Technik. Die einzigen, welche das Ganze offensichtlich nicht stört, sind die Kühe, die wie ehedem weiden. Sozusagen als Trostpflaster ist der Natur ein Denkmal gesetzt worden: Die Bergwacht hat unweit der Seilbahnstation einen *Alpenblumengarten* angelegt. Hier wurden rund 600 verschiedene Alpenblumen sowie zahlreiche Laub- und Nadelbäume gepflanzt. Dieses Reservat gilt bei den Seilbahngästen als Hauptattraktion.

Der eigentliche *Hahnenkamm* mit seinem gleichnamigen Kulminationspunkt (1938 m), ab der Seilbahn in ½ Stunde zu erwandern, erstreckt sich südlich der Gehrenspitze bis zur Gaichtspitze und trennt das Tannheimer Tal vom Lechtal. Dieser etwa vier Kilometer lange Kammrücken läßt an Aussichten keinerlei Wünsche offen: Tannheimer Hauptkette samt Südwandfelsfronten, nordöstliche Allgäuer Alpen, Zugspitze, Ammergauer und Mieminger Berge, nördliche Lechtaler Alpen sind die Augenweiden. Man kann dort einen ganzen Tag verbringen, bummelnd, vielleicht auf dem sechs Kilometer langen Alpenrosensteig zu Jausenstationen, im Gras liegend und träumend den Wolken nachlaufen.

Das lohnendste Gipfelziel im geschilderten Bereich ist neben der Gehrenspitze (Tour 38) die erwähnte *Gaichtspitze* als südlicher Grenzpfahl des Hahnenkammes. Sie wäre als harmlos einzustufen, müßte man in ihrer Südostflanke nicht eine meist feuchte Felsrinne in schattigem Winkel bewältigen. Obwohl durch ein griffiges Perlonseil bestens gesichert, haben Ungeübte oftmals Proble-

Am Weg vom Hahnenkamm zur Gaichtspitze. Die »Schlüsselstelle« in der Rinne zum sichtbaren Ostrücken befindet sich außerhalb des linken Bildrandes.

me, speziell beim Rückweg. Die Rinne bildet den Schlüssel zum latschenüberzogenen Ostrücken beziehungsweise auf die südseitigen Wiesen, die sich dem Lechtal zuneigen. Dort mündet der Aufstieg vom *Weiler Gaicht*, das stillste Weglein zur Spitze, das angesichts des Höhenunterschieds (900 Meter) weniger Freunde gewinnt als der Zugang von der Hahnenkammbahn, von wo lediglich 250 Meter an Steigungen vorhanden sind – aber auch viele Menschen. Wenn Sie jedoch eine der ersten Gondeln nehmen, dürfen Sie versichert sein, auf der Gaichtspitze alleine neben dem Kreuz zu sitzen. So nahe sind sich am Hahnenkamm Masse und Individualismus!

Seilbahn – Gipfel

Von der Bergstation *Höfener Alm* durch das Drehkreuz und zu der 100 Meter entfernten

Gaichtspitze von Norden. Wanderweg vom Hahnenkamm zum Gipfel.

Wegeteilung. Links halten (rechts zum Alpengarten), unter einem Schlepplift hindurch und schräg links unterhalb der Sendeanlage durch den Grashang zu einem Kreuz mit zwei Rastbänken auf dem Kamm. Nun links über den Rücken. Rechts unten taucht der Haldensee auf. Mäßig abwärts zum tiefsten Punkt eines Sattels. Anschließend links um die folgende Kuppe herum, an ihrer ostseitigen Basis auf schmaler Wegspur die Höhe beibehaltend. Danach hinauf zur Bergstation eines Skiliftes. Erneut abwärts in den nächsten Wiesensattel, über dem sich der felsige Nordsporn der Gaichtspitze erhebt. An diesem Sporn zieht sich der Steig links vorbei in eine Mulde der Südostflanke. Am oberen Rand der Mulde unter Fels links zum Beginn des durchgehenden Perlonseiles. Von der Seilbahn 50 Minuten.

Durch die Rinne in 5 Minuten hoch zum Ostrücken. Eine kurze Latschengasse bringt uns zum Wiesenhang. Nun rechts am Rand der Latschenzone dem sichtbaren Gipfelkreuz entgegen.

Von Gaicht

Ab der Kapelle geradeaus auf breitem Weg etwa 5 Minuten zu einem eisernen Viehgatter. Unmittelbar danach links aufwärts, vorbei an der 1986 fertiggestellten Kapelle und auf grasigem Weg weiter bergan. Es folgt ein Waldstück. Danach schräg rechts über den Wiesenhang, nochmals durch Wald und zur Gipfelwiese, über die man schwach linkshaltend den höchsten Punkt anstrebt.

Touristische Angaben

Talorte: Höfen (868 m), im Lechtal südwestlich (2 km) von Reutte an der Bundesstraße 198; Busverbindungen. 900 Gästebetten in Hotels, Gasthöfen und Pensionen. Talstation der Hahnenkammbahn.
Gaicht (1117 m), malerischer Weiler am Gaichtpaß, Ortsteil von Weißbach. Die Zufahrtsstraße (500 m) zweigt 5,3 Kilometer oberhalb von Weißenbach an der Bushaltestelle ab, von Nesselwängle 2 Kilometer. Parkplätze neben der Kapelle oder beim Alpengasthof Gaicht.
Ausgangspunkt: Höfener Alm (1733 m), Restaurant an der Bergstation der Hahnen-

kamm-Seilbahn (Reuttener Bergbahn). Talstation in Höfen, 1,3 Kilometer von der Lechtalstraße. Parkplätze, Bushaltestelle. Von Reutte 4 Kilometer.
Seilbahn-Betriebszeiten in den Sommermonaten von 8.30 bis 16.30 Uhr, Mittagspause von 12.00 bis 13.00 Uhr.

Höhendifferenzen: Seilbahn – Gipfel 250 Meter. Gaicht – Gipfel 900 Meter.
Gehzeiten: Ab Seilbahn nicht ganz 1¼ Stunden. Ab Gaicht 2¼ bis 2½ Stunden. Beim Aufstieg von Gaicht entfällt die seilgesicherte Passage.
Karten: Bayerisches Landesvermessungsamt 1:50000, Füssen und Umgebung; Zumstein-Wanderkarte 1:35000, Blatt 3 Hindelang – Tannheimer Tal.

40 Schartschrofen, 1973 m

Wanderpfade oder Klettersteig

Halbtages- oder Tagestour

Den Friedberger Steig ausgeklammert, handelt es sich um Wege beziehungsweise Pfade. Kein Schatten.

Abgesehen vom Normalweg aus dem Reintal erfordern die Anstiege zumindest Trittsicherheit und Schwindelfreiheit, in besonderem Maße der Friedberger Steig (bei Blitzgefahr meiden!). Der Zugang vom Füssener Jöchl ist nach Regenfällen rutschig.

Beste Jahreszeit: Anfang Juli bis Ende September.

Schartschrofen, Hallerschrofen und Läuferspitze bilden den westlichen Abschluß des Reintales und zugleich die Fortsetzung des Tannheimer Hauptkammes ab der Roten Flüh zum Füssener Jöchl an der Verbindungsstelle zur Westgruppe. Aus diesem Trio tritt der Schartschrofen nicht alleine als höchste Erhebung hervor, sondern als die markanteste Gestalt über dem hintersten Reintal. Früher galt er bei ruhesuchenden Wandersleuten als ein Geheimtip. Nachdem jedoch von Grän die Sesselbahn zum Füssener Jöchl ih-

Auf dem gesicherten Friedberger Steig von der Gelben Scharte zum Schartschrofen mit Gimpel (links) und Rote Flüh.

ren Betrieb aufgenommen hatte und im Juni 1974 der *Friedberger Klettersteig* über der Südostgrat installiert worden war, änderte sich der Sachverhalt grundlegend. Auf einmal drängten sich Wochenende für Wochenende eisenweghungrige Gipfelaspiranten am 200 Meter langen Drahtseil. Touristische Neugeburt des Schartschrofen! Der bis dahin übliche Anstieg geriet etwas in Vergessenheit. Er wird seitdem vornehmlich im Abstieg begangen: ideale Kombination zum Klettersteig. Allerdings nur für Alpinisten, denen die Technik auf derartigen Routen vertraut ist. Wohlüberlegt stellte die Alpenvereinssektion Friedberg eine warnende Tafel am Einstieg in der Gelben Scharte auf: »Friedberger Steig – nur für Geübte.« Verglichen mit den gesicherten Steigen an der benachbarten Roten

Flüh, stellt der am Schartschrofen höhere Anforderungen. Die Mitnahme eines Steinschlaghelmes entspricht keineswegs ängstlichem Gemüt, sondern einsichtiger Erfahrung. Der Fels erweist sich nämlich als sehr brüchig, so daß bei unvorsichtig oder leichtsinnig Vorausgehenden Steinschlag nicht auszuschließen ist.

Heutzutage erfolgen die meisten Besuche des Schartschrofen von der Sesselbahnstation am Füssener Jöchl auf reizvollem Steiglein über dem Reintalabschluß. In diesem Zusammenhang besteht auch die Möglichkeit, als erstes die kreuzgekrönte *Läuferspitze* über dem Füssener Jöchl zu erklimmen, um hinterher, vor dem Hallerschrofen, auf den üblichen Pfad zu stoßen. Diese »Höhenvariante« muß jedoch als schwierig respektiert wer-

den: Kletterstellen im I. und II. Grad, was nicht jedermann liegt.

Normalweg aus dem Reintal

Ab den Hütten im hinteren *Reintal* läuft man ein kurzes Stück in Richtung Reintaljoch (Wegweiser), hält sich aber schon bald links (Weg Nr. 413) in Richtung des klobigen Schartschrofens. Bevor man seine Basis erreicht, nimmt man an der Gabelung den rechten Steig. Er führt in Kehren durch eine Mulde hinauf ins *Hallergernjoch* (1853 m) zwischen Schartschrofen und Hallerschrofen. Aus dem Joch links, zwischen Latschen empor zum Gipfelkreuz.

Friedberger Steig

Wie bei Tour 35 beschrieben zunächst in die *Gelbe Scharte*. Rechts, am Schartschrofen entlang dem Drahtseil rechts des untersten Steilaufschwunges hoch. Danach an der linken Seite des Grates ausgesetzt über Schrofen und grasige Absätze zu einer kaminähnlichen Rinne und durch sie zum Ausstieg. Von der Gelben Scharte eine ¾ Stunde.

Vom Füssener Jöchl

Etwa 100 Meter südöstlich der *Sesselliftstation* teilen sich die Wege. Wir gehen halbrechts (Tafel: Läuferspitze) ansteigend zur nächsten Gabelung. Hier geradeaus (rechts auf die Läuferspitze) durch die Ostflanke der Läuferspitze ins *Reintaljoch*, das etwas oberhalb des tiefsten Punktes erreicht wird. Vom Lift ¼ Stunde.

Rechts auf schmalem, stellenweise felsigem Steig den Hang querend in 10 Minuten zu einem schmalen Schärtchen (hier mündet die erwähnte Höhenvariante über die Läuferspitze). Links ansteigend durch die Ostflanke einer kleinen Kammkuppe zum Aufschwung des *Hallerschrofen*, der in seiner Westseite umgangen wird, aufwärts zur Höhe des Berges, von der wir erstmals den Schartschrofen sehen. Das Weglein schlängelt sich durch Latschen hinunter ins *Hallergernjoch* (1853 m). Von hier im Gegenanstieg zum höchsten Punkt des *Schartschrofen*.

Kurz unter dem Gipfel des Schartschrofens mit dem Normalweg vom Füssener Jöchl.

Touristische Angaben

Talorte: Für das Reintal (Musau, 821 m) siehe Tour 35, für das Füssener Jöchl (Grän, 1134 m). siehe Tour 42.
Stützpunkte: Im Reintal, siehe Tour 35, Füssener Jöchl (1821 m), siehe Tour 42.
Höhendifferenzen: Otto-Mayr-Hütte/Reintal – Schartschrofen 440 Meter. Füssener Jöchl – Schartschrofen 200 Meter.
Gehzeiten: Ab Otto-Mayr-Hütte 1½ bis 1¾ Stunden. Ab Füssener Jöchl etwa 1 Stunde.
Karten: Bayerisches Landesvermessungsamt 1:50000, Füssen und Umgebung; Zumstein-Wanderkarte 1:35000, Blatt 3 Hindelang – Tannheimer Tal.

41 Große Schlicke, 2060 m

Logenplatz auf die Tannheimer Nordwände

Tages- bis Eineinhalbtagetour

Auf der Nordseite rauhe Bergpfade, stellenweise nicht markiert. Anstrengender Zugang; wenig Schatten. Vom Schlickegipfel nur noch Abstieg. Rundtour.

Unschwierig. Trittsicherheit notwendig; zur Schlickescharte Drahtseil und Eisenleiter.

Beste Jahreszeit: Juli bis Oktober.

Im Füssener Jöchl imponiert die Gestalt der Großen Schlicke als zugkräftigster Gipfel des Umkreises. Im Karettal spürt man geradezu erdrückend die Wucht der Nordabstürze. Hingegen ist der Berg vom Reintal infolge perspektivischer Verzerrung kaum wahrnehmbar. Selbst während des Aufstieges durch Latschen und über Grashänge erscheint es anfänglich unvorstellbar, sich einem Gipfel zu nähern. Erst wenn man beim Kreuz ankommt, offenbart die Schlicke ihre Selbständigkeit: wohlgemerkt als höchste Spitze im Kamm, der das Reintal nördlich abschirmt.

Lassen wir einmal das Skibergsteigen außer acht, so sind es in erster Linie Schaugründe, die uns die Schlicke schmackhaft machen, nämlich die lichtarmen Nordwände des Tannheimer Hauptkammes über dem Reintal zwischen Gimpel und Gehrenspitze: graudunkler Wettersteinkalk, Hunderte von Metern hoch. Am Gimpel ist das sogenannte »Max-Band« sehr gut zu erkennen. Es zieht sich von links unten nach rechts oben und erlaubt den am wenigsten schwierigen Durchstieg (III-IV). In dieser Wand haben sich Generationen von Kletterern immer wieder an die Grenzen des Menschenmöglichen herangetastet: Willy Merkl, 1934 am Nanga Parbat an Erschöpfung gestorben, in den zwanziger Jahren; der Füssener Hermann Schertel ein Jahrzehnt später; Karl Sohler und »Xarre« Schweiger kurz nach Kriegsende, Rainer Loderer und »Schorsch« Ostler in den fünfziger Jahren, der Volksschullehrer Peter Heel in den Sechzigern, ebenso Hermann Loderer und Leonhard (»Hartl«) Waitl, der Eishockey-Nationalspieler. Als vorläufiger Höhepunkt der Erschließung die gewagten Freikletterführen von Marcus Lutz und Gefährten.

Den Rechtsaußen der Hauptkette bildet die Rote Flüh. Links vom Gimpel die Kellespitze mit ihrem langen, türme- und zackenreichen Nordgrat. Ein Stück weiter talaus beschließt die Gehrenspitze den Nordwändereigen. Als Kontrast zur strengen Felsszenerie im Norden das Ostallgäuer Voralpenland: beschwingt, großräumig sonnenüberflutet und nur schwach gewölbt. Alleine deswegen steigt man auf die Große Schlicke. Ab der *Otto-Mayr-Hütte* im Reintal in etwas mehr als einer Stunde. Vielleicht als Abendspaziergang, wenn die Gipfel im letzten Licht des Tages erglühen. Dieser Weg, wie der Zugang vom *Füssener Jöchl* (1821 m, Sesselbahn von Grän, 1¼ Stunden) über das Reintaljoch, bedürfen keiner Beschreibung. Sie sind ausgeschildert und harmlos.

Wesentlich länger sind die nordseitigen Anmarschrouten: mindestens 3½ Stunden. Ab der Ortschaft *Vils* führt Wegnummer 412 in die Tannheimer, auf einem Fahrweg (Parkplätze 1,5 Kilometer von Vils) in Sichtweite des häßlichen Steinbruches, am Alpstrudel-Wasserfall vorbei zu der während des Vieh-

auftriebes bewirtschafteten *Vilser Alpe* (1224 m) und am Kühbach entlang zur idyllischen Hochmulde des Schlagsteinbodens (1544 m), wo an Stelle der heutigen Wiese in grauer Vorzeit ein Seelein geruht haben soll. Anschließend steil hinauf zur *Schlickescharte* am Übergang ins Reintal. Hierher leitet auch der abenteuerlichste Weg zur Schlicke von Nordosten durchs Karrettal und weltentlegene *Schlickekar*.

Wer dort aufgestiegen ist, im urweltähnlichen Kar unter der Schlicke, wird von der Einsamkeit gefesselt sein, auch dann noch, wenn er inmitten der Menschentrauben neben dem Schlickekreuz ausruht. Den Ausklang dieses stillen Bergganges vermittelt der Spaziergang über die Otto-Mayr-Hütte durch das Reintal hinaus nach Musau im Lechtal. Dort schließt sich der Kreis der wohl großzügigsten Wanderung im nördlichen Bereich der Tannheimer Berge.

Aus dem Schlickekar ins Reintal

In *Musau* vom *Gasthof Rainthal* auf der Straße etwa 5 Minuten in Richtung Vils. Gegenüber vom Haus Martinsklause links ab und auf breitem Weg durch das *Ranzental*. Etwa ½ Stunde später, vor Vils, geht es in spitzem Winkel links (hierher auch von Vils, siehe Tour 43), auf einem Fahrsträßchen zum *Konradshütte* (nur winters geöffnet) und zur breiten Öffnung des *Karrettales*. Bei einem Wasserbunker rechts über den *Hundsarschbach*, nach 10 Minuten an der Gabelung links halten, worauf schon bald die östlichen Erhebungen des Schlickekammes ins Blickfeld treten. Der Fahrweg endet vor dem Hundsarschbach. Am anderen Ufer auf steinigem Wanderpfad anhaltend bergauf, nahezu in gerader Linie, kurz durch Hochwald und zur malerischen Lichtung der *Hundsarschalpe* (ca. 1400 m) mit einer kleinen, abgeschlossenen Holzhütte. 2 Stunden. Während sich die roten Farbzeichen fortsetzen in Richtung Hundsarschjoch – Vilser Alpe, gehen wir vom Hüttchen weglos links (südlich) zu zwei Brunnentrögen. Dort rechts haltend, der ehemaligen Wasserleitung folgend, wandern wir ins einsame obere *Karrettal* und ins *Schlickekar*. Von einer Quelle das letzte Stück gerade hoch in die *Hundsarschscharte* (1744 m). Die scheinbar derbe Wortbildung »Hundsarsch«

Schlicke von Westen (Füssener Jöchl). Wegverlauf des Zuganges aus dem Lechtal.

hat übrigens nichts mit einem Hundepopo zu tun, sondern entspricht einer volkstümlichen, abwertenden Bezeichnung für gerölliges und steiniges Gelände.

Vom Grassattel, eingelagert zwischen Schlicke (links) und Wildböden (rechts), jenseits einige Minuten weglos absteigen, danach links halten zu ausgedehnten Schuttreisen. Wir queren sie mühsam auf vereinzelten Steig- und Wildwechselspuren in südwestlicher Richtung zum markierten Weg von der

Vilser Alpe oberhalb des Schlagsteinbodens. Links das steile Hochtal empor, oben in Kehren zu einer Felswand. An ihr entlang (Drahtseil) zur Leiter, die uns in die *Schlickescharte* (1870 m) hilft. Auf der anderen Seite im Reintal kurz abwärts, worauf sich der Steig links wendet, die Südflanke der Kleinen Schlicke traversiert und in ½ Stunde hinaufführt zum Gipfel der *Großen Schlicke*.

Vom Kreuz südwestwärts über den Sonnenhang in knapp 1 Stunde hinunter zur *Ot-*

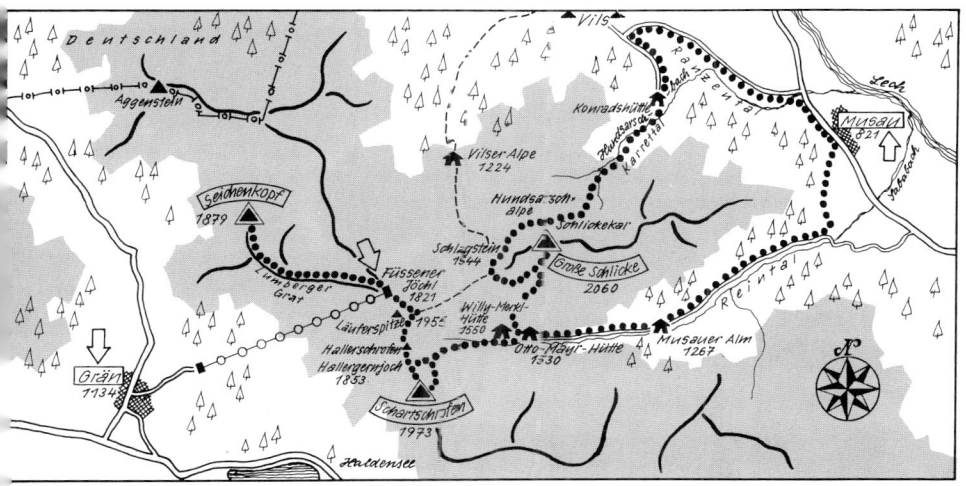

Aussichtsbalkon Große Schlicke, von links: Gimpel, Rote Flüh, Gilmenköpfle, Gelbe Scharte, Schartschrofen, Hallerschrofen. Etwa in Bildmitte im Hintergrund der Hochvogel.

to-Mayr-Hütte (1530 m). Anschließend auf breitem Weg im Reintal zur Musauer Alp (1267 m). Wir bleiben auf dem Alpgüterfahrweg. Nach einer ¾ Stunde an der Wegeteilung links. Ein ausgeprägter Felsdurchlaß wird passiert. Dahinter senkt sich der klassische Hüttenweg zur sogenannten »Achsel«, einem Steilstück im Hangwald, dessen Basis im Lechtal bei Musau ausläuft.

Touristische Angaben

Talort: Musau (821 m) im Lechtal zwischen Füssen (6 km) und Reutte (8 km) bzw. 16 Kilometer von Pfronten; Busverbindungen, Station der Bahnstrecke Pfronten – Reutte. Park-

plätze (und Beginn des Hüttenweges) beim Gasthaus Rainthal an der Bundesstraße 310. Weitere Angaben siehe Tour 35.

Ausgangspunkt: Gasthof Rainthal gegenüber der Bahnstation von Musau.

Höhendifferenz: 1300 Meter.

Gehzeiten: Musau – Große Schlicke etwa 4½ Stunden. Große Schlicke – Reintal – Musau 2½ bis 3 Stunden. Insgesamt 7 bis 8 Stunden.

Zwischenstationen: Hütten im Reintal, siehe Tour 35.

Karten: Bayerisches Landesvermessungsamt 1:50000, Füssen und Umgebung; Zumstein-Wanderkarte 1:35000, Blatt 3 Hindelang – Tannheimer Tal.

42 Seichenkopf, 1879 m

Lumberger Grat

Halbtagestour

Durch die verhältnismäßig geringe Steigung keinerlei Anstrengung. Überwiegend Steigspuren vorhanden. Schattenlos.

Weitgehend unschwierig, jedoch Trittsicherheit und Schwindelfreiheit ratsam; kurze Passagen I. Bei Nässe gefährlich.

Beste Jahreszeit: Ende Juni bis Ende Oktober.

An schönen Tagen der Urlaubsmonate sind es viele Hunderte, die der Sessellift von Grän zum *Füssener Jöchl* transportiert und die dort

ausschwärmen – kolonnenweise in Richtung Reintal und Otto-Mayr-Hütte (1 Stunde) oder auf dem Tannheimer Höhenweg zur Pfrontner Hütte am Aggenstein (2 Stunden). Mit der Sesselbahn ist Unruhe eingekehrt am Nordwestrand der Tannheimer Hauptkette. Die Veränderungen sind sichtbar und spürbar. Was tun in der Masse, wenn man nicht unbedingt ein Glied davon werden möchte? Bei diesen Erwägungen erscheint der Hinweis im Alpenvereinsführer, der *Seichenkopf* sei »wohl der stillste Gipfel in den Tannheimer Bergen«, ähnlich einem Lichtschimmer in dunkler Nacht. Und dieser Seichenkopf ist gar nicht weit entfernt vom Füssener Jöchl, von dort aber nicht einsehbar. Er markiert den nördlichsten Endpunkt des sogenannten *Lumberger Grates* (nach dem Weiler Lumberg bei Grän). Dieser teils grasige, teils schrofige, von latschenüberzogenen Fels-

Am Beginn des Lumberger Grates zum Seichenkopf.

Der Seichenkopf (vom Engetal) als Gipfelziel des Lumberger Grates.

höckern besetzte Kamm mißt etwa zwei Kilometer von seinem Ausgang am Hauptkamm nordwestlich des Füssener Jöchls. Sein Verlauf hält sich zunächst in Westrichtung, und knickt später nach Norden um. In der Tat ein für Tannheimer Verhältnisse ungewöhnlich stilles Bergrevier, 700 Meter über dem Tiroler Engetal. Ich habe den Lumberger Grat an einem Julisonntag erlebt – und bin keiner Menschenseele begegnet.

Dem Seichenkopf gebührt nur im Zusammenhang mit dem Lumberger Grat alpine Bedeutung. Ansonsten bieten lediglich seine rund 150 Meter hohen nordseitigen Gipfelwände etliche Kletterrouten, allerdings von untergeordneter Stellung, gemessen an anderen Tannheimer Felsfahrten.

Zwei Kilometer Luftlinie trennen den Seichenkopf vom Füssener Jöchl. Eigentlich wenig, doch in diesem Falle sind es zwei Welten: Alleinsein und Geschäftigkeit.

Vom Füssener Jöchl

Ab der *Bergbahnstation* in Richtung »Pfrontner Hütte – Aggenstein: (Tafel) auf Weg Nummer 414 ansteigen, etwa ¼ Stunde,

dann teilen sich die Wege kurz unterhalb einer kleinen Einsattelung. Hier links ohne Markierungsfarben mit einem Latschensteig in einen Wiesensattel. Die Pfadspuren halten sich nun an den *Lumberger Grat*. Hinauf zur Gratschneide. Die folgende Kuppe wird links etwas unterhalb ihrer höchsten Erhebung umgangen. Kurz darauf ist der Lumberger Grat erstmals vollständig zu überschauen. Von hier kann man sich den gesamten Routenverlauf einprägen, wodurch die Orientierung an Ort und Stelle erleichtert wird.

Absteigend in einen weiteren Wiesensattel. Der nächsten felsigen Erhebung rechts ausweichen. Erneut abwärts, über einen grasigen Buckel hinweg, dann wieder bergan. Westlich des Engetales schwingt sich der Rappenschrofen auf, dahinter der Einstein und schwach im Nordwesten der Aggenstein.

Unsere Route hält sich überwiegend rechts des Grates beziehungsweise des Kammes. Zum Schluß hin endgültiger Aufstieg durch Latschen und über Felsstufen zum Kreuz auf dem *Seichenkopf*. Nicht nach Norden vortreten!

Touristische Angaben

Talort: Grän (1134 m), Ferienort mit knapp 500 Einwohnern an der Mündung des Engetales in das Tannheimer Tal. Vom Haldensee 1 Kilometer, von Pfronten 12 Kilometer. Busverbindungen. – Östlich von Grän (1 Kilometer) Talstation der Doppelsesselbahn (längste Europas, 2,6 Kilometer) zum Füssener Jöchl; Parkraum.

Sehenswert: Die dem hl. Wendelin (Viehpatron) 1789 geweihte Pfarrkirche inmitten des schönen Friedhofes.

Ausgangspunkt: Berggasthaus Sonnenalm (1821 m) im Füssener Jöchl, neben der Bergstation der Doppelsesselbahn von Grän. Betriebszeiten in den Sommermonaten von 9.00 bis 16.20 Uhr.

Höhendifferenz: etwa 150 Meter.

Gehzeit: 1 bis 1¼ Stunden.

Karten: Bayerisches Landesvermessungsamt 1:50 000, Füssen und Umgebung; Zumstein-Wanderkarte 1:35 000, Blatt 3 Hindelang – Tannheimer Tal.

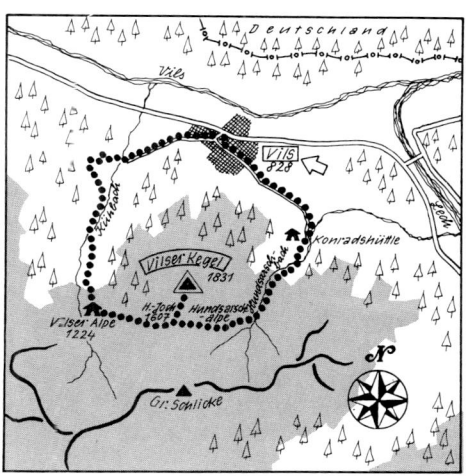

43 Vilser Kegel, 1831 m

Tannheimer Vorposten

Tagestour

Steiler, teils anstrengender Zugang ins Hundsarschjoch. An heißen Tagen früher Aufbruch empfehlenswert, da die Route bis zum Gipfel der Sonne preisgegeben ist. Am Gipfelstock schmaler Steig, feines Geröll. Rundwanderung.

Unschwierig, jedoch Trittsicherheit ratsam wegen des Gipfelaufbaues. Bei Nässe stellenweise sehr rutschig.

Beste Jahreszeit: Juli bis Oktober.

Der Vilser Kegel – im Tannheimer Raum weit nach Norden vorgeschoben – wird seinem Namen unmißverständlich gerecht, wie man von Nordosten und Nordwesten feststellt. Zu seinen Füßen lagert nördlich das untere Vils-

tal – ein erhebender Anblick von oben, nur sollte man halt das Zementwerk in Vils aus dem Bild herausretuschieren können! Ansonsten ist »Filis«, wie es in einer Urkunde um 1200 heißt, eine nette Ortschaft, genau gesagt eine Stadt, die kleinste Österreichs (ca. 1200 Einwohner). Und das schon seit 1327, als Kaiser Ludwig der Bayer die späterhin mauern- und torebewehrte Station an der Salzstraße mit den obligaten Rechten bewidmete, ohne jedoch die Bürger von der Leibeigenschaft zu erlösen, was erst 1781 geschah.

Wer den schwindelnden Blick auf Vils – und weit darüber hinaus – genießen möchte, muß nur bis zum eisernen »Gipfelkreuz« aufsteigen. Es grüßt nicht vom höchsten Punkt, sondern steht etliche Meter tiefer als der Gipfel auf einer schrofigen Schulter, wo man sich zur verdienten Rast niederläßt.

Für den von Füssen über die Bundesstraße 17 durch eine Enge des Lechtales anreisenden Bergfreund erfüllt der Vilser Kegel den Frontscheiben-Ausschnitt des Fahrzeuges. Dies dürfte für manchen schon genug Anlaß gewesen sein, den trutzigen Gesellen einmal näher kennenzulernen. Er zählt nicht zu den Glanzstücken der »Tannheimer«, verbringt sozusagen ein Schattendasein zur Hauptkette, unpopulär wie so vieles am Rande. Aber: total ursprünglich, verhältnismäßig wenig erstiegen und schon gar nicht überlaufen, wenn man das Tal des Kühbaches beziehungsweise die Vilser Alpe vergißt, wo sich die vorgeschlagene Rundtour zum Schluß hinbewegt. Dabei kann auf den Gipfel verzichtet werden, sollte sich das Wetter verschlechtern. Das Hundsarschjoch ist dafür der geeignete Ausguck. Nebenbei bemerkt: Der deftige Begriff »Hundsarsch« entstammt dem Volksmund, schimpfend über schuttreiches Terrain.

Allein die Umrundung des Vilser Kegels stellt Naturfreunde zufrieden. Es ist eine Wanderung in die Stille – neben Ferienstraßen, auf denen in der Urlaubszeit Autoschlangen dahinkriechen.

Rund um den Vilser Kegel

Gegenüber dem *Rathaus*, neben dem *Hotel Grüner Baum*, durch die Straße südwärts. Nach 150 Metern links in den *Obweg* und nun in südöstliche Richtung in ½ Stunde zum *Konradshüttle* (im Winter bewirtschaftet) und weiter auf dem Fahrweg. Etwa 5 Minuten später bei einem Wasserbunker rechts über den *Hundsarschbach*. Auf dem Forststräßchen etwa 10 Minuten ansteigen. Bei der Wegeteilung links. Dieser Fahrweg endet vor dem Hundsarschbach. Am anderen Ufer auf steinigem Wanderpfad spürbar steiler bergan auf der orographisch rechten Seite des Hundsarschbachtobels. Weiter oben durch Hochwaldschatten zur prächtigen Wiesenlichtung mit dem kleinen Holzhüttchen (geschlossen) der *Hundsarschalpe* (ca. 1400 m). Von Vils 1¾ Stunden.

An der Hütte links vorbei. Rote Farbzeichen markieren den Wegverlauf. Nach 10 Minuten legt sich das Gelände etwas zurück. Ein Wiesenhochtal nimmt uns auf. Wir steuern den Hintergrund an – halbrechts zeigt sich das Gipfelkreuz des Vilser Kegels – und gelangen über einige Kehren ins *Hundsarschjoch* (1607 m). Von der Alpe 35 Minuten.

Aus der Scharte rechts, zunächst auf schmalem Rücken; links unten sieht man die Vilser Alpe. Der Steig wendet sich rechts in den Latschenhang, den wir ansteigend queren, um eine luftige Felsecke kurz absteigend herum. Über starke Wurzelstränge, hernach durch felsige Schrofen in einer grasigen Hangmulde kehrenreich empor zum Kreuz (Gipfelbuch).

Wieder unten (¼ Stunde) im Hundsarschjoch, führt uns westlich ein schottriges Weg-

Gipfelgang aus dem Hundsarschjoch (unten) zum Vilser Kegel.

Auf dem Vilser Kegel. Ausblick über das nebelverhangene Lechtal hinweg zu den Ammergauer Bergen mit der markanten Spitze des Säuling.

lein durch Latschen und Wald hinab zur *Vilser Alpe* (1224 m). Hier besteht erstmals Gelegenheit einzukehren. Hernach schlendern wir auf dem Fahrweg durch das Kühbachtal. Der Alpstrudel-Wasserfall, oberhalb dem der Kühbach links überschritten wird, bleibt zurück. Rechter Hand stuft sich die Abraumhalde des Vilser Zementwerkes. Im Tal übernimmt uns dann ein Asphaltsträßchen für die

letzten 20 Minuten zum Ausgang der Rundwanderung.

Touristische Angaben

Talort: Vils (828 m), im unteren Vilstal auf der Nordseite der Tannheimer Berge an der Tiroler Bundesstraße 314; von Füssen 6,5 Kilometer, von Pfronten-Steinach 7 Kilometer, von Reutte 11 Kilometer. Bahnstation, Busverbindungen. Hotels, Gasthöfe, Pensionen. Parkgelegenheit um den Brunnen beim Rathaus. – *Sehenswert:* Pfarrkirche Mariä Himmelfahrt, 1709 vom bekannten Füssener Baumeister Johann Jakob Herkomer errichtet, beachtenswertes barockes Chorgestühl, am Chorbogen Gekreuzigter im Engelskranz (ungewöhnliche Darstellung). – Nördlich der Vils die ursprünglich romanische, barock ausgestattete St.-Anna-Kapelle unterhalb der Burgruine Vilseck aus dem 13. Jahrhundert. **Höhendifferenz:** 1000 Meter. **Gehzeiten:** Vils – Gipfel 2¾ Stunden. Abstieg etwa 2 Stunden. Insgesamt rund 5 Stunden. **Zwischenstation:** Vilser Alpe, im Sommer (Weidezeit) bewirtschaftet, auch Übernachtung. **Karten:** Bayerisches Landesvermessungsamt 1:50000, Füssen und Umgebung; Zumstein-Wanderkarte 1:35000, Blatt 3 Hindelang – Tannheimer Tal.

44 Aggenstein, 1987 m

Modegipfel in Seilbahnnähe

Tagestour

Allseits steile Wege, Schatten nur auf der Südseite. Bei Seilbahnbenützung gemütlich an einem Tag zu machen.

Trittsicherheit und Schwindelfreiheit erforderlich. Am Gipfel kurze Kletterei (Drahtseil).

Beste Jahreszeit: Anfang Juni bis Oktober.

Ungefähr sechs Kilometer Luftlinie nordwestlich von der Tannheimer Hauptkette entfernt, schwingt sich der Aggenstein auf. Auch geologisch nimmt er Abstand vom Wettersteinkalk der Hauptkette. Der Aggenstein besteht nämlich aus Hauptdolomit der triaszeitlichen Lechtaldecke und fühlt sich in dieser Hinsicht verwandt zum Allgäuer Hauptkamm. Die Alpenfaltung schob den Gipfel vor Jah

millionen auf die jüngeren Aptychenschichten der jurazeitlichen Allgäudecke.

Nur etwas mehr als ein Dutzend Meter – die Karten nennen unterschiedliche Höhen – fehlen dem Aggenstein zum Zweitausender. Das stört aber keinen im Haufen der Urlauber, die an schönen Ferientagen den Gipfel ins Korn fassen. Manch einer schafft es nur bis zur Pfrontner Hütte und aalt sich dort auf der Sonnenterrasse. Der größte Teil erklimmt jedoch auch noch die Spitze, sich an den Drahtseilen hochangelnd. Wer denkt dabei an die Sage von den »Venedigermännlein«? Das mit langen, dunklen Kapuzenmänteln bekleidete Völkchen – es wird unter anderem auch mit dem Großvenediger und dem Venetberg in Verbindung gebracht – soll unter der Nordwand, tief im Bergesinneren, ein wunderschönes Schloß bewohnt haben. Jedermann, der Schuld auf sich geladen hatte, kam von ihr todbringendes Strafgericht...

Auf das dem Aggenstein nördlich vorgelagerte, durch Skilifte und -pisten gestörte Hochplateau am *Breitenberg* gondelt von Pfronten-Steinach eine Kleinkabinenbahn. Soll man sich angesichts derartiger Verführung noch den Anstrengungen eines Fußmarsches unterziehen?

Oben eingetroffen, gibt sich der Aggenstein äußerst abweisend. Ostgipfel und Hauptgipfel sind mit steilen Wänden bewehrt. Die »Schwachstellen« des Berges befinden sich beiderseits der Abstürze.

Bedient man sich zur Seilbahn noch des Sessselliftes hinauf zum »Engerle« – auch »St.-Magnus-Acker« –, dem Verbindungsrücken von Breitenberg und Aggenstein, sind bereits 1700 Höhenmeter ohne einen Schweißtropfen geschafft. Unter solchen Voraussetzungen dürfte die anschließende Zickzackspur des »Langen Striches« über eine latschenbedeckte breite Rampe zum Gipfelaufbau keine nederswerten Mühen mehr verursachen.

Die andere Normalroute verläuft westlich des Ostgipfels durch das Kar »Böser Tritt«, in dem sich am Geigerfelsen ein Klettergarten der Pfrontner versteckt. Dieser Weg leitet über die *Pfrontner Hütte* zum Gipfel. Als sinnvollste Tour auf der Pfrontner Seite beschreibe ich die Überschreitung des Hauptgipfels mit Aufstieg über den »Langen Strich« und Abstieg über den »Bösen Tritt«.

Auf der Tiroler Flanke hat der Aggenstein ebenfalls ständig Verehrer. Es sind nicht wenige, die ihn vom Urlaubsort *Grän* aus ansteuern. Zwei Möglichkeiten stehen zur Wahl: Sessellift von Grän zum *Füssener Jöchl* (1821 m) und in der Folge auf dem herrlichen *Tannheimer Höhenweg* – stets den Aggenstein vor Augen – zur Pfrontner Hütte.

Der Fußweg aus dem Tal beginnt beim Alpengasthof Bergblick in *Lumberg*, einer Fraktion von Grän, und zieht sich im Wald hoch zur Pfrontner Hütte. Entschließt man sich auf dem Rückweg für den Tannheimer Höhenweg – jetzt den Tannheimer Hauptkamm vor Augen – zum Füssener Jöchl, ergibt sich eine großzügige Rundwanderung.

Überschreitung

Von der Bergstation des *Hochalp-Sesselliftes* am südöstlichen Ausläufer der Breitenbergkuppe südwärts absteigen zum tiefsten Punkt (1679 m) des Verbindungsrückens. Anschlie-

ßend über felsige Absätze hinauf zur markanten, breiten, bandähnlichen Rampe, dem sogenannten »Langen Strich«. Kehre um Kehre geht es bergauf. Wenn man Glück hat, sind rechts in den Wänden des Vorgipfels Kletterer zu beobachten, vielleicht sogar auf der »Venedigerleiter« im Schwierigkeitsgrad VII.

Einmal führt der Steig nahe an den Nordostwandabbruch heran. Wenig später sind wir in der Einsattelung am Übergang auf die Südseite, dem österreichischen Anteil am Aggenstein. Rechts und im gestuften Fels hoch, etwa 20 Meter »kraxelnd«, drahtseilgesichert zum Kreuz. Genußvoll genießen wir die Gipfelrast.

Der knapp halbstündige Abstieg zur *Pfrontner Hütte* (1792 m) bedarf keinerlei Überlegungen. Seit 1923 schmiegt sich dieser Stützpunkt der Alpenvereinssektion Ludwigsburg an den Südostrücken des Aggensteins – aussichtsreicher als mancher Gipfel. Einige Minuten unterhalb wechseln wir aber-

Aggenstein mit Pfrontner Hütte von Südosten.

Pfrontner Hütte vom Aufstieg zum Aggensteingipfel mit Brentenjoch.

mals die Grenzen. Während der Tannheimer Höhenweg halbrechts in südöstliche Richtung einschwenkt, steigen wir aus dem Sattel links (nördlich) ab, über den »Bösen Tritt« und in Kehren hinunter zum *Grenzerhüttchen* (1504 m).

Um wieder zur Breitenbergbahn zu gelangen (³/₄ Stunden), schlagen wir links Weg Nr. 411 ein, überschreiten nacheinander den Plattenbach und den faulen Graben, kreuzen die Trasse des Aggenstein-Schleppliftes, müssen einige kurze Gegenanstiege hinnehmen und treffen schließlich bei der Seilbahnstation ein.

Touristische Angaben

Talort: Pfronten-Steinach (842 m), Ortsteil der Großgemeinden Pfronten an der Bundesstraße 309 unweit (1,5 km) der österreichischen Grenze, vom Autobahnkreuz Allgäu 20 Kilometer, von Füssen 12 Kilometer. Bahnhof und Bushaltestelle an der Talstation der Breitenbergbahn. Gasthöfe, Hotels.

Ausgangspunkt: Bergstation der Breitenbergbahn (1500 m), 2 Berggasthöfe.

Höhendifferenz: 500 Meter.

Gehzeiten: Aggenstein 1³/₄ Stunden (bei Benützung der Hochalp-Sesselbahn ¹/₂ Stunde kürzer), Abstieg 1¹/₂ Stunden. Insgesamt 3¹/₄ bis 3 Stunden.

Hütte: Pfrontner Hütte (1792 m), DAV, bewirtschaftet von Anfang Mai bis Ende Oktober, 100 Schlafplätze. Etwa ¹/₂ Stunde unter dem Aggensteingipfel, von Grän 2 Stunden. Telefon (im Tal) 0 56 75/62 94 in Österreich.

Karten: Bayerisches Landesvermessungsamt 1:50 000, Füssen und Umgebung; Zumstein-Wanderkarte 1:35 000, Blatt 3 Hindelang – Tannheimer Tal.

45 Breitenberg, 1838 m

Warum denn nicht?

Tagestour

Schattiger Wegverlauf zum Gipfel sowie beim Abstieg im Reichenbachtobel. Aufstieg ziemlich steil. Rundtour.

Am felsigen Gipfelkamm ist Trittsicherheit notwendig. Vorsicht bei Nässe; sonst unschwierig.

Beste Jahreszeit: Mitte Juni bis Oktober.

Breitenberg! – Ich höre das verzweifelte Stöhnen vieler Leser und kenne auch ihre berechtigten Klagen: Liftdrähtegewirr und Seilbahnmasten, geschundene Hochalmböden, Ausflüglergewimmel und Wirtschaften. Stimmt! Allerdings mit einer Einschränkung. Die Negativerscheinungen konzentrieren sich auf einen verhältnismäßig kleinen Flecken des wohlbeleibten, breitgelagerten und weitausholenden Bergstockes südlich von Pfronten. Mit diesem Flecken meine ich die Umgebung der Seilbahn-Bergstation in ihrer »bindenden« Funktion. Außerdem hat die Seilbahn nicht dem Breitenberg selbst die Massen gebracht, sondern der Pfrontner Hüt-

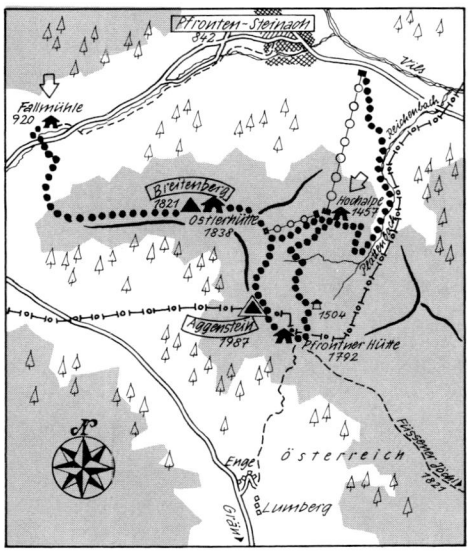

te und dem Aggenstein, was natürlich von dessen überragender Position abhängt.

Am Breitenberg, drumherum auf den Pfaden, tut sich erfahrungsgemäß wenig. Deshalb läßt sich die Aufnahme dieses Berges am nordwestlichen Rand der Tannheimer Gruppe in die Reihe empfehlenswerter Allgäuer Gipfelziele mit gutem Gewissen rechtfertigen. In diesem Zusammenhang auch gleich eine Anregung: *Überschreitung* von West nach Ost. Aufstieg ab der *Fallmühle* im Waldschatten, streckenweise ziemlich steil und kehrenreich, vorbei an einer Aussichtskanzel zum felsbesetzten Westrücken, der bei Punkt 1561 erreicht wird. Die sich anschließende Kammwanderung über den mit steilen Waldflanken abfallenden Rücken wird zum unvergeßlichen Schauerlebnis. Die Spur schlängelt sich durch Alpenrosenfelder. Vom Wetter gezeichnete Bergkiefern behaupten sich trotzig auf den Höhen. Anhaltende Ausblicke nach Süden zu den Allgäuer Hochgipfeln, ehe man sich in der *Ostlerhütte* auf dem Breitenberg niederläßt. Haben Sie unterwegs die Leute gezählt? Null! Beim Berggasthof ändert sich das.

Wegen seiner allseits offenen Lage wird der Breitenberg als Sonnenterrasse angepriesen, ein »Natursolarium« als Freilicht-Bräunungsstudio. Rund 1000 Meter tiefer liegt der nebelfreie Talkessel von Pfronten, weitverstreut. Pfronten, wo nachweislich eine Römerstraße verlief und später Alemannen zur Landnahme schritten, dient als Sammelname. Er schließt ein Dutzend Ortsgemeinden ein. Keine davon trägt jedoch nur den Namen Pfronten. Den politischen Mittelpunkt bildet Ried mit der Gemeindeverwaltung und dem »Hauptbahnhof«, während Steinach von alters her der größte Ort ist.

Für die Rückkehr vom Breitenberg kann man sich selbstverständlich der Kleinkabinenbahn bedienen. Dadurch bliebe aber nur eine Hälfte an Eindrücken. Wir steigen zwar von der Ostlerhütte 300 Höhenmeter zur Seilbahn-Bergstation ab – ehrfurchtsvoll in die Aggensteinwände blickend –, kehren dann dem Trubel den Rücken und wenden uns dem *Reichenbachtobel* zu. Versäumen Sie auf keinen Fall den Abstecher rechts zur Kanzel über der ungebändigten Schlucht des brandenden Reichenbach-Wasserfalles! Wie

Die Ostlerhütte auf dem Breitenberg; links, im Hintergrund, der Einstein.

man aus den Karten ersieht, existiert auch ein Weg (Nr. 411) von Pfronten-Steinach direkt zur Bergstation, doch der kann weder für den Aufstieg noch für den Abstieg angeraten werden. Zu sehr dominieren dort die Masten der Kabinenbahn. Im Alpenvereinsführer »Tannheimer Berge« erwähnt Marcus Lutz einen »Adratsbachanstieg« von Südwesten über die Jägerhütte: 2½ Stunden. »Unschwierig«, schreibt der Autor, nicht »markierter, jedoch natürlich vorgegebener Anstieg. Etwas für Einsamkeitsliebhaber; landschaftlich recht hübsch.« Mittlerweile ist dieser Weg (Nr. 5), der 500 Meter hinter der Zollstation links abzweigt, als Forststräßchen ausgebaut…

Über den Breitenberg zum Reichenbach-Wasserfall

Von der *Fallmühle* auf dem alten Talsträßchen über die Brücke der Steinacher Achen, die in klammähnlichem Bett rauscht. An der Wegeteilung links auf dem Sommerweg bergan zur Autostraße. Links, nach 100 Metern rechts und weiter mit Weg Nummer 1, der in seinem Verlauf unmöglich verfehlt werden kann. Im Schatten des Tannenwaldes gelangen wir nach 1 Stunde zu einer Rastbank bei der sogenannten »Kanzel«, einem köstlichen Aussichtsplätzchen.

Die engen Kehren hoch zum Westrücken des Berges haben schon manchen Tropfen Schweiß gekostet. Aber auch auf dem Rücken, dessen Ausläufer mit Felsen durchwachsen sind und den die Karte mit 1561 kotiert, läßt die Steigung kaum spürbar nach. Fast ½ Stunde dauert es noch, bis wir auf dem Westgipfel (1736 m) stehen. Geschafft! Etwa 20 Minuten später wird der mittlere Gipfelpunkt (1821 m) passiert, von dem wir zügig die *Ostlerhütte* auf dem *Breitenberg* erreichen.

Dieses Bild zeigt den Ostteil des langgestreckten Breitenberges. Der beschriebene Aufstieg von Fallmühle folgt etwa dem Kammverlauf.

Den Rücken verfolgend abwärts zur Sessellift-Bergstation und zum *Berggasthof Hochalpe* (1457 m) bei der *Seilbahnstation.* Von dort schwach rechtshaltend auf Trittspuren hinunter in den Wald zur Talstation des Mittag-Schleppliftes. Erneut rechts in wenigen Minuten zu der Stelle, an welcher sich der Weg links in den Reichenbachtobel senkt. Etwa ½ Stunde später an der Wegegabel links, über die Talwiesen hinaus nach *Pfronten-Steinach.*

Touristische Angaben

Talort: Pfronten-Steinach (842 m), siehe Tour 44. – Talstation der Breitenbergbahn (Bahnhof und Bushaltestelle) an der Bundesstraße 309 in Richtung Reutte; großer Parkplatz an der Talstation.

Ausgangspunkt: Gasthof Fallmühle (ca. 920 m, Donnerstag geschlossen) im Achental, 3 Kilometer südwestlich von Pfronten-Steinach, etwas abseits der zur Grenze führenden Straße. Im Sommer (außer sonntags) Busverbindungen.

Fußweg von *Pfronten-Steinach:* Vom Gasthof Aggenstein auf der Achentalstraße, bis links ein Fußweg (Tafel: Fallmühle) abzweigt. Vor der Achenbrücke rechts in die Enzianstraße, anschließend auf dem Gipsmühlweg, einen Holzlagerplatz passieren und dahinter auf einem Fahrweg weiter. Etwa 5 Minuten später wechseln wir die Ufer. Am Anwesen Nr. 358 geradeaus vorbei. Das Ziel der FIS-Rennstrecke bleibt zurück. Mit dem Gschönweg durch die Häuser des Gschön. Hernach auf einem Pfad, 35 Minuten am Bachufer entlang. Dann unter einer Straßenbrücke hin-

durch zu einem Sträßchen, das uns zur »Fall-
mühle« bringt; 1 Stunde.
Betriebszeiten der Breitenbergbahn: 8.30 bis
11.30 Uhr, 13.00 bis 17.00 Uhr, halbstünd-
lich.
Höhendifferenz: 950 Meter ab Fallmühle.
Gehzeiten: Fallmühle – Breitenberg 3 Stun-
den, Abstieg 2 Stunden. Insgesamt etwa
5 Stunden.
Zwischenstationen: Ostlerhütte auf dem
Breitenberg. Berggasthof Hochalpe.
Karten: Bayerisches Landesvermessungsamt
1:50000, Füssen und Umgebung; Zumstein-
Wanderkarte 1:35000, Blatt 3 Hindelang –
Tannheimer Tal.

46 Falkenstein, 1268 m

Des »Märchenkönigs« Traum

Tagestour

Überwiegend schattige Wanderung in
Mittelgebirgslagen. Zum Teil sehr aus-
sichtsreich. Badegelegenheit im Alatsee.
Rückweg im Tal. Rundtour. Personalaus-
weis oder Reisepaß mitnehmen.

Unschwierig. Stellenweise Geländer und
Drahtseile angebracht.

Beste Jahreszeit: Frühsommer und Herbst.

Auf der Kalkklippe des Falkensteins östlich
von Pfronten, dem »schönsten Punkt Bayerns«, gedachte Ludwig II. seinen phantasie-
vollsten Plan zu verwirklichen: ein neugoti-
sches Superschloß im pseudo-staufischen
Stil, prachtvoller, romantischer als das für
6,18 Millionen Mark entstandene Neuschwanstein. Der König hatte die 1803 im
Rahmen der Säkularisation an den bayerischen Staat gelangte Ruine im Dezember
1884 als Zwanzigjähriger erworben. In
mondhellen Nächten soll er des öfteren mit
schnaubenden Pferden auf der zur Burgruine
angelegten Straße geritten sein und sich dabei sein Traumschloß vorgestellt haben.
Christian Jank malte einen aquarellierten Ent-
wurf (im Bildarchiv der Stadt Kempten). Max

Schultze zeichnete die Pläne, Max Hauen-
schild schuf ein Gipsmodell (im Schloßmu-
seum Herrenchiemsee). Da verunglückte der
weltentrückte Regent am 13. Juni 1886 auf
bisher ungeklärte Weise im Starnberger See.
Sein Bruder Otto ließ alle baulichen Vorbe-
reitungsmaßnahmen (Grabungen, Sprengungen) unverzüglich einstellen.

Die Mauern der von Sagen umraunten
Burgruine – der höchstgelegenen in Deutschland – gehören dem 11. Jahrhundert an. Sie
sollen damals Bischof Heinrich II. von Augsburg als Zufluchtsstätte vor Graf Dietpold,
seinem Rivalen um herrschaftliche Rechte,
gedient haben. 1290 ging der Besitz von der
Grafschaft Tirol an das Hochstift Augsburg
über. Im frühen 15. Jahrhundert hausten
Raubritter auf dem Falkenstein, bis Augsburger Kaufleute, deren Warentransporte sie regelmäßig überfielen, dem Treiben ein Ende
bereiteten und die Burg in Brand steckten.
Der Neubau diente als Sitz bischöflicher
Pfleger. Vogt Michael Kämpf übergab 1525
im Bauernkrieg das Felsennest den Aufstän-
dischen, deren Belange er vertrat. Noch im
gleichen Jahrhundert verfielen die Mauern,
beschleunigt durch die Wirren des Dreißigjährigen Krieges. 1898 räumte ein Blitzschlag
vollends ab und ließ nur mehr drei Seiten-
wände des Palas übrig. Der heutige »Herr«
von Falkenstein trägt den bürgerlichen Namen Hoffmann und ist überdies Besitzer der
Burggaststätte.

Eine Beschreibung des Falkensteins wäre
unvollständig, würde man den Bergsteiger
nicht auch noch auf seine 100 Meter hohen
Felsabstürze hinweisen, einen »Kletterspiel-
platz« der Einheimischen. In einem riesig
klaffenden Spalt der Südostwand, etwa 5 Minuten unterhalb der Burggaststätte, thront die
von dem Pfrontener, seinerzeit in München
lebenden Bildhauer Theo Haf geschnitzte
»Maria in der Lourdes-Grotte«. Ihre Aufstel-
lung am 3. September 1889 entbehrte nicht
einer gewissen Tragik: Pfrontens Pfarrer, auf
dessen Betreiben die Gestaltung der Grotte
erfolgte, verunglückte am gleichen Tag töd-
lich am Aggenstein.

Vom Falkenstein selbst bieten sich weitrei-
chende Rundblicke; bestechend immer wieder die kühnen Formen des Aggensteins. Die
Gipfelkuppe bildet den westlichsten Eckpfei-

ler eines ausgedehnten Kalkzuges, dessen Kammlagen mittelgebirgsähnlichem Charakter entsprechen. Sie erstrecken sich parallel zum Tiroler Vilstal, unterbrochen durch mehrere Einsattelungen, über den Vilser Berg auf eine Länge von acht Kilometer Luftlinie bis zum Lechfall von Füssen. Auch dort findet sich ein Erinnerungsstück wittelsbachischer Herrschaft: die Büste von König Max, Vater Ludwigs II., an der Felswand beim König-Max-Steg.

Der Abschnitt des erwähnten Grates zwischen Falkenstein und Saloberalm wird *Zirmgrat* genannt, gelegentlich auch »Salober«. Er besteht aus den bewaldeten, felsdurchsetzten Erhebungen des Einerkopfes und des Zwölferkopfes. Entlang dieses Grates, teilweise direkt über seinen Rücken, verläuft der schönste Wanderweg zwischen Pfronten und Füssen.

Zirmgrat-Bummel

Vom Parkplatz der *Breitenbergbahn* einige Minuten neben der Straße her in Richtung Reutte, dann links in den Zirmenweg und damit auf den »Romantischen Rundwanderweg Ostallgäu-Tirol«, der den Verlauf unserer Route bestimmt. Über den Bahnkörper zur Vilsbrücke. Anschließend auf schmalem Weg (Nr. 7) bergan in den Hangwald, den wir in mäßiger Steigung durchmessen. Bald geht die Trasse in Kehren über. Mit zunehmender Höhe lichtet sich der Wald. Die Aussicht wird umfassender.

Nach insgesamt 1 Stunde stehen wir unter der »*Lourdes-Grotte*«. Gebetbänke laden zu frommer Rast ein. Frische Blumen schmükken den Ort. Ein im Fels eingelassener Opferstock bittet um milde Gaben. Links der Kluft befindet sich der Einstieg der extrem schwierigen Schindele-Kletterführe; rechts des Spaltes ist ein Höhlenloch durch ein Eisengitter versperrt. In einigen Minuten erreichen wir auf geländergesichertem Weg die *Burggaststätte*. Neben dem Kiosk über Steinstufen vollends hoch zur Burgruine und zu den Rastbänken auf dem *Falkenstein*. Hernach steigen wir auf dem Fahrsträßchen ab. Rechts folgt eine kreuzgeschmückte Kuppe: Ehrenmal für die rund 10 000 in Rußland gefallenen Angehörigen der 97. Gebirgsjäger-Division (»Spielhahnjäger«).

Etwa ¼ Stunde unterhalb der Burggaststätte wird das Sträßchen rechts in einer Einsattelung verlassen (Rastbank). Ein Grenzstein mit den Jahreszahlen 1773 und 1834 steht hier. Der Gegenanstieg ist identisch mit dem Europäischen Fernwanderweg 4 (Pyrenäen – Schweizer Jura – Neusiedler See) und durchzieht die schattigen Nordhänge des Einerkopfes. Nach 10 Minuten lockt rechts oberhalb der erste Aussichtsplatz am Zirmgrat, dem weitere, noch schönere folgen, sobald wir den Gratrücken erreicht haben. Rast auf einer der Bänke! Man kann sich kaum sattsehen!

Nun senkt sich die Wegspur, begleitet von Grenzsteinen zur idyllischen Wiese des *Salobersattels*. Über die nächste Kuppe hinweg. Felsen und Wurzelwerk erfordern Aufmerksamkeit. Und wieder heißt es aufsteigen. Der Blick öffnet sich zum Weißensee. Drahtseile geben Sicherheit im steilen Hang. Der Wald wird verlassen. Im breiten Wiesensattel sonnt sich das dunkle Gebälk der beiden alten Hütten der *Saloberalm* (1088 m). Seit 1985 steht hier ein Berggasthof, im Stil des Landes, auf dem First die »Hungerglocke«.

Man könnte kurzum südwärts ins Vilstal absteigen. Lohnender erweist sich jedoch der Umweg über den *Alatsee* (865 m), zu dem sich auf deutscher Seite ein breiter Fahrweg in 20 Minuten senkt. An seinem Ufer rechts 5 Minuten, dann rechts vom See ab, kurz aufwärts, in der *Vilser Scharte* die Grenze überschreiten und jenseits in langen Schleifen

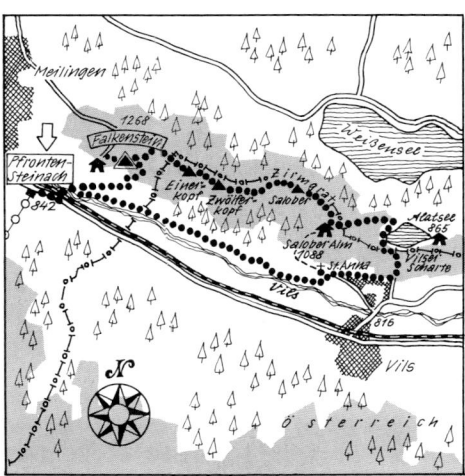

Auf steilem Fels thronen die Ruinen der Burg Falkenstein; rechts davon der Burggasthof.

hinunter zu den ersten Häusern von *Vils* (816 m), dessen Ortsbild, von hier betrachtet, durch das Zementwerk an Häßlichkeit kaum noch zu überbieten ist.

Wir schwenken rechts in den Hohenegg-Weg ein. Täfelchen leiten durch die Siedlung zur malerisch gelegenen, 1506 erbauten *St.-Anna-Kapelle* (verschlossen) zu Füßen der einstigen Burg Vilseck. Auf ihr saßen die Herren von Hohenegg. Sie hatten Vils Ende des 13. Jahrhunderts als Lehen erhalten und ließen das Städtchen ab 1327 mit einer Ringmauer und Tortürmen befestigen. Der letzte Hohenegger Sproß starb 1671.

Der abschließende, etwa einstündige Spaziergang durch die vor allem im Frühsommer überaus reizvollen Wiesen des Vilstales, bildet den Ausklang des Tages. Als erstes erscheint im Rückblick der Bergfried von Vilseck. Der breite Weg schlängelt sich über den Talboden, passiert ein letztes Mal die Grenze und liefert uns schließlich wieder in *Pfronten-Steinach* ab.

Touristische Angaben

Talort: Pfronten-Steinach (842 m), Ortsteil der Großgemeinde Pfronten an der Bundesstraße 309 unweit (1,5 km) der österreichischen Grenze, vom Autobahnkreuz Allgäu 20 km, von Füssen 12 Kilometer. Bahnhof und Bushaltestelle an der Talstation der Breitenbergbahn. Hotels, Gasthöfe, Pensionen.
Ausgangspunkt: Talstation der Breitenbergbahn (842 m).
Höhendifferenz: Etwa 800 Meter.
Gehzeiten: Breitenbergbahn – Falkenstein 70 Minuten. Falkenstein – Saloberalm 1½ Stunden. Saloberalm – Ausgangsort 2 Stunden. Insgesamt nicht ganz 5 Stunden.
Zwischenstationen: Burggaststätte am Falkenstein, Saloberalm, Hotel Alatsee (etwas abseits), Vils (etwas abseits).
Karten: Bayerisches Landesvermessungsamt 1:50 000, Füssen und Umgebung; Zumstein-Wanderkarte 1:30 000, Blatt 1 Füssen – Schwangau – Buching.

47 Säuling, 2047 m

Krönung des »Schlösserwinkels«

Tagestour

In den tieferen Regionen überwiegend schattige Wege, zum Teil Forststraßen. Zum Gipfel hin schmale Steige.

Unschwierig. Bei nassem Wetter ist vor allem der südseitige Aufstieg sehr rutschig. Auf der Nordseite im Frühsommer Schneereste; ein Felsaufschwung leiter- und drahtseilgesichert. Trittsicherheit notwendig.

Beste Jahreszeit: Nordseite Ende Juni bis Ende September, Südseite Anfang Juni bis Anfang Oktober.

Über dem sogenannten »Schlösserwinkel« – Hohenschwangau und Neuschwanstein –, um Schwangau bei Füssen, im Spiegel der Ostallgäuer Seenplatte thront der Säuling, massig, mit stumpfen Formen, scheinbar höher als es seine Gipfelquote ausdrückt: zwölfte Stelle der Ammergauer Alpen. Bereits vom Tal aus erkennt man die Gemswiese, an die sich links der Gipfelaufbau anschließt. Das ist der bayerische Säuling, Herr im Hause des Füssener Landes. Der Tiroler Säuling, den wir zwischen Musau und Pflach im Lechtal bewundern dürfen, weist schneidigere Konturen auf, entwickelt sich zu einem klassischen Felsspitz, dem Anschein nach unnahbar und schwierig. Dabei heißt es schon in einer Schrift aus dem frühen 20. Jahrhundert, der Berg sei von »jedem rüstigen Fußgänger ohne Schwierigkeiten zu erreichen«. Diesbezüglich hat sich natürlich nichts geändert. Lediglich auf der nordseitigen Route hat man am Übergang der Wald- in die Latschenregion eine Leiter und ein Drahtseil angebracht, während mittlerweile die felsigen Passagen des Südanstiegs über dem Säulinghaus glatt wie Schmierseife sind, was sich bei feuchten Verhältnissen und bedingt durch den Lehmboden als sehr unangenehm erweist.

»Freistaat Bayern« – »Republik Österreich« verkünden Tafeln auf der Gemswiese

unterhalb der Gipfelkuppe die Grenzsituation auf dem Säuling. Das Kreuz steht übrigens nicht auf dem höchsten Punkt (Ostgipfel), sondern auf dem neun Meter niedrigeren Westgipfel. Daran sollte man sich aber nicht stören. Der drahtseilgesicherte Übergang zum Hauptgipfel muß nicht unbedingt unternommen werden. Der Westgipfel bietet nämlich wesentlich mehr Platz (wenn auch manchmal überfüllt), und die Aussicht ist nicht minder beeindruckend und umfassend. Sehen wir einmal vom alpinen Panorama ab, so bestechen die Talblicke infolge der isolierten Lage des Berges. Er steigt als langgestreckte Felsinsel über das wogende Grün seiner Umgebung hinaus, zusammengewachsen mit dem Pilgerschrofen, dem westlichen Vorposten des Stockes. Der Lech umfließt den Säuling in einer weiten Schleife. Sie hat die Strukturen der Täler geprägt, aus denen der Gipfel auf jeden Bergfreund wie ein Magnet wirkt.

Obwohl es an hochgelegenen Stützpunkten nicht mangelt, geschieht die Besteigung vorzugsweise als Tagestour. Ab Hohenschwangau verkehrt ein Kleinbus in die *Blekkenau*: 350 Höhenmeter weniger auf den Gipfel. Dunkle Forste säumen das Hochtal, in dem Bayernkönig Max II. auf die Pirsch ging. Das ehemals königliche Jagdhaus, heute Staatsbesitz, wird vom Schweiger-»Xarre«, einst im Steilfels der »Ammergauer« zu Hause, als Berggaststätte geführt. Der Säulingweg aus der Bleckenau ist für mich die reizvollste Route. Er traversiert die Nordost- und Nordflanken und mündet einige Minuten vor der Eisenleiter in den direkten Weg von Hohenschwangau, der in diesem Falle nachher als Abstieg dient.

Eindrucksvoll gestaltet sich die *Überschreitung* Bleckenau – Säulinghaus mit anschließender Rückkehr westwärts um den Pilgerschrofen herum zum Grenzerhüttchen im *Pilgerkar*, am üblichen Pfad von Hohenschwangau. Bei dieser Gelegenheit empfehle ich den Abstieg unweit der Marienbrücke, oberhalb von Schloß Neuschwanstein, durch die grandiose *Pöllatschlucht*.

Annähernd ebensolange wie nordwärts von Hohenschwangau dauert die Tour südlich aus dem Lechtal bei *Pflach*. Man kann wohl noch einen Kilometer bis zum Park-

Gipfel des Säuling; im Hintergrund rechts der Zugspitzestock.

platz fahren, nicht vermeiden läßt sich allerdings der eintönige Marsch über das Forststräßchen (ähnlich wie von Hohenschwangau) bis etwa 1 Stunde unter das *Säulinghaus*. Beim Refugium der Augsburger »Naturfreunde«, in dem der bewährte Pächter Sepp Rieger 1991 fünfzehnjähriges Wirtsjubiläum feierte, fehlt uns dann noch eine knappe Stunde zum Gipfel.

Der Grat Pilgerschrofen – Säuling über die scharfen Felszacken der »12 Apostel«, an den sich zum Verdruß der Bergrettung immer wieder Unfähige wagen, erfordert Kletterei im III. Schwierigkeitsgrad. Kletterei auch an allen anderen Säuling-Anstiegen, rund ein Dutzend, vom Ostgrat (III) bis zu der vom Säulinghaus einsehbaren Kleinen-Säuling-Westwand (VI).

Aus der Bleckenau

Von der *Berggaststätte* über den Pöllatbach auf die gegenüberliegende Talseite, links an der Bergwachthütte vorbei, zur *Fritz-Putz-Hütte*. Dahinter auf schmalem Weg in den Wald und dort bergan. Feuchte Passagen sind mit Holzbohlenstangen ausgelegt. Etwa 35 Minuten nach der Gaststätte verzweigt sich der Weg: links Nr. 212a auf den Zunderkopf (1721 m, 1½ Stunden), rechts zum »Hüttenzapfen«. Wir gehen geradeaus. Ungefähr 20 Minuten später gibt uns der Wald frei. Die scharfe Linksabzweigung wird ignoriert. Nun setzt die halbstündige Querung talauswärts an: in leichtem Auf und Ab nahe der Waldgrenze, auf manchmal abgerutschtem Steiglein unter den felsig-schrofigen Nordost- und Nordhängen des Säuling zur Mündung in den direkten Weg von Hohenschwangau. Links in wenigen Minuten empor zur Basis eines Steilaufschwunges. Von der Bleckenau 1½ Stunden.

Über die drei Meter hohe Eisenleiter und rechts an einem Drahtseil hinaus ins Latschengelände. Anschließend kehrenreich über den Nordhang, teilweise felsig, hinauf zur Gemswiese, die wir linkshaltend auf ei-

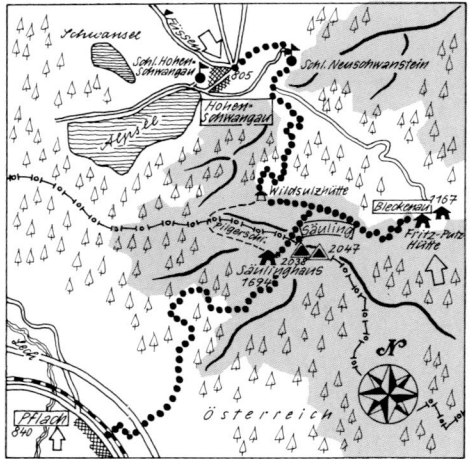

nem Pfad durchqueren, um den Gipfelaufbau zu gewinnen.

Über Schloß Neuschwanstein

Von *Hohenschwangau* auf einem der beschilderten Trampelpfade vorbei an *Schloß Neuschwanstein* in ¹/₂ Stunde zum Wendeplatz der Busse (im 20-Minuten-Takt ab Hohenschwangau, Hotel Lisl), unweit der Marienbrücke über die Pöllatschlucht beziehungsweise am Beginn des Asphaltsträßchens in die Bleckenau. Rechts davon auf dem nicht asphaltierten Forstfahrweg ¹/₄ Stunde bergan. Dann in spitzem Winkel rechts (geradeaus 40 Minuten in die Bleckenau) auf einem anderen Forststräßchen, das etwas später links abgekürzt werden kann. Es führt uns zur Wiesenlichtung des *Ochsenangers*. Am Auslauf der Linkskurve zeigen die Wegweiser rechts.

Über eine Hangstufe im Wald hinauf zum »Älpele«, einem ebenen Wiesenplätzchen im tannengesäumten Pilgerkar, wo eine nur selten besetzte Grenzerhütte (Wildsulzhütte) steht. Weiter in Serpentinen durch den Bergwald in einer ³/₄ Stunde zum Treffpunkt mit dem Steig aus der Bleckenau. Hier rechts zur Eisenleiter. Von Hohenschwangau 2¹/₂ Stunden. In der Folge wie vorstehend beschrieben zum Gipfel.

Vom Lechtal

In *Pflach* bei der Bahnhaltestelle über die Geleise. Nach 200 Metern rechts auf einem Wiesenpfad zum asphaltierten Fahrweg, der am südlichen Ortsrand vom Pflach abzweigt. Links über die Umgehungsstraße und dann rechts zum Parkplatz. Weiter auf dem Forststräßchen, in langen Schleifen durch Wald und über Lichtungen. Ungefähr 1 Stunde nach dem Parkplatz wird der Fahrweg links auf dem alten Hüttenweg zum *Säulinghaus* verlassen. Von Pflach 2¹/₂ Stunden. Auf der Rückseite der Hütte hangaufwärts kurz links, an der Wegegabel rechts und auf dem durch Felsstücke unterbrochenen Pfad steil hinauf zur Gemswiese. Dort rechtshaltend zum Kreuz.

Touristische Angaben

Talort (Deutschland): Hohenschwangau (805 m), südöstlich von Füssen, 4 Kilometer, Busverbindungen. Hotels, Gasthöfe, Pensionen. Parkplätze häufig besetzt. – *Sehenswert:* Königsschlösser Hohenschwangau und Neuschwanstein; ganzjährig regelmäßig Führungen.

Ausgangspunkt: Abgesehen von Hohenschwangau (direkter Weg), die Berggaststätte Bleckenau (1167 m), privat, ganzjährig geöffnet, 18 Matratzenlager. Telefon 0 83 62/ 8 11 81. Von Hohenschwangau Kleinbusse, Abfahrt 9.15, 11.15, 13.15, 15.00 Uhr, Fahrtzeit ¹/₄ Stunde. Zu Fuß von Hohenschwangau 1¹/₂ Stunden. Die Fritz-Putz-Hütte, DAV, Selbstverpfleger, ist meist nur an Wochenenden geöffnet.

Höhendifferenzen: Bleckenau – Säuling 900 Meter. Hohenschwangau – Säuling 1250 Meter.

Gehzeiten: Bleckenau – Säuling 2¹/₂ Stunden. Hohenschwangau – Säuling 3¹/₂ Stunden.

Talort (Österreich): Pflach (840 m), kleine Ortschaft im Lechtal an der Bundesstraße 314. Von Füssen 11 Kilometer, von Reutte 3,5 Kilometer. Bushaltestelle. Bahnstation der Strecke Pfronten – Reutte. Gasthöfe, Pensionen.

Hütte: Säulinghaus (1694 m), »Naturfreunde«, geöffnet von Mitte Mai bis Ende Oktober, 60 Schlafplätze. Telefon 0 56 72/2 96 32. Von Pflach 2¹/₄ Stunden.

Höhendifferenz: Pflach – Säuling 1200 Meter.

Gehzeit: 3 ¼ Stunden.
Karten: Bayerisches Landesvermessungsamt 1:50 000, Füssen und Umgebung; Zumstein-Wanderkarte 1:30 000, Blatt 1 Füssen – Schwangau – Buching.

48 Tegelberg, 1880 m

Startplatz der Drachenflieger

Tagestour

Von den möglichen Aufstiegen ist der durch die »Gelbe Wand« am schwierigsten. Die Schlucht muß vollkommen ausgeapert sein. Drahtseile. Nur für absolut Trittsichere und Schwindelfreie. Für den Abstieg nicht zu empfehlen!

Beste Jahreszeit: Juni bis Oktober.

Durch den Untertitel soll selbstverständlich nicht der Eindruck erweckt werden, als müßten Sie mit einem Flugdrachen von den Höhen des Tegelberges schweben – so faszinierend dieser Sport auch sein mag. Es bleibt das Wagnis der Könner, die hier bei nationalen und internationalen Meisterschaften starten beziehungsweise ihrem Freizeitvergnügen huldigen. Aber ansehen sollte man die hölzernen Startrampen neben der Seilbahn-Bergstation schon einmal, sich fesseln lassen vom Blick in die haltlose Tiefe.

Der *Tegelberg* präsentiert sich als Sonnenterrasse par excellence. Viele Touristen benützen die 1968 eröffnete Großkabinenbahn nur, um sich genußvoll den Ausblicken hinzugeben – 1000 Meter über der Ostallgäuer Seenplatte. In freier Feldflur ist die Wallfahrtskirche St. Coloman zu erkennen. Dort soll der hl. Coloman, angeblich ein irischer Königssohn, den man 1002 in Niederöster-

Tegelberg (linker Bildrand) und Branderschroſen vom Hohen Straußberg.

reich irrtümlicherweise als Spion gehenkt hat, auf einer Pilgerreise nach Palästina gerastet haben. Kunstfreunde suchen mit dem Auge in Waltenhofen die barock ausgestattete Pfarrkirche dicht am Forggensee. In Füssen ist das Hochschloß nicht zu übersehen, einst Sommersitz der Augsburger Fürstbischöfe (heute Filialgalerie der Bayerischen Gemäldesammlungen). An dieser Stelle wachte die römische Straßenstation »Foetibus« an der 46/47 n. Cr. unter Kaiser Claudius vollendeten »Via Claudia« von Oberitalien nach Augusta Vindelicum (Augsburg). Das Imperium wird an der Talstation der Tegelbergbahn lebendig, wo die aufgehenden Mauern eines römischen Bades aus dem 2. nachchristlichen Jahrhundert freigelegt worden sind.

Auch auf dem Tegelberg begegnen uns Spuren der Geschichte. Das Tegelberghaus, Besitz einer Füssener Brauerei, wurde 1852 unter König Max II. als Jagdhaus errichtet. Sein Sohn Ludwig II. – er verbrachte einen Teil seiner freudlosen Kindheit und Jugend auf Schloß Hohenschwangau – sei nach Überlieferungen gerne auf dem Tegelberg gewesen, mit seiner Mutter Maria, einer passionierten Bergsteigerin. Der ehemalige königliche Jagdweg führt vom Tegelberg ostwärts in die Ammergauer Alpen, zunächst als Naturlehrpfad, vielbegangen und eine ideale Verbindungsroute zum Geiselstein.

Beim Tegelberg handelt es sich nicht um einen Gipfel üblicher Vorstellung, sondern um einen voluminösen Bergstock, aus dem etliche schrofig-felsige Primärerhebungen hervortreten. Die Seilbahn endet am nordwestlichen Abbruchrand des Massives in 1720 Meter. Kulminationspunkt des Tegelberges ist der Branderschrofen. Ihm gilt die Aufmerksamkeit der meisten Leute, die gondeln oder sich zu Fuß abmühen. Letzteres kann beispielsweise von Hohenschwangau aus geschehen, über *Schloß Neuschwanstein* und die 98 Meter hohe Marienbrücke, herauf

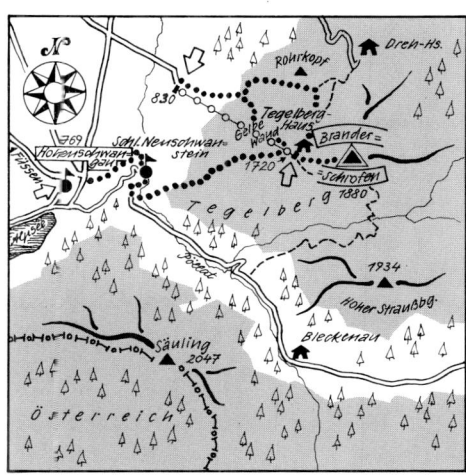

nach im Zickzack steil auf die sogenannte »Schulter« und zum Tegelberghaus. Bequemer, jedoch um 40 Minuten länger gestaltet sich der Aufstieg auf dem königlichen *Reitweg* aus dem Bleckenautal. Überdies bietet sich ab der Seilbahn-Talstation eine Direktroute durch die »Gelbe Wand« an, in der eindrucksvollen Felsschlucht des Gelben Wandschrofens, sofern man sich nicht für den einfacheren, 20 Minuten Mehrzeit erforderlichen Umweg, vorbei an der Rohrkopfhütte (Unterstand) und über das Ilgmösele, entscheidet. Vergessen wir nicht den beliebten nordseitigen Tegelbergweg. Er berührt die Drehhütte, bei Feinschmeckern bekannt wegen ihrer Wild-Wurstspezialiäten. Vom Parkplatz (1,5 km von der B17) benötigt man etwa 1 Stunde zur *Drehhütte*; Montag Ruhetag Anschließend sind es dann noch 1½ Stunden, den Alpgüterweg vor der letzten Linkskurve am Kesselgraben rechts verlasserd, zum Tegelberg. Für welche Routenkombination soll sich der Wanderer nun entscheiden? Trittsicheren und Schwindelfreien lege ich die Überschreitung Seilbahn-Talstation – »Gelbe Wand« – Tegelberg – Reitweg – Bleckenau – Hohenschwangau nahe. Sie vermittelt unter den vorhandenen Möglichkeiten die abwechslungsreichsten landschaftlichen Eindrücke. Wer allein den Aufstieg sucht, bedient sich eines der skizzierten Wege. Sie sind allesamt vorbildlich markiert und beschildert.

Damit sind wir aber noch nicht auf dem

Drachenflieger vom Tegelberg.
In der Tiefe liegt Schwangau; dahinter der
Forggensee und der Hopfensee.

Branderschrofen, der gegenüber dem Tegelberg eine Steigerung der Ausschau und der Tiefblicke bietet, jedoch auch Schwierigkeiten: zum Schluß hin luftige »Kraxelei«. Zwar hindern die Drahtseile mehr als sie nützen und sind offensichtlich für die Menge der »Sandalen-Alpinisten« angebracht worden, indes ist durchaus Aufmerksamkeit geboten im »abgeschmierten« Fels und vor allem bei Nässe. Leo Maduschka, an den am Gipfelfels eine Gedenktafel erinnert, ein feinsinniger Kletterphilosoph, 1932 als Vierundzwanzigjähriger in der Civetta-Nordwestwand verunglückt, würde sich wohl noch im Grabe umdrehen, wenn er mitansehen müßte, was sich am Branderschrofen an schönen Tagen abspielt…

Die letzten Meter zum Gipfel

Von der *Seilbahnterrasse* sehen wir bereits den Gipfel des Branderschrofens. Der Weg dorthin ist klar vorgezeichnet und mit roten Farbtupfen markiert. Ansteigend in guten 10 Minuten zur grasigen *Branderschrofenschulter,* wo Ungeübte zurückbleiben. Ein schmaler Steig führt in die Südflanke des Kammrückens, beschreibt einige Kehren und bringt uns dann direkt auf den Kamm in luftiger Höhe. Nun durch die talseitige Steilflanke zu den Felsen des Gipfelaufbaues, die in beliebiger Routenführung (oder am Drahtseil) in wenigen Minuten überwunden werden.

Touristische Angaben

Talort: Schwangau (796 m), nordöstlich (4 km) von Füssen an der Bundesstraße 17. Busverbindungen. Östlich (2 km) von Schwangau befindet sich die Talstation der Tegelbergbahn. Parkplätze. Busverbindungen.
Sehenswert: 1966 stieß die Baggerschaufel beim Bau der Tegelbergbahn-Talstation auf die Mauerreste eines Wohnhauses der hier bereits seit 1934/35 nachgewiesenen römischen Zivilsiedlung, deren Bewohner möglicherweise in der näheren Umgebung Erz abgebaut haben. Diese Siedlung ging höchstwahrscheinlich im Alemannensturm Mitte des 3. Jahrhunderts unter. An der Ausgrabungsstätte, dem 1977 konservierten Badegebäude des Wohnhauses, erklären Informationstafeln die einzelnen Räumlichkeiten und deren Zweck.

Ausgangspunkte: Tegelbergbahn-Bergstation (1720 m). Betriebszeiten der Seilbahn: 15. Juni bis 15. September von 8.45 bis 17.00 Uhr (bei Bedarf alle 6 Minuten), übrige Jahreszeit von 9.00 bis 16.00 Uhr.
Zu Fuß von der Talstation: 2½ Stunden über die Rohrkopfhütte. 2¼ Stunden durch die »Gelbe Wand«. Von Hohenschwangau über die Marienbrücke 2½ Stunden; Bleckenau – Reitweg 3¼ Stunden. Über die Drehhütte 2½ Stunden.
Höhendifferenz: Tegelbergbahn – Branderschrofen 160 Meter.
Gehzeit: 25 Minuten.
Hütte: Tegelberghaus (1707 m), etwas unterhalb der Bergstation, privat, ganzjährig geöffnet, 32 Schlafplätze. Telefon 08362/8980.
Karten: Bayerisches Landesvermessungsamt 1:50000, Füssen und Umgebung; Zumstein-Wanderkarte 1:30000, Blatt 1 Füssen – Schwangau – Buching.

49 Krähe, 2012 m – Hochplatte, 2082 m

Auf der Gumpenkar-Umrahmung

Tagestour

Von Süden, von Norden Tages- bis Zweitagetour.

Auf der Südseite teilweise schattiger Aufstieg. Nordseite (über Kenzenhütte) zu Anfang eintöniger Fußmarsch, oder man bedient sich des »Kenzen-Busses«. Hernach mehrfach steile Wege. Im Gipfelbereich felsig.

An der Hochplatte ist Trittsicherheit und Schwindelfreiheit unbedingt notwendig; stellenweise Drahtseil. Gefahr bei Blitz! Voraussetzung trockenes Wetter.

Beste Jahreszeit: Von Süden Ende Mai bis Spätherbst. Von Norden Ende Juni bis Ende September.

Im Gumpenkessel lernen wir das alpine Musterkar der Ammergauer Alpen kennen. Au-

Abendlicht über der Hochplatte; fotografiert von der Krähe. Links im Hintergrund die Klammspitze.

ßer an Einsattelungen öffnet sich der Karkessel lediglich auf der Nordseite, zu Füßen der Geiselstein-Ostwand, wo der Gumpenbach abfließt. Den Rahmen bilden zum Teil attraktive Bergformen: Geiselstein, Gumpenkarspitze, Gabelschrofen, Krähe, Hochplatte, Kenzenkopf. Ausgesprochen »leicht« ist keiner dieser Gipfel. Am schwierigsten der Geiselstein (siehe Tour 50). Zum *Kenzenkopf* (1745 m) führt vom Kenzensattel ein markierter Steig (½ Stunde), allerdings nicht auf die höchste Spitze, sondern zum Kreuz (mit Buch); der 15 Meter höhere Gipfel erfordert ausgesetzte Gratkletterei!

Den *Gabelschrofen* (2010 m) um Gottes willen nicht unterschätzen, wenn auch die Route in den steinschlaggefährdeten Südrinnen über dem *Gabelschrofensattel* direkt vor der Nase hochführt. Schwierigkeit: II. Grad, von häufigen Begehungen glattpolierter Fels. Demgegenüber gibt es beim Aufstieg vom Gabelschrofensattel zur *Krähe* (20 Minuten) keinerlei Probleme.

Anders verhält es sich mit der *Hochplatte*. Sie wird gerne im Zusammenhang mit der Krähe besucht, stellt jedoch höhere Anforderungen, vornehmlich am Gipfelgrat, aber auch aus dem Gumpenkar über die Plattenschüsse zum doppelten Felstor (das »Fensterl«) ist der Anstieg nicht leicht.

Das »Fensterl« ist bereits aus dem Gumpenkar zu erkennen und entstand wahrscheinlich durch Blitzeinschlag. Es ermöglicht den Durchstieg auf die Südseite. Dort strebt man der Westschulter der Hochplatte zu, wo der schmale, verwitterte Gipfelgrat ansetzt. Kletterfertigkeit ist gefragt, trotz der Drahtseilsicherung an einer Stelle. Damit sehen sich auch jene konfrontiert, die bei der Ammerwaldstraße im Süden den Rucksack schultern und sich für die kürzeste Verbindung (3 bis 3½ Stunden) aus dem Tal zum Gipfel entscheiden. Am besten wählt man den Weg von der Ammerwaldalm durch das *Roggental*. Er leitet zum Sattel bei der Roggentalgabel, einer markanten Senke zwischen Hochblasse und Hochplatte. Vom Sattel ist es nicht mehr weit zum »Fensterl«. An der Roggentalgabel mündet von links die Hochplatte-Tour aus der Bleckenau (3½ Stunden). Sie wird jedoch, wie der Schützensteig vom Hotel Ammerwald an der Ammerwaldstraße von den Touristen vernachlässigt.

Um dem Wanderer und seiner unterschiedlichen Leistungsfähigkeit eine kleine Auswahl zu bieten, sind *Krähe* und *Hochplatte* zusammengefaßt worden. Schließlich handelt es sich um Nachbarn. Ihre Strukturen weisen Ähnlichkeiten auf: steile Nordabbrüche, geneigte Südflanken. Der 250 Meter hohe Nordostpfeiler der Krähe, 1946 von Karl Sohler und Benno Bitzer erobert, gilt als eine der schwierigsten Felsfahrten der Ammergauer — VI. Grad, bei freier Begehung (»Rotpunkt«) sogar VII mit einer Passage (3 m) VII+. Deutschlands erfolgreichster Achttausender-Sammler Michl Dacher aus Peiting hat den »Krähepfeiler« als erster solo gemeistert.

Auf dem gewöhnlichen Anstieg zur Krähe vom Gabelschrofensattel sieht man oberhalb der Linkskurve des Weges am Wandfuß die *Krähehöhle*. Sie mißt in der Länge 70 Meter und öffnet sich zu drei Hallen. Ihre eiskalte Dunkelheit bedingt das Licht einer Taschenlampe und erheischt größte Vorsicht!

Die dreigipfelige *Hochplatte*, der höchste Berg der Gumpenkar-Umrahmung, wird ihrem Namen vollauf gerecht. Hohe Platten neigen sich südwärts, bis zu 60 Grad, an manchen Stellen wandartig gestuft und von Graspolstern durchzogen. Die Überschreitung der Hochplatte richtet sich in der Regel von Westen nach Osten. Auf diese Weise bewältigt man die schwierigen Passagen im Aufstieg. Wer nur des Schauens wegen auf die Hochplatte geht, kann sich bereits auf dem Westgipfel (Westschulter), vor den eigentlichen Schwierigkeiten niederlassen. Im

Die Hochplatte bildet durch ihren massigen Bergkörper einen der herausragenden Gipfel des Ammergauer Tourenparadieses.

Süden leuchtet tiefblau der Plansee aus dunklen Wäldern, links davon der Kamm der Geierköpfe und die prägnante Kreuzspitze, der der Felsklapf des Schwarzenköpfls vorgelagert ist. Wetterstein und Mieminger zeigen sich, Ötztaler und Stubaier. Gegenüber der Hochplatte, in der Geiselstein-Südwand, sind die Seilschaften mit bloßem Auge zu erkennen. An Föhntagen soll man sogar die Münchner Frauentürme sehen. Vom First der Hochplatte ist es dann nur mehr ein Katzensprung hinüber zum kreuzgeschmückten Ostgipfel, auf dem wir uns ein Platzerl für die Brotzeit suchen.

Die Hochplatte bietet sich geradezu ideal für eine Überschreitung an, das heißt Abstieg vom Ostgipfel über das Weitalpjoch zurück zur Ammerwaldalm (etwa 2 Stunden) oder über das »Schlössel« und das »Beinlandl« zur Kenzenhütte (2 Stunden).

Aus dem Ammerwald

An der Westseite der *Ammenwaldalm* auf breitem Weg durch den Wald zu einer hübschen Wiesenlichtung, von der wir bereits den langgestreckten Gipfelaufbau der Hochplatte sehen. Am Ende der Wiese wendet sich die Route rechts (Wegweiser). Kurz danach, an der Wegteilung geht es geradeaus mit Nummer 222. Rechts am Roggenbach entlang. Der Weg wird von einem Pfad abgelöst. Und hier, etwa 10 Minuten von der Ammerwaldalm, beginnt der eigentliche Aufstieg durch den steilwandigen Erzgraben, begleitet vom Rauschen des Wildbaches, der mancherorts sein felsiges Bett glattgehobelt hat. Ungefähr 50 Minuten später sind wir an einer Tal- und Weggabelung (1459 m). An dieser Stelle zweigt rechts ein Steig über das Weitalpjoch zur Hochplatte ab (den man eventuell beim Abstieg nehmen kann), während wir uns links halten und durch ein geröllreiches Kar in 1 Stunde die *Roggentalgabel* gewinnen. Die anschließende Hangtraverse bringt uns in mäßiger Steigung zum nahen »Fensterl« (1916 m). Etwas unterhalb des »Fensterls« biegt links das Weglein zur Krähe ab, das sich links des Grates hält; 1/2 Stunde.

Vor dem Felstor rechts in Richtung Hochplatte, zunächst auf guten Trittspuren durch die Südwestflanke beziehungsweise am Westgrat zur *Westschulter*. Nun wird es

ernst! Eine Zeitlang über den Grat, worauf sich die Spuren in seine Nordflanke (links) wenden. Dort hilft ein Band weiter. Vor einer Gratlücke rechts abwärts, um eine Felsecke herum und danach auf einem langen, schmalen Band wieder auf den Grat (Drahtseil) und zum *Hauptgipfel* (2082 m).

Von der Kenzenhütte durch das Gumpenkar

Das erste Stück, der einstündige Aufstieg in den *Kenzensattel* (1650 m), ist gleichlaufend mit dem Weg zum Geiselstein (siehe Tour 50).

Vom Sattel absteigen westwärts in Richtung Gabelschrofensattel (Wegweiser) in die weitläufige Trümmermulde des Gumpenkares. Die beiden rechtsabzweigenden Steige bleiben unbeachtet. Wir queren den oberen, südlichen Rand des Gumpenkares zu einer Wegeteilung. Rechts setzt sich der Steig fort zum *Gabelschrofensattel* (1915 m), aus dem man – wie schon erwähnt – in 20 Minuten die *Krähe* besteigen kann (danach Abstieg zum »Fensterl« und Gegenanstieg zur Hochplatte).

Der direkte Weg auf die Hochplatte benützt den links hochführenden, kehrenreichen Pfad. In zunehmender Steilheit über den gewaltigen Plattenschuß, auf dem oft bis in den Frühsommer hinein Altschnee lagert. Hin und wieder sind Drahtseile angebracht. Schon ziemlich weit oben, geht es rechts in langer Querung zum »Fensterl« (1916 m). Auf der anderen Seite entweder rechts in 1/2 Stunde auf die *Krähe*, oder links, wie beim Ammerwald-Aufstieg geschildert, zum Gipfel der Hochplatte.

Touristische Angaben

Talorte: Ammerwaldalm (1050 m), Gasthaus an der Ammerwald-Straße (Tirol), etwa 300 Meter von der österreichischen Grenzstation entfernt, 1,5 Kilometer vom Hotel Ammer-

Krähe (links) und Gabelschrofen (rechts); in der Mitte der Gabelschrofensattel.

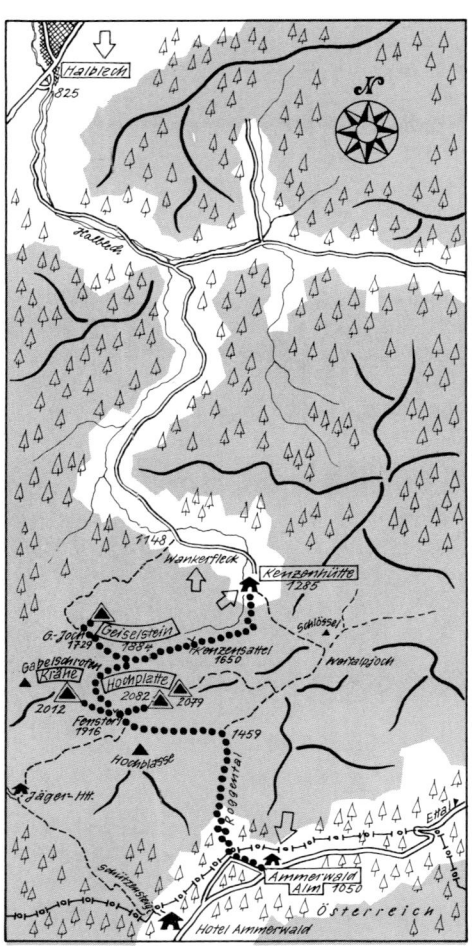

50 Geiselstein, 1884 m

Das Matterhorn der Ammergauer

Tages- bis Zweitagetour

Langweiliger Fußmarsch im Halblechtal, sofern man nicht mit dem »Kenzen-Bus« fährt. Vom Wankerfleck steiler, überwiegend schattiger Zugang. Sonniger und landschaftlich schöner von der Kenzenhütte. Als Rundtour beschrieben.

Am Gipfelaufbau einige Stellen im II. Schwierigkeitsgrad, sonst I. Glatte Griffe und Tritte. Bei Nässe äußerst rutschig.

Beste Jahreszeit: Ende Juni bis Ende September.

Wenn man einen Berg durch alle seine Wände erklettert hat und Erlebnisse von nachhaltiger Wirkung geschenkt bekam, wenn man dort gebangt und gejubelt, sich geschunden und über Maßen Glück empfunden hat, dann kann man diesem Berg gegenüber einfach nicht mehr objektiv sein. So fühlt es zumindest der Autor.

Der Geiselstein ist beileibe kein Wanderziel. Sein markierter Normalanstieg, 1892 von G. Schärfl eröffnet, wird stellenweise mit II bewertet: in der nicht ganz 100 Meter hohen Gipfelrinne und auf der kurzen, schrägen Rampe aus dem Gipfelsattel. Danach hat man es geschafft – stolz in der Brust.

Bei den Eintragungen im Gipfelbuch überwiegen die Kletterein. Südwestkante, Südwestwand, Südverschneidung, Alte Nordwand und Ostverschneidung sind die beliebtesten. Natürlich fehlen auch Extremführen nicht – bis hin zum Schwierigkeitsgrad VIII-, wie ihn Marcus Lutz, Lokalmatador aus Buching, und Gerald Behrend am 11. November 1983 auf einer Seillänge der Route »Abendliche Probleme« am Südwestpfeiler hinterließen.

Ich habe es nicht übers Herz gebracht, den Geiselstein als Gipfelziel auszuklammern und ihn bloß als Anschauungsobjekt vorzustellen. Es gibt ihn halt kein zweites Mal! Bei der Wanderung von der *Kenzenhütte* in den Kenzensattel tritt er urplötzlich vor die Augen

wald. Busverbindungen mit Oberammergau (nächster Bahnhof) von Juni bis Mitte September.
Halblech (525 m), siehe Tour 50.
Ausgangspunkte: Südseite Ammerwaldalm, siehe oben. –Nordseite Kenzenhütte (1285 m), siehe Tour 50.
Höhendifferenzen: Südseite Ammerwaldalm – Hochplatte 1050 Meter. Nordseite Kenzenhütte – Hochplatte 900 Meter.
Gehzeiten: Ammerwaldalm – Hochplatte 3 bis 3½ Stunden. Kenzenhütte – Hochplatte 2¾ bis 3 Stunden.
Karten: Bayerisches Landesvermessungsamt 1:50000, Füssen und Umgebung; Zumstein-Wanderkarte 1:30000, Blatt 1 Füssen – Schwangau – Buching.

Der Geiselstein von Süden mit dem Weg ins Geiselsteinjoch, das den Übergang zur Nordwestflanke und damit zum Normalweg vermittelt. Rechts neigen sich die Hänge in den Kessel des Gumpenkares.

— als eine riesige Felssäule. Ungefähr 100 Meter höher als die Südwand recken sich die Nordabstürze aus den Wäldern, hoch über der malerischen Talwiese von *Wankerfleck*. Auf dem Wankerfleck erinnert ein Kapellchen an gefallenen Forstleute des II. Weltkrieges sowie an jene jugendlichen Stürmer, deren tödliches Schicksal sich im Kalk des Geiselstein erfüllte, beispielsweise in der berüchtigten Ostwand.

Obwohl der deutsche Teil der Ammergauer Alpen seit 1963 unter Naturschutz steht — als größtes (27 600 Hektar) Naturschutzgebiet Deutschlands —, schlängelt sich durch das Halblechtal ein Asphaltsträßchen, auf dem seit 1971 während der Sommermonate

sogar ein Linienbus von Halblech zur 11 Kilometer entfernten Kenzenhütte verkehrt.

Der »Kenzen-Bus« läßt die Unternehmungen im Tourenraum der Kenzenhütte zu Tagesausflügen schrumpfen. Beabsichtigt man, sich den *Geiselstein* im Expreßstil zu holen, fährt man bis zum *Wankerfleck* und steigt in 1³/₄ Stunden auf Waldpfaden hinauf ins Geiselsteinjoch und von dort in einer weiteren halben Stunde zum Kreuz. Etwa ¹/₄ Stunde mehr an zeitlichem Aufwand, verbunden mit einem Gegenanstieg aus dem Gumpenkar, erfordert der Gipfel ab der *Kenzenhütte*. In diesem Falle wird anschließend zum Wankerfleck abgestiegen. Das ergibt eine abwechslungsreiche Rundtour, auf der sich der

Geiselstein von allen Seiten bestaunen läßt. Übrigens muß auf nachstehend beschriebenem Verlauf die Spitze nicht unbedingt erstiegen werden, so daß sich der Besuch des Berges in jedem Falle lohnt.

Von der »Kenzen«

Zunächst sollte man eine Stipvisite zum *Kenzenwasserfall*, nur einige Minuten von der Hütte entfernt, nicht unterlassen. Aber danach halten wir uns an die Wegweiser mit der Aufschrift »Geiselstein«. Der Steig führt unter dem Wasserfall vorbei und im Wald aufwärts. An der Wegegabel (links in Richtung Hochplatte) halten wir uns rechts durch die waldbestandene Mulde. Nach dem Überschreiten des Kenzenbaches abermals rechts. Die sogenannte »Gasse« öffnet sich, ein Trümmerkar zwischen Hochplatte (links) und Kenzenkopf (rechts). Dort ist in der Südwand die »Eckverschneidung« deutlich ausgeprägt.

In Serpentinen mühen wir uns hoch in den *Kenzensattel* (1650 m). Hier beginnt rechts der Normalweg (½ Stunde) zum Kreuz des Kenzenkopfes. Unsere Richtung ist jedoch vorerst der Westen. Den Geiselstein ständig vor Augen, geht es in ¼ Stunde hinunter ins weiträumige Gumpenkar. Bei der ersten Abzweigung nehmen wir den rechten Pfad (geradeaus zum Gabelschrofensattel), durchlaufen den Karboden. Naturgegebenerweise bleibt der Gegenanstieg nicht aus. Aus den Latschen und dem Blockwerk des Kessels gewinnt unsere Spur die freien Hänge unterhalb der Gumpenkarspitze, streift eine Felsinsel und erreicht schließlich mittels Kehren im grobblockigen Geröll das *Geiselsteinjoch* (1729 m, auch Geiselsteinsattel).

Über dem Joch wölbt sich die 100 Meter hohe, grauschwarze Westwand des Geiselsteins. Haben wir uns nach reiflicher Überlegung für seinen Gipfel entschieden, geht es in wenigen Minuten hoch zum Pfad unter der Westwand. Das rotmarkierte Steiglein quert links in die Nordwestflanke bis zu einer gipfelwärts ziehenden, etwa 100 Meter hohen Doppelrinne. Auf der Rippe zwischen den Einbuchtungen zum ersten Standhaken. Etwas oberhalb über eine abgegriffene Stelle (II) und den roten Farbzeichen folgend zum zweiten Standhaken. Von dort mit Steigspuren zum kleinen Sattel am Nordgrat.

Rechts über eine kurze, schräge Rampe (I+) und danach auf dem schrofigen Gipfelgrat hinüber zum Kreuz.

Der Abstieg zum Wankerfleck führt uns wieder in den *Geiselsteinsattel* zurück. Von dort auf den Alpenvereinsweg 219 in nordwestlicher Richtung in ½ Stunde hinunter zur Linksabzweigung des »Max-Steiges«. Unsere Route setzt sich rechts fort, über zahllose Baumwurzeln, zwischendurch feucht, Bachläufe überschreitend, zu einem Forstfahrweg am *Gumpenbach*. Nun entweder am Bach entlang und rechts über die Brücke zum *Wankerfleck* (1148 m), oder bei niedrigem Wasserstand »im Sprung« über den Gumpenbach und über die märchenhaft schöne Talwiese von Wankerfleck, ein Heuhüttchen passierend, zur Kapelle.

Touristische Angaben

Talort: Halblech (825 m) an der Bundesstraße 17 zwischen Füssen (14 km, nächster Bahnhof) und Steingaden (7 km). Busverbindungen. Gasthöfe und Hotels.
Parkplätze und Abfahrt des »Kenzen-Busses« an der Mündung des Halblechtales (alte Bundesstraße).
Ausgangspunkt: Kenzenhütte (1285 m), privat, bewirtschaftet von Pfingsten bis Mitte Oktober, 120 Schlafplätze. Tel.: 0 83 68/3 90. Von Halblech 3 Stunden. Kleinbus-Verbindungen: erster Bus von Halblech an Wochenenden sowie an Feiertagen um 7.00 Uhr, sonst ab 8.45 Uhr, letzter Bus ab Wankerfleck gegen 17.35 Uhr.
Höhendifferenz: 650 Meter.
Gehzeiten: Geiselsteinjoch 1½ Stunden. Von dort zum Gipfel ½ Stunde. Gipfel – Wankerfleck 1¾ bis 2 Stunden. Insgesamt etwa 4 Stunden.
Karten: Bayerisches Landesvermessungsamt 1:50 000, Füssen und Umgebung; Zumstein-Wanderkarte 1:30 000, Blatt 1 Füssen – Schwangau – Buching.

Der Geiselstein von Südosten (Kenzensattel). Rechts die Ostwand (im Schatten), links davon die Südabstürze. In der Bildmitte das Geiselsteinjoch.

Toureneinteilung nach dem Zeitbedarf

HALBTAGES-TOUREN	TAGESTOUREN	

HALBTAGES-
TOUREN
1 Falken – Hoch-
  hädrich
6 Kleiner Hirschberg
7 Spieser
8 Imberger Horn
10 Siplingerkopf
13 Fellhorn
14 Hoher Ifen
28 Sulzspitze
31 Sorgschrofen
32 Schönkahler
33 Einstein
34 Krinnenspitze
39 Gaichtspitze
40 Schartschrofen
42 Seichenkopf

TAGESTOUREN
2 Hochgrat
3 Stuiben
4 Immenstädter
  Horn
5 Grünten
9 Besler
10 Siplinger-Über-
   schreitung
11 Rubihorn
12 Großer Daumen
   (Hindelanger
   Klettersteig)
15 Großer Widderstein
16 Schafalpenköpfe
   (Mindelheimer
   Klettersteig)
17 Biberkopf

21 Jöchelspitze –
   Rothornspitze
22 Bretterspitze
24 Hahnenkopf
26 Lachenspitze
27 Leilachspitze
   (von Rauth)
29 Geißhorn
30 Bschießer – Ponten
35 Rote Flüh
36 Gimpel
37 Kellespitze
38 Gehrenspitze
41 Große Schlicke
43 Vilser Kegel
44 Aggenstein
45 Breitenberg
46 Falkenstein
47 Säuling

48 Tegelberg
49 Krähe – Hochplatte
   (von Süden)
50 Geiselstein

TAGES- BIS ZWEI-
TAGETOUREN
17 Biberkopf (über
   Rappenseehütte)
18 Hohes Licht
19 Mädelegabel
20 Großer Krottenkopf
23 Rauheck
25 Hochvogel
27 Leilachspitze (über
   Landsberger Hütte)
49 Krähe – Hochplatte
   (über Kenzenhütte)

Literaturhinweise

Bechteler/Rohde, Goldenes Allgäu. Verlag F. Bruckmann KG, München.
Helmut Dumler, Allgäu und Kleinwalsertal. Ausflüge und Rundwanderungen. Fink-Kümmerley + Frey, Ostfildern.
Helmut Dumler, Winterfreizeit ohne Ski. Allgäu und Kleinwalsertal. Fink-Kümmerley + Frey, Ostfildern.
Ernst Enzensperger, Zur touristischen Erschließung des Allgäus. In: Zeitschrift des Deutschen und Österreichischen Alpen-Vereins 1906, Seite 244–263.
Georg Frey. Allgäuer Grasberge. Jahrbuch des Deutschen Alpenvereins 1963, Seite 26 ff.
Heinz Groth, Allgäuer Alpen. Gebietsführer für Wanderer und Bergsteiger. Bergverlag Rudolf Rother, München.
Volker Jacobshagen, Vom geologischen Aufbau der Allgäuer Kalkalpen. Jahrbuch des Deutschen Alpenvereins 1963, Seite 43 ff.
Kulmus/Heck, Das Allgäu-Wanderbuch. BLV Verlagsgesellschaft, München.
Günther Laudahn, Allgäuer Alpen neu entdeckt. Allgäuer Zeitungsverlag, Kempten.
Adolf Lindorfer, Die schönsten Höhenwege der Allgäuer Alpen. Verlag F. Bruckmann KG, München.
Marcus Lutz, Alpenvereinsführer Tannheimer Berge. Bergverlag Rudolf Rother, München.
Veit Metzler, Wanderführer Allgäu I. Oberallgäu-Ostallgäu. Deutscher Wanderverlag, Ostfildern.
Fritz Schmitt, Allgäuer Bergsteiger-Chronik. Jahrbuch des Deutschen Alpenvereins 1963, Seite 11 ff.
Dieter Seibert, Alpenvereinsführer Ammergauer Alpen. Bergverlag Rudolf Rother, München.
Thaddäus Steiner, Die Namen der Allgäuer Bergwelt mit Ausblicken auf die Nachbarschaft. Jahrbuch des Deutschen Alpenvereins 1966, Seite 49 ff.
Anton Waltenberger, Großer Führer Allgäu. Bergverlag Rudolf Rother, München.
Zettler/Groth, Alpenvereinsführer Allgäuer Alpen. Bergverlag Rudolf Rother, München.
Wolfgang Zimmermann, Allgäuer Wanderbuch mit Ammergauer Alpen. Tyrolia Verlag, Innsbruck.